Alexander Reifferscheid

Marcus Evangelion Mart. Luthers

Nach der Septemberbibel mit den Lesarten aller Originalausgaben und Proben aus den Hochdeutschen Nachdrucken des 16. Jahrhunderts

Alexander Reifferscheid

Marcus Evangelion Mart. Luthers
Nach der Septemberbibel mit den Lesarten aller Originalausgaben und Proben aus den Hochdeutschen Nachdrucken des 16. Jahrunderts

ISBN/EAN: 9783744626705

Hergestellt in Europa, USA, Kanada, Australien, Japan

Cover: Foto ©Lupo / pixelio.de

Weitere Bücher finden Sie auf **www.hansebooks.com**

MARCUS EVANGELION

MART. LUTHERS

NACH DER SEPTEMBERBIBEL

MIT DEN LESARTEN ALLER ORIGINALAUSGABEN

UND

PROBEN AUS DEN HOCHDEUTSCHEN NACHDRUCKEN
DES 16. JAHRHUNDERTS

HERAUSGEGEBEN

VON

DR. ALEXANDER REIFFERSCHEID
O. Ö. PROFESSOR DER DEUTSCHEN PHILOLOGIE ZU GREIFSWALD.

HEILBRONN
VERLAG VON GEBR. HENNINGER
1889.

EINLEITUNG.

Über die Vernachlässigung der wissenschaftlichen Behandlung der neuhochdeutschen Grammatik erheben die Erläuterungen der neuen Prüfungsordnung berechtigte Klage, es heisst in denselben S. 10: 'Die verdiente Bewunderung der Erfolge, welche gerade die deutsche Grammatik der historischen Sprachforschung verdankt, hat einer Beschränkung der Grammatik auf die neuhochdeutsche Sprache eine gewisse Geringschätzung zugezogen; man darf wohl als äusseres Zeichen derselben den Umstand ansehen, dass im Vergleiche mit der zahllosen Menge der kenntnislos einander ausschreibenden Kompilationen für neuhochdeutsche Sprachlehre die auf ernster wissenschaftlicher Forschung beruhenden Bücher eine seltene Ausnahme bilden. Die Eigenschaft aber, dass die gegenwärtigen Spracherscheinungen aus früheren Gestaltungen der Sprache hervorgegangen sind, teilt die deutsche Sprache mit den andern Kultursprachen; dadurch wird die Möglichkeit wissenschaftlicher Behandlung der gegenwärtigen Sprache nicht ausgeschlossen, noch ihr Wert irgend gefährdet; vielmehr liegt der Gedanke nahe, dass die mangelnde Würdigung der deutschen Sprache in dieser Beschränkung dem Schreibgebrauche selbst unter den Gebildeten bereits Nachteil gebracht habe'.

Die Stellung, die demzufolge in der Prüfungsordnung dem Neuhochdeutschen eingeräumt ist, erfordert einen eingehenderen Betrieb der neuhochdeutschen Grammatik auf den Universitäten, welcher der geschichtlichen Entwicklung des Neuhochdeutschen Rechnung tragend ausgehen muss von den Anfängen des Neuhochdeutschen, von der Sprache Luthers und seiner Zeitgenossen. Für einen solchen Betrieb fehlen aber zur Zeit fast alle Hilfsmittel, obgleich das denkbar vorzüglichste Material uns in den Ausgaben der Bibelübersetzung Luthers erhalten ist. Die Ausgaben aus dem 16. Jahrhunderte, auf welche es vor allem ankommt, sind aber so selten geworden, dass nicht leicht eine Bibliothek im Besitze mehrerer derselben ist, ja dass nicht einmal die grossen Bibelsammlungen alle Originalausgaben enthalten. So erklärt es sich, dass bisher dieser Schatz für die deutsche Sprachforschung noch nicht gehoben worden, und dementsprechend alle bisherigen Arbeiten über Luthers Bibelsprache unvollkommene Versuche geblieben sind. Eine kritische Ausgabe der Bibel Luthers nach den ersten Originalausgaben mit allen Abweichungen der sämtlichen *spateren Originalausgaben ist dringendstes Bedürfnis für die wissenschaftliche Erforschung des Neuhochdeutschen, denn nur bei voller Berücksichtigung sämtlicher Originalausgaben lässt sich ein richtiges Bild der Bibelsprache Luthers gewinnen. Nur auf Grund einer solchen Ausgabe kann sich eine wissenschaftliche Grammatik der Bibelsprache Luthers erheben, die notwendige Vorarbeit für eine wissenschaftliche Grammatik des Neuhochdeutschen überhaupt.*

Neben den Originalausgaben haben auch die hochdeutschen Nachdrucke ihre eigene hervorragende Bedeutung für die neuhochdeutsche Grammatik. Am reichhaltigsten sind die des 16. Jahrhunderts, weil sie mehr oder minder den sprachlichen Typus der Gegend, für welche sie erschienen sind, angenommen haben, nicht nur in der Bezeichnung und Wiedergabe der Laute, sondern auch in der Flexion und in dem Wortschatze. Die Veranstalter dieser Nachdrucke hatten eben so wie die Abschreiber deutscher Handschriften im 14. und 15. Jahrhunderte*) die bewusste Absicht, den gebotenen Text dem Kreise, für den er bestimmt war, so lesbar und verständlich wie möglich zu machen. Erst durch die genaue und eingehende Untersuchung dieser sprachlichen Umarbeitungen lassen sich mit Sicherheit die Beziehungen Luthers zur neuhochdeutschen Schriftsprache feststellen, einerseits seine Abhängigkeit von der bestehenden Schriftsprache, andererseits seine Einwirkungen auf die Schriftsprache seiner und der folgenden Zeit.

Die sprachlichen Umgestaltungen, welche Luthers Bibelübersetzung im 17. und im 18. Jahrhunderte erfahren hat, verlangen besondere Untersuchungen, welche auch wieder mächtige Förderungen der neuhochdeutschen Grammatik sein werden.

Von solchen Erwägungen ausgehend gebe ich im folgenden zum Gebrauche bei Vorlesungen und Übungen das Markusevangelium Luthers nach der Septemberbibel mit den Lesarten aller Originalausgaben und mit Proben aus den hochdeutschen Nachdrucken des 16. Jahrhunderts.

Der Abdruck folgt aufs genauste**) der Septemberbibel, so dass selbst die Zeilen einander genau entsprechen. Von den Abkürzungen wurden alle aufgelöst, welche durch besondere Typen, die der Druckerei fehlten, hätten wiedergegeben werden müssen, nur die Abkürzung ʒ wurde

---

*) *Vgl. meine Ausführungen in den Verhandlungen der 39. Versammlung Deutscher Philologen und Schulmänner in Zürich. Leipzig 1888, 167.*

**) *Verleitet durch Scherers Deutsche Drucke älterer Zeit in Nachbildungen I. Luther: Septemberbibel. Berlin 1883, habe ich S. 21, Zeile 11 fur gesetzt, es musste für stehen. Dagegen habe ich S. 50, Zeile 49 genau nach der Septemberbibel müglich gesetzt. Scherers Neudruck hat in den vielen Fällen, wo die Septemberbibel deutlich ü hat, immer nur u. Manchmal hat der Setzer der Septemberbibel sich in der Type vergriffen und ü gesetzt, wo u am Platze war, so z. B. haüs, Zierüſalem, thün u. a., oft zeigt sich das ü in cü z. B. cüch, ſeügten, leüt, meistens aber, wo wirklich der Umlaut von u zu bezeichnen war, so in fürbas, mühen, mühlich, müheſelig, ſchüttelt, verführen, jünbe. Joh. Luther in seiner Dissertation: Die Sprache Luthers in der Septemberbibel. Halle 1887, hat blos den Schererschen Neudruck benutzt und redet daher mit Unrecht vom gänzlichen Mangel eines Umlautzeichens für u in der Septemberbibel.*

beibehalten, welche meistens = as ist z. B. in bz, aber auch = en z. B. in fuffz = fuffen. Nachzutragen habe ich nur vom letzten Blatte der Septemberbibel die erste der dort angegebenen Korrekturen:

Marci. 14. am 37. blatt, lies, dreyhundert.

Die Veränderungen, welche Luther in den verschiedenen Ausgaben vorgenommen, sind mit der grössten Sorgfalt verzeichnet, sie geben bei genauer Betrachtung überraschenden Aufschluss über die Art und das Wesen ihres Urhebers, so dass eine kritische Ausgabe der Bibel Luthers auch neues wertvolles Material für eine Geschichte seiner Geistesentwicklung gibt. Leider verbietet mir die Rücksicht auf den zu Gebote stehenden Raum, näher auf diesen Punkt einzugehen. Ich bemerke nur noch, dass Luthers Denkart sich am deutlichsten zeigt in der Verwendung der grossen Anfangsbuchstaben, deren Gebrauch zu seiner Zeit ein sehr freier und willkürlicher war. Es lässt sich ganz genau erkennen, welche Bedeutung Luther den grossen Anfangsbuchstaben beilegte und wie eigenartig er ihren Gebrauch regelte; es war ganz folgerichtig, dass er für seine Zwecke mit den deutschen allein nicht auskommen konnte, sondern die lateinischen noch zu Hilfe nehmen musste, vgl. die 2. Vorbemerkung S. 2.

Um den sprachlichen Wert der hochdeutschen Nachdrucke zu kennzeichnen, habe ich das 1. Kapitel des Markusevangeliums nach 24 Nachdrucken aus den Jahren 1522—1557 beigefügt. Da diese Proben aber von den Veränderungen im Wortschatze keine Vorstellung zu geben vermögen, habe ich in den Nachdrucken 1—12 die vier Evangelien mit der September-, beziehungsweise Dezemberbibel verglichen und alle Abweichungen im Wortschatze, welche sie im Texte enthalten, in einem besondern Verzeichnis zusammengestellt. Es ergibt sich daraus, wie unberechtigt und irrtümlich die Behauptung Kluges ist (Von Luther bis Lessing. Strassburg 1888, S. 83): 'Der Ruhm der neuen Übersetzung war so unerschütterlich fest begründet, dass man den Wortlaut des Reformators nicht zu ändern wagte, soweit nicht Confession oder Sekte eine sachliche Textrevision forderten: man zog es vor den Leser durch ein kurzes Glossar über die unverständlichen Worte Luthers aufzuklären.' Auch die Nachdrucke, die das Glossar haben — es sind von den benutzten 6, 7, 8, 11, 12 — zeigen im Texte mannigfache Veränderungen des Wortlautes.

Mit Hilfe der Nachdrucke liessen sich verhältnismässig leicht tüchtige Vorarbeiten zu einem vergleichenden Wörterbuche der deutschen Mundarten ausführen, dessen hohe wissenschaftliche Bedeutung nicht erst hervorgehoben zu werden braucht.

Über Luthers eigene Veränderungen im Wortschatze könnte nur die verlangte kritische Ausgabe genügenden Aufschluss geben, die sich somit auch als die notwendige Vorbedingung einer wissenschaftlichen Bearbeitung des Sprachschatzes Luthers ergibt.

Bei meiner Arbeit wurde ich in der liberalsten Weise unterstützt durch die gräflich Stolbergsche Bibliothek in Wernigerode, die herzog-

*liche Bibliothek in Wolfenbüttel, die königlichen Bibliotheken zu
Dresden und Stuttgart, die Milichsche Bibliothek in Görlitz, die
Stadtbibliotheken in Hamburg, Lübeck und Stralsund. Zu ganz
besonderem Danke verpflichteten mich Herr Archivrat Dr. E. Jacobs in
Wernigerode, die Herren Oberbibliothekare Prof. Dr. Gilbert in Greifswald, Prof. Dr. O. v. Heinemann in Wolfenbüttel, Prof. Dr. Schott
in Stuttgart, Prof. Dr. Schnorr von Carolsfeld in Dresden: ohne
ihre stets bereite Hilfe hätte ich meinen Plan nicht ausführen können.*

Verzeichnis der verglichenen Originalausgaben.

A = Das Newe Testa=|ment Deutzsch. | Duittemberg | ❧ ‖

    Am Schluss: Gedruckt zu Wittenberg durch Mel=|chior Lot=
ther yhm taufent funff=|hundert zwey vnnd | zwenzigsten|
Jar.| ❧ ‖ *fol. Dezemberbibel. Bindseil e. 2. (Wernigerode
Ha. 119.)*

B = Das | Newe | Testa=|ment Deutzsch. | Wittemberg. ‖

    Am Schluss vor dem Register: Gedruckt zu wittemberg Mel=|
chior vnd Michel Lot=|ther gebruder | M. D. | XXIIII. ‖ *fol.
Bindseil e. 5. (Wernigerode Ha. 128.)*

C = Das newe | testament | deutzsch. | Mart. Luther. | Wittemberg. |
M. D. XXiiij. ‖

    Am Schluss vor dem Register: Gedruckt zu Wittenberg | Mel=
chior Lotther der | iunger M. D. | XXIIII. ‖ *8°. Bindseil c. 6.
(Wernigerode Ha. 139, Hamburg, PA. IV. 49.)*

C¹ = Das newe | testament | deutzsch. | Mart. Luther. | Wittemberg. |
M. D. XXiiij. ‖

    Am Schluss vor dem Register: Gedruckt zu Wittemberg !
Melchior Lotther der | iunger M. D. | XXIII | ❧ ‖ *8°. Bindseil
e. 7. (Hamburg, PA. IV. 49.)*

D = Das newe | testament | deutsch. | Mart. Lu. | Wittemberg. |
M. D. XXV ‖

    Am Schluss vor dem Register: Gedruckt zu Wittemberg |
Melchior Lotther der | iunger M. D. | XXV. | ❧ ‖ *8°. Bind-
seil e. 8. (Hamburg, PA. IV. 49.)*

E = Das | Newe | Testament Deudsch. | Mart. Luther. | Wittem=
berg. M. D. XXVII. ‖

    Am Schluss vor dem Register: Gedruckt zu Wittemberg |
Michel Lotther. M. | D. XXVII. ‖ *8°. Bindseil e. 11. (Stutt-
gart.)*

F = Das | Newe Testa=|ment deutsch. | Wittemberg. | M. D. XXVI.‖

    Am Schluss: Gedruckt zu Wittem=|berg Michel Lotther, |
M. D. XXVI. ‖ *fol. Bindseil e. 10. (Wernigerode Ha. 154.)*

G = Das Newe | Testament | Deutsch. | Wittemberg, | M. D. XXvij.‖

    Am Schluss: Gedruckt durch Mel=|chior Sachssen. Im | Jar.
M. D. XXviij. ‖ *kl. 8°.*) (Wernigerode Ha. 164.)*

**) Bindseil benutzte ein Exemplar, e. 12., welches auch auf dem Titel die Jahres-
zahl 1528 trägt, Wernigerode Ha 174; es ist kein neuer Abdruck, sondern derselbe Druck wie
G, wie die vielen genau an denselben Stellen auftretenden Spiesse zeigen, nur das Titelblatt ist
neu. Das Titelblatt von **G** zeigt oben zwei nackte Kinder neben einem Wappen, auf dem ein
verschlungenes MS steht, unten Christus die Wechsler aus dem Tempel treibend.*

— — VIII — —

H = Das Newe | Testament | Mar Luthers | Wittemberg. | M. D.
XXX. ⸗
 Am Schluss: Gedruckt zu Wittemberg, | durch Hans Lufft. ⸗
 8°. Bindseil c. 15. (*Wolfenbüttel A. J. 30.*)

I = Das Newe | Testament | Mart. Luth. | Wittemberg. | M. D.
XXXIII. ‖
 Am Schluss: Gedruckt zu Wittem|berg durch Hans | Lufft. |
 M. D. XXXIII. ‖ *kl. 8°. Bindseil c. 16.* (*Dresden, Biblia 1929.*)

K = Das Newe | Testament. | Mar. Luth. | Wittemberg. | M. D.
XXXIIII. ‖
 Am Schluss: Gedruckt zu Wit⸗|temberg durch | Hans Lufft. ‖
 kl. 8°. Bindseil c. 18. (*Hamburg, PA. IV. 52.*)

L = Das Newe | Testament. | Mart. Lut. | Wittemberg. ‖
 Am Schluss: Gedruckt zu | Wittemberg | durch Hans | Lufft. |
 M. D. XXXVII. ‖ *kl. 8°. Bindseil e. 19.* (*Stuttgart.*)

M = Das | Newe Te⸗|stament. | D. Mart. Luth. | Wittemberg. |
 M. D. XXXIX. ⸗
 Am Schluss: Gedruckt zu | Wittemberg | durch Hans | Lufft. |
 M. D. XXXIX. ‖ *kl. 8°. Bindseil e. 20.* (*Stuttgart.*)

N = Das | Newe Testament. | D. Mart. Luth. | Wittemberg. |
 D. M. XL. ‖
 Am Schluss: Gedruckt zu Wit⸗|temberg durch | Hans Lufft. |
 M. D. XL. ‖ *4°. Bindseil c. 21.* (*Stuttgart.*)

O = Das New Testa⸗|ment. | ⚘ | D. Mart. Luth. | Wittemberg. |
 M. D. XL. | ⚘ ‖ *Schluss fehlt.* *fol.*) (*Dresden Biblia 254.*)

P = ⚘ Biblia: das ist: | die gantze Heili⸗|ge Schrifft: | Deudsch, Auffs
 New | zugericht. | ⚘ | D. Mart. Luth. | Begnadet mit | Kur⸗
 furstlicher zu Sachsen Freiheit. | Gedruckt zu Wit⸗|temberg,
 Durch Hans Lufft. | M. D. XLI. ‖ *Am Schluss des 1. Teiles:* Ende
 des Hohenliedes | Salomo. | Gedruckt zu Wittemberg: | Durch
 Hans Lufft. | M: D: XLI. | *Titel des 2 Teiles:* Die Propheten
 alle | Deudsch. | D. Mart. Luth. | Gedruckt zu Wittem⸗|berg:
 Durch Hans | Lufft. | M. D. XLI. ‖
 Am Schluss: Gedruckt zu Wittemberg | Durch Hans Lufft. |
 M. D. XLI. ‖ *gr. fol.* (*Stralsund A. 10.*)

Q = Das newe Te⸗|stament, auffs new | zugericht. | D. Mar. Luth. |
 Wittemberg. | M. D. XLIIII. ‖
 Am Schluss: ⚘ Gedruckt zu | Wittemberg: | durch Hans |
 Lufft. | M. D. XLIIII. | *kl. 8°. Bindseil e. 22.* (*Wernigerode
 IIa. 243.*)

R = Biblia: | Das ist: Die | gantze Heilige Schrifft, | Deudsch, Auffs
 new | zugericht. | D. Mart. Luth. | Begnadet mit Kurfürstlicher
 zu Sachsen | Freiheit. | Gedruckt zu Wit⸗|temberg, Durch Hans
 Lufft. | M. D. XLV. | *Am Schluss des 1. Teiles:* Gedruckt zu
 Wittemberg: | Durch Hans Lufft. | D. M. XLIIII. ‖ *Titel des
 2. Teiles:* Die Propheten alle | Deudsch. | D. Mart. Lut. | Ge⸗
 druckt zu Wittem⸗|berg, Durch Hans Lufft. | M. D. XLIIII.

---

*) *Der 3. Teil einer vollständigen Bibel. Der Anfang des 1. Teiles fehlt in diesem Exem-
plar, am Schlusse desselben steht:* Gedruckt zu Wittemberg | durch Hans Lufft. | M. D.
XLI. ‖ *Titel des 2. Teiles:* Die Propheten | alle Deudsch. | D. Mar. Luth. | Wittemberg. |
M. D. XL. ‖

— IX —

Am Schluss: Gedruckt zu Wittemberg: | Durch Hans Lufft. |
M. D. XLV. || *gr. fol.**) (*Wernigerode Ha. 245.*)

*) *Scheinbar ist die Bibel Wernigerode Ha 244, die auch auf dem Titel des 2. Teiles die Jahreszahl 1545 hat, die letzte, welche bei Lebzeiten Luthers erschienen ist. Schon Panzer hatte erkannt, dass sie einer viel späteren Zeit angehört, das sprechendste Merkzeichen dafür hatte er übersehen, die Bilder des 2. Teiles auf f. 107ª, 227ª, 257, 291 zeigen neben verschlungenem HB die Jahreszahl 1549.*

Verzeichnis der benutzten Nachdrucke.

1. *Titelblatt fehlt. Am Schluss:* Zu Basel, durch Adam Petri, im Christmonb, | deß Jars M. D. XXII. || *fol. Vgl. Panzer 98.**) (*Wernigerode Ha 121.*)

2. *Titelblatt fehlt. Ohne Angabe am Schluss. Nach Panzer 126 in Strassburg gedruckt. fol.* (*Wernigerode Ha 130.*)

3. *Titelblatt fehlt. Am Schluss:* Gedruckt in der Furstlichen Stadt | Grymm. Anno. J. C. 1523. || *8°. Vgl. Panzer 111 fg.* (*Wernigerode Ha 126.*)

4. EVAN|GELIA | Der vier Euangeliften | aufz der Tranflatio | Erafmi von Roter=|dam, jn das deutfch | gebracht. | ❧ | Gedruckt tzu Leypfzgk | durch Nickel Schmydt | Jm jar M. D. xviii. ||
   Am Schluss: ❦ Gedruckt tzu Leyptzick durch Nickell | Schmydt, jm Jar. M. D. xxiij. || *kl. 8°. Vgl. Panzer 112 fg.* (*Wernigerode Ha 123.*)

5. Das buch | des Newen Tefta|ments Teütfch | Mit fchönen | Siguren. | M. D. XXIII. ||
   Am Schluss: ❦ Gedruckt in der Kayferlichen Stadt Augfpurg | durch Hanns Schönfperger. || *fol. Vgl. Panzer 87 fg.***) (*Stuttgart.*)

5ª. .M. D. XXIII. | Jefus. | Das New Teftament | Teütfch mit fchö|nen Siguren. | Darzu eyn Register, | inn welchem angezeygt wirt Epiftel, | vnnd Ewangeli, wie diefelben | auff eynem yeden Tag | nach Ord=nung | gelefen wer=|den. ||
   Am Schluss. Getruckt inn der Kayferli=|chen Statt Augfpurg | durch Hans fchön=|fperger. || *fol. Vgl. Panzer 93 fg.* (*Stuttgart.*)

6. Das gan|tzß neuw Teftament | yetz klärlich außdem recht|ten grundt teutfcht, Mit gargelerten | Vorreden, welche eingang mit vnder-|richtung in dife bücher klärlich antzeigen. | Darzu kurtze vnnd gutte etlicher | fchwerer ortter anzlegung. | Auch die Offenbarung Joannis mitt | hüpfchen figuren, aufz welchen man | das fchwereft leichtlich verfton kan. | Zu Bafel. M. D. XXIII. ||
   Am Schluss: Getruckt zu Bafel durch Tho|man Wolff, im iar als man zalt | nach Chriftus geburt | M. D. XXIII. || *kl. 8°. Vgl. Panzer 104.* (*Wernigerode Ha 125.*)

7. Das neu Teftament, mit | gantz nutzlichen vorreden, vnd der | fchwäreften örter kurtze, aber gute aufzlegung. | Ain Register, wa man die Epifteln vnd Euangeli, | von der zeit, vnd den | hailigen, das gantz iar in difem Teftament finden foll. |

*) *Nach gütiger Mitteilung des Herrn Oberbibliothekars Dr. O. von Heinemann befindet sich auf der Bibliothek in Wolfenbüttel ein anderer Petrischer Druck aus demselben Jahre, der bei Panzer nicht aufgeführt ist:* Das New | Teftament, | yetzund recht gruntlich teutfcht | Welche allein Chriftum vnfer feligkeit, recht vnd | klärlich lerer | Mit gantz gelerten | vnd richtigen vorreden, vnd der fchweriften oertern kurtze, | aber gut Auszlegung. *Am Schluss:* Gedruckt zu Bafel, durch Adam Petri, noch | Chrifti geburt M. D. XXII. |
**) *Mit Unrecht führt Panzer 90 eine zweite, abweichende Ausgabe Schönspergers aus dem J. 1523 an. Er wurde irre geleitet durch ein Exemplar von 5ª mit dem Titelblatt von 5. Ein solches Exemplar stand auch mir aus Stuttgart zu Gebot.*

Am Schluss: Getruct vnd feliglich volendet ist difz new Teſtament, in der | Kayſerlichen Stat Augſpurg, durch Siluanum Otmar, | bey ſant Vrſula cloſter, auff den VII. tag | Junij. des M. D. XXIIII. | iars. || *fol. Vgl. Panzer 92. (Dresden Biblia 227.)*

8. DAs neuw | Teſtament recht | grüntlich teuſcht. | Mit ſchönen vorreden, | vnd der ſchwereſten örteren | kurtz, aber gut, aufzlegung. | Vnd Regiſter, wo man | die Epiſtlen vnd Euangelion | des gantzen jars in diſem | Teſtament finden | ſoll. | Dar zu, der aufzlendigen | wörtter, auff vnſer teutſch anzeigung. | Gedruckt zu Straſzburg durch | Johann Knobloch. | Anno M. D. XX iiij. || *fol. Vgl. Panzer 129 fg. (Wolfenbüttel B. d. 8.)*

9. Das Newe Teſtament mit | fleyſz verteutſcht. | M. D. XXIIII. ||
Am Schluss: Gedruckt zu Nürmberg | durch Friderichen | Peypus | M. D. XXIIII. || *fol. Vgl. Panzer 115. (Greifswald Fa 635.)*

10. Das new Teſtament, grundt=|lich vnd recht ver=|teütſcht. | M. D. XXVI. | Gedruckt durch Melchior | Ramminger | zu Aug=|ſpurg || 16°. *Vgl. Panzer 95 fg. (Wolfenbüttel.)*

11. Das New Teſtament teutſch | mit Chriſtlichen Vorreden, ſchönen figuren, vnd vnter=|richtlichem Regiſter aller ſeyrtag durch das gantz | jar, auch da=|bey die Summa oder inhalt ey=|nes yeglichen Capitels der vier Euangeliſten, mit höchſtem vleyſz Corrigiert. ||
Am Schluss: Gedruckt zu Nüremberg durch | Hans Herrgot. | M. D. xxvj. || *kl 8°. Vgl. Panzer 118. (Wernigerode Ha 156.)*

11ᵃ. Das new | Teſtament | Teütſch. | M. D. XXVII. ||
Am Schluss: Getruckt zu Nürnberg | durch Jobſt Gutknecht. | M. D. XXvij. || *kl. 8°. Vgl. Panzer 119. (Wernigerode Ha 165.)*

12. DAs neuw | Teſtament | teutſcht. | Mit ſchönen vorreden | vnnd der ſchwereſten örteren kurtz, | aber gut, aufz=legung. | Vnd Regiſter, wo man | die Epiſtelen vnd Euangelion des gantzen jars in diſem Teſta=|ment finden ſoll. | Darzu der vfzlendigen | wörtter auff vnſer teütſch | anzaygung. | Gedruckt zu Augſpurg durch | Hainrich Stayner. | Im Jar. M. D XXvij. || fo. *Vgl. Panzer 96. (Wernigerode Ha 163.)*

12ᵃ. DAs Neüwe | Teſtament, | Recht grüntlich | teutſcht. | Mit . . . anzaygung. | Gedruckt zu Augſpurg durch Hainrich Stainer. | Im Jar. M. D. XXvij. || *fol. Vgl. Panzer 96 fg. (Wernigerode Ha 171.)*

12ᵇ. DAs New Teſtament. | M. D. XXXV. || *Am Schluss vor dem Regiſter:* Gedruckt vnd vollendet in der Kaiſerlichen Stat Aug=|ſpur, durch Heynrich Steiner, Inn verlegunge | Maiſter Peter Apzellen, pergamenter, | XVI. Februarii, Anno, M | XXXV. || *fol. Vgl. Panzer 317 fg. (Lübeck A. III 24.)*

13. Das Newe | Teſtament | Deudſch. | Wittemberg. | M. D. XXViij ||
Am Schluss: Gedruckt zu Magde=|burg durch Hans | Barth. | M. D. XXViij. || *kl. 8°. Vgl. Panzer 114. (Lübeck Theol. 8°. 5287.)*

14. Das New | Teſtament. | ||
Am Schluss: Gedruckt zu Marpurg: durch | Franciſcum Rhodum: ym Jar | tauſent funffhundert newn | vnd zwentzig. am xiiij. | Aprilis. | Das wort Gottes bleibet | ynn ewickeit. || *fol. Vgl. Panzer 114. (Wernigerode Ha 179, Kassel Bibl. Germ. fol. 39.)*

15. Biblia | beyder Allt vnd | Newen Teſtaments | Teutſch. | 3um
Chriſtlichen leſer. | Seitmal der allmechtig Gott durch ſein gůte verlihen hat,
daſz alle bůcher, beyd allt vnd news teſta=|ments (wie dann die xxiiij. inn
Hebraiſcher, vnd die vbrigen, ſouil dero vorhanden inn Griechiſcher | ſprach)
gefunden) inns Teuſch verdolmetſcher worden ſeind. Iſt für nützlich ange=
ſehen, ſól=|che alle, gantzer Chriſtenheyt 3u gut, mit gemeyner Teutſcher
ſprach inn eyn buch (wie | dann hie neben jre namen, vnd an welchem ort die
gefunden, verzeychnet ſeind.) | 3etrucken: Sampt angehenckter auſzlegung der
ſchweriſten órter, auff daſz | der, ſo ſich jro prauchen wölte deren nit ent=
raubt, vnd der jhenig ſo jrer | vnnotbürfftig, die ſelbigen darvon 3ethun hab,
hiemit gehab dich | wol, vnd dancke Gott vmb ſeine gaben, Amen. |
Am Schluss: Getruckt inn der Keyſerlichen frei ſtatt | Wormbs,
bei Peter Schófern | imm jar nach der geburt | vnſers Herren. |
M. D. XXiX. || *fol.* *Vgl. Panzer 274 fg.* *(Stralsund A. 9.)*

16. Das naw | teſtament nach lawt | der Chriſtlichen kirchen | bewerten
text, corrigirt, vnd wider|umb 3u recht gebracht. m. d. xxvij ||
Am Schluss: Gedruckt 3u Dreſzden durch Wolffgang Stöckel. || *fol.*
(Wernigerode Ha 167.)

17. Das gantz New Teſtament: So durch den | Hochgelerten L.
Hieronymum Emſer verteüſcht, mitt ſampt ſeinen 3ugefüg=|ten Summarien
vnd Annotationen vber veglichen Capitel angezeigt, wie Mar=|tinus Lutther
dem rechten Text (dem Zuſchiſchen exemplar nach) ſeines gefal=|lens, ab vnd
3ugethan, vnd verendert hab, Wie dan durch bitte etzlicher Fürſten | vnd
Herren geſcheen, das er wol dem gemeynen volck 3zu nütz, das war | vnd
recht Euangelion, am trück auſzgeen laſſen. | ✾✾✾ | ❡ Item ein new Re=
giſter verordent vnd gemacht, vorſtentlicher dan vor geweſt. | Auch dem
käuffer vnnd gemeynen man 3zu gut ſindt hynden an getrückt die | Epiſteln
auſz dem alten Teſtament, die man in der Chriſtlichen kirchen durchs Jar
helt, wöl=|che dann der Emſer in ſeyner Tranſlation nicht bey geſetzt hat,
da mit nicht eym jeglichen | not ſey eyn gantze Bybel 3zu kauffen. | Anno
M. CCCCC. XXIX. Am .XXIII. tag des Augſtmonts. ||
Am Schluss: Getruckt vnd volendet in der loblichen ſtat Cöllen |
durch Heronem Fuchs, vnnd auffs new mit fleyſz durchleſzen vnnd corrigirt |
vonn dem wirdigen doctor Johan Ditenberger. Mit verlag vnnd belo=|
nung des Erſamen vnnd fürſichtigen bürgers Peter Quentel. Im | Jaer
nach Chriſti vnſers ſälichmachers geburt M. CCCCC. | XXIX. Am XXIII tag
des Augſtmants. | ✾✾✾ || *fol.* *Vgl. H. Wedewer, Johannes Dieten-
berger 1475—1537. Sein Leben und sein Wirken. Freiburg i. B.
1888, 469.* *(Greifswald Fa 685.)*

18. Bibel Teütſch | Der vrſprünglichen Hebreiſchen | vnd Griechiſchen
warheit nach, auffs | treüwlicheſt verdolmetſchet. | . . . Getruckt 3u
Zürich bey Chriſtoffel Fro=|ſchouer, im Jar als man 3alt | M. D.
XXXIIII. ||
Am Schluss: Getruckt 3u Zürich bey Chriſtoffel | Froſchouer,
vnd vollendet am anderen | tag des Herbſtmonats, im jar | M. D.
XXXIIII. || 6º. *(Greifswald Fa 588.)*

18ᵃ. Bibel Teütſch | das iſt alle bücher Alts vnd Neüws | Teſtaments,
den vrſprünglichen ſpraachen | nach, auffs aller treüwlicheſt verteütſchet. |
. . . Getruckt 3u Zürych bey Chriſtoffel | froſchauer, im Jar als man
3alt | M. D. XLVII. ||
Am Schluss: Getruckt 3u Zürych bey Chriſtoffel | froſchouer, Jm
jar als man 3alt | M. D. XLVIII. 4º. *(Görlitz 14. A. II.)*

19. Das gantz neüw | Teſtament recht grundt=|lich verteütſchet. | . . .
Getruckt 3u Zürych bey Chriſtoffel | froſchouer, im jar M. D. LVII.
8º. *(Greifswald Fa 685.)*

INHALTSÜBERSICHT.

	Seite
Einleitung	III—VI
Verzeichnis der verglichenen Originalausgaben	VII—IX
Verzeichnis der benutzten Nachdrucke	IX—XI
Evangelion Sanct Marcus	1—86
Das 1. Kapitel des Markusevangeliums nach hochdeutschen Nachdrucken aus den Jahren 1522—1557	87—117
Abweichungen des Wortschatzes in den vier Evangelien, Verhältnis der September-. beziehungsw. der Dezemberbibel zu den Naehdrucken 1—12	118—124

Euangelion
Sanct Marcus.

Kolumnentitel der Septemberbibel. Sie und **AB** *haben keine besondere Überschrift,* **CODE**: Euangelion S. Marcus, **FGHKLM**: Euangelion Sanct Marcus, **I**: Euangelion S. Marcus. **NOPQR**: Euangelium S. Marcus.

Reifferscheid, Luthers Marcus Euangelion.

Vorbemerkungen.

1) *Nur zu den beiden ersten Kapiteln ist die schwankende Schreibung von* vnd, vnnd *verzeichnet.*

2) *Nur beim ersten Kapitel ist auf die typographischen Eigentümlichkeiten Rücksicht genommen.* M. Georg Rörer, 'der Bibel Corrector', belehrt uns über die Bedeutung derselben am Schlusse von P: 'hab fonderlich achtung auff die zweierley Verfalichen fo diefer ABC, oder der ABC geftalt find. WO nu der erften zwey, drey oder mehr im Text forne, mitten oder fchier am ende eins Cap. ftehen, fo offt es auch fey, So folget ein gnadenreicher tröftlicher Text oder Spruch, von Chrifto, feinem Reich etc. von der verheiffung des Euangelij, von vergebung der funden, von der Todten aufferftehung, vom ewigen Leben etc. WO aber die andern diefer geftalt A B C gezeichnet find, So bedeuts, Entweder das klagen der Fromen, vber die trübfaln vnd leiden, dadurch jr glauben hie geübt und bewert wird etc. Oder aber vnd fonderlich fchrecken vnd drewung Gottes zorns vnd gerichts vber die Gottlofen etc. Wer auff folchen vnterricht gedancken hat, kan mit gröfferm luft und verftand die Bibel lefen'. *Kürzer heisst es in* B: 'find die zweierley Buchftaben, der ABC vnd der ABC geftalt, gefetzt, dem vnerfaren Lefer vnterfcheid anzuzeigen, Das wo diefer ABC ftehen, die Schrifft rede von gnade, troft etc. Die andern ABC von zorn, ftraffe etc.' *Im folgenden sind die lateinischen Versalien durch fetten Druck ausgezeichnet.*

3) ( ) umschliessen die offenbaren Druckfehler einer Ausgabe, welche nicht in die folgende Ausgabe übergegangen sind.

Das erſt Capitel.

Is iſt der anfang des
Euangeli von Jheſu Chri
ſto, dem ſon gottis, als geſchrieben
iſt ynn den propheten. Sihe, ich ſen= 5
de meynen engel fur dyr her, der do
bereytte deynen weg fur dyr, Es iſt
eyn ruffende ſtymme ynn der wu=
ſten, bereytet den weg des herrnn,
macht ſeyne ſteyge richtig.　10

Johannes der war ynn der wu=
ſten, vnnd tauffet vnnd prediget von
der tauffe der buſſze zur vergebung
der ſunden, vnd es gieng zu yhm hyn
aus, das gantz Judiſch land, vnd 15
die von Jeruſalem, vnd lieſſen ſich alle von yhm tauffen ynn dem Jor
dan vnd bekenneten yhre ſunde.

A ſetzt , nach Propheten 5.　B ſit. , nach Chriſto 3, aus 15.　E ſetzt , nach ſtehet 5.
F ſetzt . nach ſunden 14; ſetzt , nach Jordan 16; ſtreicht , nach ſtehet 5.
G ſtreicht , nach Gottes 4.　H ſetzt , nach Gottes 4.　I ſetzt , nach Euangelj 3,
Chriſto 3, buſſe 13.　L ſetzt . nach dir 7.　O ſetzt . nach Gottes 4.
5　P ſetzt . nach Propheten 5; ſetzt , nach Gottes 4.　Q ſetzt , nach Propheten 5.
R ſetzt . nach Propheten 5.

A 4 Gottis ſo auch 34,35, 52　5 iſt] ſteht Propheten　8 rufende　9 herrn　12 vnnd
1. geſtr.　13 puſſe.
B 1 erſte　12 vnd p.　14 Vnd　16 yn ſo auch 58, 59, 86 l.
10　C 1 Erſte　5 ſtehet　8 ruffende　14 hynaus　16 ynn ſo auch 58, 59, 86 l.
D 6 Engel　7 bereyte　12 teuffet ſo auch tenffen 16　13 bnſſe.
E 3 Jeſu immer ohne h　7 bereytte.
F 1 Erſt　3 Jheſu ſo immer mit h　4 Gottes ſo auch 34, 35, 52　6 meinen ſo auch mein
28　dir ſo auch 7, 50　7 bereite ſo auch bereitet 9　deinen ſo auch deine 83　8 ein ſo
15 auch 42, 49, 76, einem 18, 49, einer 20, eine 27, 28, 56, 70　wüſten ſo auch 11, 30, 31　9 Herrn
10 machet　feine ſo auch 19, feiner 22, 47, feinen 38, 43　ſteige　14 hinaus ſo auch 69,
84, bin 82, hinfurt 85　15 gantze Judiſche.　L erſt Capitel　8 eine.
H 1 Das erſt Capitel.] I.　5 ynn] jnn ſo immer, desgl. jm 25, 43, 45, jns 38 mit j ſtatt y
6 da　8 ein　ſtimme ſo auch 28　14 yhm] jm ſo immer, desgl. immer jn z. B. 27, jn daſ.
20 pl. 39, 44, 83, 72, jr 61, 62, jre 17, 38, 40, jren 44, 74, jrer 49 mit j ſtatt yh　15 Jüdiſche
6 ynn dem] jm.
I 3 Euangelj　4 Son ſo auch 28　9 Bereitet　16 jm] im ſo immer.
K 3 Euangelij　8 eine　13 Tauffe.　L 5 Ich　8 ein　9 HErrn　13 tauffe.
M 4 Als　5 jnn] in ſo immer　SIHE　9 HERRn　11 JOHAnnes　13 Tauffe Buſſe 17 ſünde.
25　N 7 ES　8 Wüſten ſo auch 11, 30, 31　9 HERRN　14 fünden　15 Jüdiſcheland.
O 2 Anfang　5 Sihe　8 Stimme　wüſten ſo auch 11, 30, 31　11 JOhannes
13 buſſe　14 ſunde　17 Sünde.
P 5 SIHe　7 bereite ſo auch Bereittet 9　ES　8 ein ruffende Stimme] eine ſtimme eines
Predigers Wüſten ſo auch 11, 30, 31　10 Machet　11 JOHannes　14 ſüde VND　hin aus
30 ſo auch 69, 84.
Q 2 DIS　anfang　4 ſon　5 Sihe　7 bereite ſo auch Bereitet 9　Es　8 ein　wüſten
ſo auch 11　9 HErrn　10 machet　ſteig　11 JOhannes　13 Buſſe　14 fünden　Vnd
hinaus ſo auch 69, 84　15 Jüdiſche land　17 ſünde.
R 4 Son　als　8 eine　Wüſten ſo auch 11　9 HERRN　10 ſteige　13 buſſe　14
35 ſünde　hin aus ſo auch 64　15 Jüdiſcheland　17 Sünde.

1*

Johannes aber war bekleydet mit kameel haren, vnd mit eynem ledern gurttel vmb seyne lenden, vnd aß hewschrecken vnd wildhonig,
20 vnnd predigt vnd sprach, Es kompt eyner nach myr, der ist stercker
denn ich, dem ich nit gnugsam bynn, das ich mich fur yhm bucke, vnd
die rymen seyner schuch auffloße, ich teuffe euch mitt waßer, aber er
wirt euch teuffen mitt dem heyligen geyst.

Vnnd es begab sich zur selbigen zeytt, das Jhesus aus Gallilea
25 von Nazareth kam vnd lies sich teuffen von Johanne ym Jordan,
vnd als bald steyg er aus dem waßer, vnd sahe das sich die hymel auff
thaten, vnnd den geyst gleych wie eyn tawbe erab steygen auff yhn,
Vnd da geschach eyn stymme vom hymel, du bist meyn lieber son,
ynn dem ich eyn wolgefallen habe.

30 Vnnd bald treyb yhn der geyst ynn die wusten, vnd war alda ynn
der wusten viertzig tage, vnd ward versucht von dem satanas, vnd war
bey den thieren, vnd die engel dieneten yhm.

A *setzt*, *nach* kam 25; *streicht*, *nach* waßer 22. B *setzt*, *nach* waßer 22, sahe 26.
C¹ *streicht*, *nach* tage 31. D *streicht*, *nach* kam 25. F *setzt*. *nach* yhn 27;
setzt, *nach* kam 25, geist 27, tage 31; *streicht*, *nach* balde 26.
I *setzt*, *nach* prediget 20. L *setzt*. *nach* löse 22, Jordan 25, *mit folg.*
gr. Anfangsb. nach thieren 32; *streicht*, *nach* prediget 10, Geist 27. M *setzt*. s
nach Wildhonig 19, *mit folg. gr. Anfangsb. nach* Wüsten 30; *setzt*, *nach* prediget 20.
O *setzt*, *nach* wüsten 30; *streicht*, *nach* prediget 20. P *setzt*, *nach* prediget 20.
Q *setzt*. *mit folg. gr. Anfangsb. nach* Wüsten 30; *setzt*, *nach* Taube 27, Geist 30.
R *setzt*. *mit folg. gr. Anfangsb. nach* auffthat 26; *setzt*, *nach* Wüsten 30, Thieren
32; *streicht*, *nach* Taube 27, Geist 30.

A 19 afs 20 vnd 1. 21 nicht *so auch* 67, 85 byn 22 mit *so auch* 23, 56, *zweimal* 71
23 mit dem heyligen geyst tauffen 24 Vnd zeyt 26 vnnd 2. 27 thatten vnd
28 von 29 yn 30 Vnd 1. 31 satanas] teuffell 32 engele.
B 22 aufflöse 23 wird teuffen 24 zur der 26 vnd 2. 27 eyne *so auch* 28 29
eyn geistr. 31 teuffel. C 19 wild honig 26 auffthatten.
C¹ 22 auff löse. 26 auff thatten.
D 18 kamel 21 bücke 24 zu der 29 yun.
E 18 ledern 20 prediget 28 vom 29 yn *so auch* 73.
F 18 bekleidet kameel leddern 19 gürtel 20 mir *so auch* 39 21 bin *so auch* 74
22 aufflöse Ich 23 heiligen *so auch* heilige 52 geist *so auch* 27, 30, 50, 54, geißlen 57 20
24 zeit *so auch* 35 Calilea *so auch* 33, 75, Galilee 58, *vgl. zu* 37 26 Vnd balde *so auch* 40
steig auffthatten 27 gleich taube steigen 28 Du 29 ynn *so auch* 73 30 treib *so*
auch 67, 75, 89 31 Vnd 1. 32 Engele. G 28 von.
H 22 riemen 26 der himel auffthat 27 steigen] komen 28 vom himel 29 ynn] an
31 teuffel] Satan.
I 23 Geist *so auch* 27, 30.
K 18 kamel 21 genugsam 23 Heiligen geist.
L 18 Kameel 20 Vnd 1. 21 ich 1.] ist) gnugsam 22 auff löse 26 Himel *so auch* 28
27 herab 28 fg. DV BIST MEIN LIEBER SON, AN DEM ICH.
M 18 Leddergürtel 19 Lenden Hewschrecken Wildhonig 21 Dem 22 Schuch 30
Waßer Aber 23 heiligen Geist 24 VND 27 Taube 30 VND 1. 32 Thieren.
N 18 Kamelsharen 20 ES 22 Riemen aufflöse 25 kame 26 auff that.
O 18 Kameelharen leddern 19 Gürtel 22 riemen schuch auff löse Er 25 kam
26 Das auffthat 28 fg. bist mein lieber Son, an dem ich 30 vnd 2. 32 Engel.
P 18 JOhannes 20 VND 1. 22 Riemen ICH AEEr er 26 VND bald DAS 35
27 VND herab 28 VND 29 An.
Q 18 JOhannes mit] von Kameel haren Leddern 19 gürtel Henschrecken
wild Honig 20 Vnd 1. Es 22 riemen Schuch Ich Aber 24 VNd 26
Vnd 1. das 27 vnd herab 28 Vnd Du 29 an 30 VNd 1.
R 18 mit Kameelharen leddern 19 Gürtel Hewschrecken Wildhonig 20 40
Prediget 22 Schuch aufflöse 27 ein 29 An 30 VND vnd 31 Vnd 1. Satan
32 Thieren.

— 5 —

Nach dem aber Johannes gefangen war, kam Jhesus ynn Gal
lilea, vnd prediget das euangelium vom reych gottis, vnnd sprach,
Die zeit ist erfullet, vnd das reych gottis ist er bey komen, bessert euch, 35
vnd glewbt dem Euangelio.

Da er aber an dem Galileyschen meer gieng, sahe er Simon vnd
Andreas seynen bruder, das sie yhre netz yns meer woiffen, denn sie
waren fischer, vnnd Jhesus sprach zu yhn, folgt myr nach, ich will
euch zu menschen fischer machen, als bald verliessen sie yhre netze, vnd 40
folgeten yhm nach.

Vnnd da er von dannen eyn wenig furbas gieng, sahe er Jacoben
XXVᵃ. den son Zebedei vnd Johannem seynen bruder, da sie yhre netze ym
schiff zu samen legten, vnnd bald rieff er yhn, vnd sie liessen yhren va=
ter Zebedeon ym schiff, mit den tagloner, vnnd volgeten yhm nach. 45
Vnd sie giengen gen Capernaum, vnd bald an den Sabbaten, gieng
er ynn die schulen, vnd lerete, vnnd sie entsatzten sich vber seyner lere,
denn er lerete gewalticklich, vnnd nicht wie die schrifftgelerten.

Vnd es war ynn yhrer schulen eyn mensch besessen mit eynem vn=

A *streicht*, *nach* euch 35. B *streicht*, *nach* schiff 45. E *setzt*, *nach* busse 35
F *setzt*. *nach* fischer 39, *mit folg. gr. Anfangsb. nach* machen 40, yhn 44, lerete 47.
G *streicht*, *nach* nach 39. H *setzt*, *nach* nach 39.
I *streicht*, *nach* Sabbathen 46. L *setzt*, *nach* Zebedej 43.
5 N *streicht*, *nach* komen 35. O *setzt*, *nach* komen 35, Andream 38,
machen 40, jnen 44. P *setzt*. *nach* machen 40, jnen 44; *str.*, *nach* Andreas 38, Netze 40.
Q *setzt*, *nach* Netze 40; *streicht*, *nach* bruder 38.
R *setzt*, *nach* bruder 38, **Mensch** 49; *streicht*, *nach* netze 40.

A 34 vnd 2. 35 zeyt ist 2. *gestr.* erbey 36 an das Euangelion 39 vnd folget
10 42 Vnd 43 da] das 44 vnd 1. vatter 45 vnd 46 vnnd 2. 47 vnd 2. 48 gewaltiglich vnd 49 Vnnd.
B 35 ist erbey 39 Vnd nur wil 42 Jacobon 43 Johannen 44 vater 45 taglonern folgeten 46 vnd 2. 49 Vnd. C 37 Gallileischen 39 myr 45 taglönern.
Cˡ 35 die. D 34 Euangelion.
15 E 35 bessert euch] thut busse.
F 33 war] ward 34 reich *so auch* 35 35 Die 37 Galileischen 38 netze 39 Folget
46 Sabbathen. G 36 glewbet 38 netz.
H 33 gefangen] vberantwort 36 gleubt 38 netze 42 Jacoben 43 yhre] die 44 zu
samen legten] flickten 47 seine.
20 I 33 vberantwortet 34 Reich *so auch* 35 35 erfullet Thut 40 bald 47 Schulen
so auch 49, 59, 74 seiner 48 Schrifftgelerten. K 36 gleubet 39 jn] jnen *so immer.*
L 36 gleubt 38 jnns 39 Ich 40 Also 43 Zebedej [Jabaannen] 44 Vater 46
Vnd 2. 48 leret.
M 33 NAch 37 DA 38 Netze *so auch 40, 43* ins 39 Fischer 40 Menschen-
25 fischer 43 Zebedei 44 Schiff 45 Taglönern 46 VND 1. 47 Lere 48 Denn 49
VND Mensch.
N 33 NACH 34 Euangelium *so auch 36* 35 DIE 36 gleubet 38 Meer 42
Jacobum 43 Johannem 45 Schiff.
O 33 Galilean 35 Die 36 gleubt 38 Andream meer 42 VND 44 schiff *so auch*
30 45 Vnd 1. vater 46 vnd 2. 47 lere 49 VND Schule.
P 33 Galilea 35 DIE er bey THUT 36 VND 37 Sabe 38 Andreas Meer
39 VND 44 Schiff *so auch 45* 47 VNd 2. 48 DEnn 49 VND.
Q 33 NAch Galilean 35 Die reich 36 vnd 1. Vater 46 VNd Vnd 47 Vnd 2. [sitz]
35 Lere 48 Denn 49 Vud Schulen.
R 33 NAch Galilea 34 reich 35 Thut 36 Vnd 37 Sahe 38 netze *so auch 40,*
43 Meer 40 Menschen fischer verliessen 42 Vnd 44 schiff *so auch 45* Vnd 1.
vater 45 Taglönern 46 VND vnd 47 lere 48 Schrifftgelerten 49 VNd Schule.
Mensch.

50 faubern geyſt, der ſchꝛey vnd ſprach, hallt, was haben wyr mit dyr
zu ſchaffen, Jheſu von Nazareth? du biſt kvmen vns zu verderben,
ich weys, das du der heylige gottis biſt, vnd Jheſus bedꝛawete yhn
vnd ſprach, verſtumme, vnnd fare aus von yhm, vnnd der vnſawber
geyſt reys yhn, vnd ſchꝛey laut, vnd fur aus von yhm, vnd ſie ertzitter=
55 ten alle, alſo, das ſie vnternander ſich befragten, vnd ſprachen, was
iſt das? was iſt das fur eyn newe lere? Er gepeutt mitt gewallt den
vnſawberen geyſten, vnnd ſie gehoꝛchen yhm, vnnd ſeyn gerucht er=
ſchall bald vmbher ynn die grentze Galilee.

Vnd ſie giengen aus der ſchulen, vnd kamen bald ynn das haus Si=
60 monis vnd Andres, mit Jacoben vnd Johannen, vnd die ſchwiger
Simons lag vnd hatte das fiber, vnd als bald ſagten ſie yhm von yhr,
vnd er tratt zu yhꝛ, vnd richtet ſie auff, vnnd hielt ſie bey der hand vnd
das fiber voꝛlies ſie als bald, vnd ſie dienet yhn.

Am abent aber, da die ſonne vnter gangen war, brachten ſie zu yhm
65 allerley krancken vnd beſeſſene, vnd die gantze ſtatt verſamlet ſich fur

A *ſetzt*, *nach* hand 62.   B *ſetzt* . *mit folg. gr. Anfangsb. nach* biſt
52, yhm 53, 54, 57; *ſtreicht*, *nach* weys 52, verſtumme 53, befragten 55, geyſten 57,
Andres 60, yhr 61.   C[1] *ſtreicht*, *nach* alle 55.   D *ſetzt*, *nach* alle 55.
E *ſetzt*, *nach* Nazaret 51.   F *ſetzt* . *nach* Johannen 60; *ſetzt*, *nach* weis 52,
Verſtumme 53, geiſten 57, yhr 61; *ſtreicht*, *nach* ſchaſſen 51; *ſetzt* ? *nach* Nazareth 51. ?
G *ſtreicht*, *nach* yhr 61.   H *ſetzt*, *nach* Gottes 52, jr 61.
I *ſetzt*, *nach* ſchrey 50, jn 52, befrageten 55, vmbher 58; *ſtreicht*, *nach* weis 52.
L *ſetzt* . *nach* Gottes 52; *ſtreicht*, *nach* aber 64.   M *ſetzt* . *mit folg.*
gr. Anfangsb. nach hand 62.   O *ſetzt*, *nach* Fieber 61, hand 62; *ſtreicht*,
nach ſchrey 50.   P *ſetzt*, *nach* ſchrey 50.   Q *ſetzt* . *mit folg. gr.* 10
Anfangsb. nach Fieber 61, hand 62; *ſtreicht*, *nach* ſchrey 50, biſt 52.
R *ſetzt*, *nach* ſchrey 50, biſt 52, Fieber 61, hand 62.

A 53 vnd 2.   56 er gepeut gewalt 57 vnd zweinol 58 Galiſee 60 vnnd 2. 62 trat
vnd 3.   63 als bald] bald 65 ſtadt *ſo auch* 86.
B 53 Vnd 3.   vnſauber *ſo auch* vnſauberen 57 54 laudt erzitterten 60 vnd 2. Vnd 15
65 ſtad *ſo auch* 86.   C 54 ertzitterten 58 vmb her.
C[1] 51 Nazaret 54 laut.   D 51 zuuerderben 54 erzitterten 57 vnſaubern.
E 51 zeſchaffen 55 vntereinander 57 ſein geruchte erſchal 59 Simons 61
Simonis 63 verlies 65 verſamlete.
F 50 Halt wir 51 zu ſchaffen Nazareth 52 weis 53 Verſtumme 54 reis 55 vnternander 20
Was 56 eine 57 gerüchte erſchall 58 vmbher 59 Simonis 62 Vnd 1. richt 64 vnter-
gangen   G 54 reys 57 geiſtern 59 giengen] giengen bald kamen bald] kamen.
H 52 das du . . . biſt] wer du biſt, der heilige Gottes   54 reis   erzitterten] entſetzten
ſich   55 befrageten 56 Er 57 erſchal 60 Andreas 62 richtet 65 verſamlet.
I 51 zuſchaffen zu verderben 52 Heilige 56 gebeut 61 fieber *ſo auch* 63. 25
K 52 bedrawet 61 fiber *ſo auch* 63 64 abend Sonne 65 Stad *ſo auch* 86.
L 51 zu ſchaffen 52 bedrawete 58 vmb her 60 Schwiger 61 fieber Vnd Im
63 Fieber 64 abent ſonne 65 ſtad *ſo auch* 86.
M 50 Geiſt *ſo auch* 54, Geiſtern 57 Was 51 zuſchaffen 52 Ich 56 Was 59 VND 1. 61
Fieber jm 64 AM abend Sonne 65 Krancken *ſo auch* 66 Beſeſſene Stad *ſo auch* 86. 30
N 51 zu ſchaffen 54 fuhr 55 befragten 57 Gerüchte 58 vmbher 60 Jacobo
Johanne Schwieger 62 Hand.
O 50 was 51 zuſchaffen Du 52 VND 55 befrageten 56 was Lere 57 Gerücht
60 ſchwiger 62 hand vud 63 Vnd.
P 50 geiſt HALT 51 DV 53 VND 3. 54 VND 3. 55 befragten 56 Was 35
57 VND 2. 58 vmb her 60 Jacoben Johannes VND 61 vnd 2. 62 VND 1.
Q 50 Geiſt Halt Was 51 Du 52 heilige VNd bedrawet 53 Vnd 3. 54 fur
Vnd 3. 56 ein 57 Vnd 2. gerüchte 58 vmbher 59 VNd 1. 60 Johannen Vnd
Schwiger 62 Vnd 1. 63 vnd.
R 50 Geiſt *ſo auch* 54, Geiſtern 57 Halt was 51 Du zuuerderben 52 Vnd be- 40
drawete 53 verſtumme 54 fuhr 56 eine 57 Gerücht 58 VND 1. 60 ſchwiger 61 Fieber
ſo auch 63 vnd 62 vnd 1. 63 Vnd 64 AM 65 Krancken *ſo auch* 66 Beſeſſene Vnd.

der thur, vnd er halff vielen krancken mit mancherley seuchenn bela=
den, vnnd treyb viel tewffel aus, vnd lies die teuffel nit reden, denn sie
kenneten yhn.

Vnd des morgens fur tag, stund er auff, vnd gieng hyn aus, vnnd
Jhesus gieng ynn eyn wuste stette vnd bettet da selbs, vnnd Petrus 70
mitt den, die mitt yhm waren, eyleten yhm nach, vnd da sie yhn fun=
den, sprachen sie zu yhm, ydermann sucht dich, vnnd er sprach zu yhn,
last vns ynn die nehisten stette gehen, das ich dasselbs auch predige,
denn datzu byn ich komen, vnnd er predigete ynn yhren schulen, ynn
gantz Gallilea, vnd treyb die teufell aus. 75

Vnd es kam zu yhm eyn aufzsetziger, der batt yhn vnd knyet fur yhm
vnd sprach zu yhm, willt du, so kanstu mich wol reynigen, vnd es ia=
merte Jhesum vnd er recket die hand aus, ruret yhn an, vnd sprach, ich
wills thun, sey gereynigt, vnd als er so sprach, gieng von yhm als bald
der aufzsatz, vnd ward reyn, vnnd Jhesus bedrewet yhn, vnnd treyb 80
yhn als bald von sich, vnnd sprach zu yhm, Sihe zu, das du niemant
nichts sagist, sondern gang hyn, vnd zeyge dich dem priester, vnd op

A setzt, nach yhn 76, Jhesum 78.   *B setzt. mit folg. gr. Anfangsb. nach selbs 70, dich 72, komen 74, gereynigt 79, yhm 79; setzt, nach wiltu 77;
streicht, nach tag 69.*   *D streicht, nach wiltu 77.*
*F setzt. mit folg. gr. Anfangsb. nach reinigen 77, rein 80; setzt, nach yhm 76 2.,
Wiltu 77, yhm 79.*   *G streicht, nach aus 67.*   *H setzt. nach
nach 71; setzt, nach krancken 66, aus 67, stete 70, selbs 70; streicht, nach an 78.
I streicht, nach denen 71.*   *K setzt, nach an 78.*   *L setzt. nach
hinaus 69; streicht, nach sagest 82.*   *M setzt. nach thür 66, selbs 70.
O setzt. nach sagest 82; setzt, nach nach 71; streicht, nach jnen 72.
P setzt, nach jnen 72, sagest 82.*   *Q setzt. mit folg. gr. Anfangsb.nach nach
71, thun 79; streicht, nach jm 77.*   *R setzt, nach nach 71, jm 77, thun 79.*

A 66 die mit seuchen beladen waren 67 vnd 1. tenffel 69 vnd 3. .70 eyne
vnd 2. 72 vnd 74 bynn vnd 75 tenffel 76 auffetziger vnd gestr. 77 willtu
du 78 vnnd zweimal 79 vnnd der aufzsatz als bald von yhm 80 ward] er ward
vnd 2., 3. bedrawet 81 vnd sihe 82 Priester.
B 73 stedte 74 dazu byn 76 bat 77 wiltu 78 vnd zweimal 79 wils Vnd
So auffatz 82 gehe opffere.
C 73 daselbs.   D 81 niemand.
E 66 thür 69 hynnus 70 wüfte so auch wüften 86 72 süchet 78 rüret 79 gereyniget
so gestr. balde so auch 81 82 sagest.
F 69 tage 70 stete betet daselbs 71 den] denen eileten Vnd 72 Yderman
suchet 73 Last 76 ausfetziger kniet 77 Wiltu reinigen so auch gereiniget 79, rein 80.
reinignng 83 78 er gestr. Ich 79 er so 80 ausfatz vnd 1. 81 Sihe 82 zeige priefter.
G 70 bettet da selbs 76 auffetziger 78 recket] er recket ruret 80 auffatz.
H 69 fur] vor Vnd 3. 70 betet 71 mit 2.] bey 72 Jderman 73 nehefte
Vnd 76 ausfetziger 78 vnd recket rüret 80 auffatz.
I 66 seuche 70 daselbs 73 Lafft 76 auffetziger 80 anffatz 82 Priefter.
K 66 Vnd 67 Teuffel Teufel so auch 75 77 jamerte.
L 67 Teufel 1. 73 Stedte 76 Auffetziger 79 bald 82 Sondern.
M 66 Seuche 69 VND 1. 70 da selbs 72 Jederman 74 Denn 75 vnd 76 VND 1.
78 Hand 79 Sey 80 Auffatz.   N 66 Seuchen 70 daselbs 73 Laffet 81 bald.
O 70 Stete 73 Lafft neheften 74 DEnn da zu 75 Vnd 77 So VND 79 sey
80 auffatz VNd 2. 81 balde das.
P 66 seuchen 70 da selbs VNd 72 JEderman VNd 73 nehefte 74 DENn 76
Ausfetziger 78 Wiltu VNd 78 Vnd 1. 79 VND 80 VND 2. 81 SII fe.
Q 66 Seuche 67 Tenffel zweimal, so auch 75 70 ein stete daselbs Vnd 72 Jeder-
man Vnd 74 Denn dazu prediget 75 vnd 76 VNd Auffetziger 77 Wiltu
so Vnd 78 hand 79 Vnd 2. 81 Sihe Das.
R 66 seuchen 67 Teufel zweimal, so auch 75 70 eine Stete 74 predigete 75 Vnd
76 VND Ausfetziger 78 Vnd 1. Hand 79 sey 80 Auffatz 81 das 82 Priefter.

—— 8 ——

fete fur deyn reynigung, was Mofes gepotten hatt, zum zeugnis
vbir fie, Er aber, da er hynaus kam, hub er an, aus zu bringen vnd zu
85 chtbar machen die geschicht, also, das er hynfurt nit mehr kund offen
lich ynn die statt gehen, sondern er war hauffen ynn den wuften orts
tern, vnd fie kamen zu yhm von allen enden.   · XXVI.

B setzt. nach fie 84; streicht , nach hat 83, an 84.   I setzt , nach an
84; streicht, nach reinigung 83.   L setzt , nach Reinigung 83.
O . setzt nach ruchtbar 84; streicht , nach Reinigung 83.
P setzt , nach ruchtbar 84.   Q setzt , nach Reinigung 83.

A 83 hat   84 zubringen.   B 83 deyne   85 offentlich.   5
C¹ 84 vber   zu bringen.   E 84 byn aus   zubringen   rüchtbar.
F 83 gebotten   gezeugnis   84 hinaus zu bringen 85 machen] zu machen 86 örtern.
G 83 gepotten   zeugnis   85 zu machen] machen.   H 83 für ge-
botten   gezeugnis   84 fg. aus zu bringen . . . geschicht] und fagt viel dauon, vnd macht die
geschicht ruchtbar   85 öffentlich.   I 83 fur gepeten 84 faget 85 offentlich. 10
K 83 geboten   85 machet.   L 83 Reinigung   85 Alfo   87 Vnd.
M 83 zeugnis   84 da von   85 Gefchicht   öffentlich   87 Enden.
N 83 dauon rüchtbar.   O 83 gezeugnis 84 ER 1. ruchtbar 86 die] der.
P 83 Zum   zeugnis   87 enden.   Q 83 zum   84 Er 1. rüchtbar 85 offentlich
86 der] die   87 Enden.   R 83 Reinigung ruchtbar 85 öffentlich 86 die] der. 15

Das ander Capitel.

Vnd er gieng vbir ettlich tag widderumb gen Capernaum,
vnd es wartt ruchtbar, das er ym haufze war, vnd als bald
verfameleten fich viel, also das fie nicht raum hatten, auch
hauffen fur der thur, vnd er fagt yhn das wortt, vnnd es kamen ettlich zu yhm, die brachten eynen gichbruchtigen, von vieren
getragen, vnd da fie nicht kundten bey yhn komen fur dem volck, be-
ckten fie das dach auff, da er war, vnnd grubens auff, vnnd lieffen
das bette ernydder, da der gichbruchtige ymnen lag, da aber Jhesus

A setzt , nach also 4.   D streicht , nach yhm 6, auff 8 1.
E streicht , nach wartt 8.   F setzt . nach tag 3, mit folg. gr. Anfangsb.
nach thür 5, wortt 5; setzt , nach war 8.   H setzt , nach jm 6.
I setzt , nach tage 2, auff 8 1.   L setzt . nach getragen 7.
M setzt . nach war 3.   N setzt . nach Capernaum 2; streicht . nach war 3. 5
O setzt . nach war 3.   P setzt , nach Capernaum 2, thür 5.   Q setzt . nach thür 5.
R setzt , nach war 3, thür 5, komen 7; streicht , nach auff 8 2.

A 2 vbir etlich tag gieng er   3 wart 4 verfameleten 5 vnd 2.   6 etlich   8 vnd
zweimal   9 gichtbruchtige so auch gichtbruchtigen 10, 17, 20.
B 2 Vnd   tage   widerumb   3 ward haufe alsbald   5 wort   6 gichtbruchtigen 10
9 Da 2.   C 3 yhm   4 rawm.   C¹ 2 vber   3 ym.
E 3 rüchtbar   5 thür   6 gichtbrüchtigen so auch 10, 17, 20, gichtbrüchtige 9   8 warr
9 Jefus so immer ohne h.
F 2 etliche so auch 6   widderumb   3 ruchtbar Vnd   (4 verfameleten)   6 einen
so auch 44 1., 51, ein 44 2.   7 Vnd   8 war   9 ernidder Jhesus so immer mit h. 15
H 1 Das ander Capitel.] II.   3 ym] jm so auch immer jnn 1. B. 13, jnen 9 mit j statt y
5 jhn] jn so auch 40, 41, 43, 53, 65, desgl. immer jm z. B. 6, ju z. B. 27, jnen z. B. 16, ir z. B.
16, jrer 30, jren 10, jrem 13 mit j statt yh   7 für.
I 3 jnj jm   4 raum   5 Wort   7 fur.   K 2 widerumb so auch 25 3 jn] jnen so immer.
L 3 Vnd 1.   5 faget   6 Gichtbrüchtigen so immer, desgl. Gichtbrüchtige 9.   20
M 3 rüchtbar   Haufe so auch 29   5 wort   7 Volck so auch 25 8 Dach   9 Bette
so immer ernider.   N 5 fagt   7 (jm)   deketen.
O 3 haufe   7 vor   deckten.   P 6 Gichtbrüchigen so immer, desgl. Gichtbrüchige 9.
Q 3 vnd   Haufe   5 faget   7 fur.   R 3 Vnd   haufe   5 vnd 1.   6 Die.

9

yhren glawben fahe, fprach er zu dem gichbruchtigen, meyn fon, dey ro
ne funð find dyr vergebenn.

Es waren aber ettliche fchrifftgelerten, die faffen alda, vnd geda
chten yhn yhrem hertzen, wie redet difer folche gots lefterung? wer
Pan funð vergeben, denn nur der eynige gott? Vnnð Jhefus erken=
net balð ynn feynem geyft, das fie alfo gedachten bey fich felbs, vnð 15
fprach zu yhnen, was gedencft yhr folchs ynn ewren hertzen? wilchs
ift leychter zu dem gichbruchtigen zu fagen, dyr find deyn funð verge
ben? odder, ftanð auff, nym deyn bette vnd wandele? auff das yhr
aber wiffet, das des menfchen fon macht hatt, zuuergeben die funð
auff erden, fprach er zu dem gichbruchtigen, ich fage dyr, ftanð auff, 20
nym deyn bette, vnd gang ynn deyn haus, vnd als balð ftunð er auff,
nam feyn bette, vnð gieng hynaus fur yhn allen, alfo, das fie fich alle
entfatzten vnð preyfeten gott, vnð fprachen, wyr haben folchs noch
nie gefehen.

Vnd er gieng widderumb hynnaus an das meer, vnd alles volck 25
Pam zu yhm, vnd er leret fie, vnd da Jhefus fur vber gieng, fahe er Le
ui den fon Alphei am zoll fitzen, vnd fprach zu yhm, folge myr nach,

A *streicht , nach* yhm 27.   B *setzt . mit folg. gr. Anfangsb. nach*
fie 26; *setzt , nach* yhm 27; *streicht , nach* odder 18.
C¹ *setzt . nach* haus 21.   E *streicht , nach* gichtbrüchtigen 10, yhnen 16.
F *setzt . mit folg. gr. Anfangsb. nach* haus 27; *setzt , nach* gichtbrüchtigen 10,
5 yhnen 16, leichter 17, odder 18, entfatzten 23; *streicht , nach* also 22.
G *setzt ,·nach* lefterung 13, alfo 22.   H *setzt ? nach* lefterung 13;
streicht , nach alfo 22.   I *setzt , nach* bette 18, al˚o 22.
O *setzt . mit folg. gr. Anfangsb. nach* jm 26.   P *streicht . nach* jm 26.
Q *setzt . nach* hertzen 16; *setzt , nach* jm 26; *streicht , nach* hat 19, meer 25.
10 R *setzt ? nach* hertzen 16; *setzt , nach* hat 19, Meer 25, Leui 26.

A 11 vergeben   12 etliche   13 Gotslefterung   14 Gott· Vnd   19 hat   21 bett
22 hyn aus   23 Got   25 Vnnd l.
B 13 Gotts lefterung · 17 deyne   funde   18 flehe   Auff?.   20 flebe   21 gehe   Vnd
25 Vnd l.   .   C 13 ynn   diefer   17 zufagen   19 zu vergeben   20 flehe
15 C¹ 17 zu fagen.   D 13 difer   23 Gott   25 hynaus.
E 10 glauben   11 fünde   dir *so auch* 17,20   13 Gotes   14 funde   nür   Got   16 yn
so auch 21, 29   18 oder   19 fünde   21 dein   bette   25 er] der   widderümb   27 zol   mir.
F 10 glawben   Mein   difene *so auch* 17, 39, 53, dein 18, 21 2.   11 funde   13 Wie
diefer   Gottes   Wer   14 nur   einige   Gott   15 feinem *so auch* 29, fein 22, feinen
20 30, 32, feine 51   geift   16 Was   gedencket   ynn *so auch* 21, 29   Welchs   17 leichter
18 odder   19 funde   20 Ich   22 hin *so ouch* hinaus 25   23 preifeten   Wir   25 er
'widderumb   27 Folge.
G 14 der einige] einer, nemlich   16 gedenckt   Wilchs   22 fur yhn] fur   23 preyfeten.
H 10 glauben   14 nur *gestr.*   einer, nemlich] allein   16 gedencket Welchs   18 nim
25 *so auch* 21   21 ynn dein haus] beim   22 hinaus   23 preifeten *26* Vnd l.   fur.
I 12 Schrifftgelerten *so auch* 31   16 ewern   17 Dir   19 Son *so auch* 60   26 fur.
K 16 gedenckt   18 oder.
L 10 Glauben   13 Gottesleflerung   15 Geift   16 gedencket   ewren   18 Oder   22
Alfo   26 Im *so auch* 30   27 Alphej.
30 M 13 jnn] in *so immer*   14 fünde *so auch* 17, 19   16 folches   18 oder   Stehe *so auch* 20
20 Erden   26 jm *so auch* 30   27 Alphei Zol.
N 10 Son   11 funde   18 Oder   19 Menfchen fon *so auch* 60   25 Meer   26 vnd l.
O 10 glauben   fon   Deine   11 funde *so auch* 14, 17   16 folchs   ewern   18 flehe
so auch 20   19 menfchen Son *so auch* 60   Sünde.
35 P 10 Glauben   Son   13 Gottsleflerung   14 fünde   19 zuuergeben   22 hin aus *so auch* 25.
Q 10 deine   11 fünde *so auch* 17   13 jren   Gottesleflerung   16 folches   ewren   Welches   18 Stehe *so auch* 20   19 das   zu vergeben   fünde   22 hinaus   25 hin aus] bin   meer.
R 10 fon   13 jrem   16 folchs   Welchs   18 stehe *so auch* 20   19 Das   zuuergeben
22 hin aus   25 bin] bin aus   Meer.

vnd er ſtund auff, vnd folgete yhm nach, vnd es begab ſich, da er zu tiſch
ſaſz ynn ſeynem haus, ſatzten ſich viel zollner vnnd ſundere zu tiſch
30 mitt Jheſu vnd ſeynen iungernn, denn yhr war viel, die yhm nachfol
geten. Vnd die ſchrifftgelerten vnd phariſeer, da ſie ſahen, das er mit
den zollnern vnnd ſundern aſſz, ſprachen ſie zu ſeynen iungern, war:
umb iſſet vnd trinckt er mit den zolnernn vnd ſundern? Da das Jhe:
ſus horet, ſprach er zu yhnen, die ſtarcken durffen keyns artztes, ſon
35 dernn die krancken, ich byn komen zu ruffen den ſundern zur buſſe,
vnnd nicht den gerechten.

Vnd die iunger Johannis vnd der phariſeer faſteten viel, vnd es ka
men ettlich, die ſprachen zu yhm, Warumb faſten die iunger Jo:
hannis vnd der phariſeer, vnd deyne iunger faſten nicht? Vnd Jhe:
40 ſus ſprach zu yhn, wie kunden der hochtzeyt kynder faſten, die weyl
der breuttigam bey yhn iſt? Alſo lange der breuttigam bey yhn iſt,
kunden ſie nicht faſten, es wirt aber die zeyt komen, das der breut:
gam von yhn genommen wirtt, denn werden ſie faſten.|

Niemant flickt eyn lappen von newem tuch an eyn allt kleyd, denn XXVI
45 er reyſſt doch den newen lappen vom allten, vnnd der ryſſz wirtt er:

A ſetzt , nach ſundern 33.   C ſtreicht , nach iſt 41 2.   C¹ ſtreicht? nach iſt 41 1.
D ſetzt , nach iſt 41 1.   E ſtreicht . nach ſich 28.   F ſetzt . nach nach 28,
erger 45: ſetzt? nach ſundern 33, iſt 41 1.; ſetzt , nach ſich 28, iſt 41 2.; ſtreicht , nach
etliche 38.   G ſetzt . nach yhnen 34.   H ſetzt , nach juen 34.
I ſetzt . nach faſten 42 ; ſetzt , nach nachfolgeten 30, etliche 38, tuch 44.   ⸲
K ſetzt , nach erger 45.   L ſetzt . nach nachfolgeten 30, erger 45.
M ſetzt . nach viel 37.   O ſetzt . nach Krancken 35.   Q ſetzt , nach Krancken 35.
ſtreicht , nach anff 28.   R ſetzt . nach jnen 34, Krancken 35 :
ſetzt , nach auff 28, viel 37.

A 28 Vnd 3.   29 vnd   30 mit   iungern   31 Phariſeer ſo auch 37, 39, 52   32 zolnern   10
vnd   33 zolnern   34 ſondern   35 den ſondern   puſſe   36 vnd   38 etlich   41
brewtigam alſo breutigam 42 kundten 43 wirt ſo auch 45 45 reyſt von vnd.
B 29 ſaſz yn hauſle 32 aſz 34 höret 38 hoehzeyt 41 brewtigam
2. ſo auch 42 42 kunnen Es wird ſo auch 43, 45, 47 44 Niemand eynen alt 45 vom
ryſs.   C 30 nachfolgeten 32 zollnern aſz 40 kunnen 41 breutigam I. 45 wyrd. 15
C¹ 29 ynn   zolner   33 trincket   41 brewtigam I.   45 wird.
D 29 hauſe   33 zollnern   40 kinder   41 breutgam   breutigam ſo auch 42   43 genomen.
E 29 zölner   ſündere ſo auch ſündern 32, 33   30 nachfolgeten   32 zölnern ſo auch
33 iüngern 34 dürffen keynes 35 kumen 38 etliche.
F 29 ſas   ſundere ſo auch ſundern 32, 33   30 iüngern ſo auch iünger 37, 38, 39, 51, 53 20
Denn yhr] yhrer 32 Warumb 34 Die keines 35 Ich bin komen 40 Wie
können ſo auch 42 hochzeit ſo auch zeit 42, 56 weil 41 breudgam zweimal ſo auch 42
Alſo 44 kleid 45 reiſſet alten riſs.   G 29 ſaſz ſündere
ſo auch ſündern 32 30 iungern ſo auch 32, desgl. immer iunger 34 durffen 45 ryſs.
H 29 ſas   ſundere ſo auch ſundern 32   30 iüngern ſo auch 32, desgl. immer jünger 25
34 dürffen   35 buſſe   40 die hochzeit leute   45 er reiſſet doch den newen lappen] der
newe lappe reiſſet doch   riſs.
I 29 ſaſz   Zölner ſo auch Zölnern 32, 33   30 Jüngern ſo auch 32, desgl. immer Jünger
41 Breutgam zweimal, ſo auch 42.   K 32 Sündern ſo auch 33, 34.
L 28 tiſche   29 Sünder   32 Sundern ſo auch 33, 35   34 Starcken   35 Krancken 36 30
Gerechten   37 Vnd 3.   40 Hochzeit   44 flicket.
M 29 Sünder ſo auch Sündern 32, 33, 35   34 Artztes   44 Lappen   Tuch   Kleid
45 Riſs.   N 40 Hochzeitleute   dieweil   43 Denn.
O 28 Tiſch   30 nachfolgeten   39 Junger   40 die weil   4? Breutigam zweimal, ſo auch 42
43 denn 44 Denn.   P 29 Sunder   Tiſch 30 nachfolgeten 34 Sondern 39 Jünger 45 Lappe. 35
Q 28 tiſche ſo auch 29   29 Sünder   31 vnd 2.] vnd die   34 ſondern   36 die   40
dieweil   41 Breutgam zweimal, ſo auch 42   44 denn.
R 28 Tiſch   29 tiſch   31 vnd die 2.] vnd   34 ſtarcken   36 den   40 die weil   41
Breutigam zweimal, ſo auch 42   43 Denn   44 lappen   Denn.

ger, vnnd niemant faſſet den moſt, ynn allte ſchleuche, anders, zu=
reyſſt der moſt die ſchleuche, vnnd der weyn wirt verſchuttet, vnnd
die ſchleuche komen vmb, ſondern man ſoll den moſt ynn newe ſchleu
ch faſſen.

Vnnd es begab ſich, da er wandelte am ſabbath durch die ſact, 50
vnnd ſeyne iunger fiengen an eynen weg er durch zu machen, vnnd
raufften ehern aus, vnnd die phariſeer ſprachen zu yhm, ſihe zu, was
thun deyne iunger, das nicht taug am Sabbath, vnd er ſprach zu yhn,
habt yhı nie geleſen, was Dauid thett, da es yhm nott war, vnnd
yhn hungert ſampt denen, die bey yhm waren, wie er gieng ynn das 55
haus gottis, zur tzeytt Abiathar des hohen prieſters, vnnd aſſz die
ſchaw brott, die niemant thurſt eſſen, denn die prieſter, vnd er gab ſie
yhm, vnd denen die bey yhm waren? vnnd er ſprach zu yhn, der ſab=
bath, iſt vmb des menſchen willen gemacht, vnnd nicht der menſch
vmb des Sabbaths willen, ſo iſt des menſchen ſon eyn herre, auch 60
des Sabbaths.

A *ſtreicht*, *nach* Sabbath 58.　　B *ſtreicht*, *nach* moſt 46, anders 46, Gottis 56.
F *ſetzt*. *nach* aus 52, Sabbath 53.　　　G *ſetzt*. *nach* taug 53; *ſetzt*, *nach*
Gottes 56; *ſtreicht*, *nach* eſſen 57.　　H *ſetzt*? *nach* recht iſt 53, waren 55:
ſetzt, *nach* eſſen 57, waren 58; *ſtreicht*, *nach* Gottes 56, ſchawbrod 57.
I *ſetzt*, *nach* Gottes 56, Schawbrod 57, denen 58.　　K *ſetzt*, *nach* hungerte 55.
L *ſetzt*. *nach* waren 58, willen 60.　　M *ſtreicht*, *nach* hungerte 55, denen 55.
N *ſtreicht*, *nach* Hohenprieſters 56.　　O *ſetzt*, *nach* denen 55, Hohenprieſters 56.
P *ſetzt*. *nach* rauffen 52; *ſetzt*, *nach* an 51, giengen 51.　　Q *ſtr.*, *nach* an 51,
giengen 51, denen 55, jnen 58.　　R *ſetzt*, *nach* an 51, giengen 51, denen 55, jnen 58.

A 46 Vnd　den moſt] moſt *ſo auch* 48　zureyſt　47 vud *zweimal*　48 ſonder　50
Vnd　51 vnd *zweimal*　erdurch　52 vnd　53 nit　54 thet　56 Gottis zeyt Prieſters
ſo auch Prieſter 57　vnd　57 ſchawbrod　den.
B 52 Vnd　53 Vnd　54 not　vud　56 aſs　57 niemand　prieſter　58 Vnd 2.
59 vnd.　　　C 53 nicht　54 nodt　57 niemant　58 Sabbath.
C¹ 56 prieſters　57 denn.
D 45 niemand *ſo auch* 57　48 ſondern　ſol　50 ſaat　54 not　56 zeit.
E 46 alte　50 ſaht　52 ehern　56 zeyt.
F 45 zu reiſſet　47 wein　verſchüttet　48 ſchleuche?.　50 Sabbath　ſaat　52 zu yhm
geſtr.　Sihe　55 hungerte　56 Gottes　Hohen　57 thurſte　Vnd　58 Der　60 So　herr.
G 46 zureiſſet　47 verſchuttet　52 ehern　ſprachen zu yhm　53 am Sabbath, das
nicht taug.
H 47 verſchüttet　51 zumachen　52 ehren　53 taug] recht iſt　58 yhm vnd] auch
60 Herr.　　　　I 56 Haus　57 Schawbrod　Prieſter.
L 48 Sondern　52 raufften　Ehren　55 Wie　56 Hohenprieſters.
M 46 Most　Schleuche　zu reiſſet　50 Saat　54 nie] nicht　57 thürſte　59 Menſchen
Menſch.
N 47 Moſt *ſo auch* 48　Schleuche *ſo auch zweimal* 48　54 nicht] nie　57 Schawbrot
thurſte.
O 46 zureiſſet　47 ſchleuche *ſo auch zweimal* 48　Wein　50 ſaat　51 er durch　52
raufften　56 as.
P 46 Anders　51 einen weg er durch zu machen] in dem ſie giengen　und raufften
Ehren aus] Ehren aus zu rauffen　56 aſs　59 Vnd.
Q 46 anders　47 moſt *ſo auch* 48　wein　verſchüt　48 Schleuche 2.　50 Saat　56
haus　59 vnd.
R 46 Anders　47 Moſt *ſo auch* 48　Wein　verſchüttet　48 ſchleuche 2.　50 ſaat
59 Vnd.

Das dritte Capitel.

Vnd er gieng ynn die schule, vnd es war da eyn mensch, der
hatte eyne verdorrete handt, vnd sie hielten auff yhn, ob er
auch am sabbath yhn heylen wurd, auff das sie yhn schuldi
5 gen mochten, vnnd er sprach zu dem menschen mitt der ver=
dorreten hand, tritt er fur, vnd er sprach zu yhnen, mag man am sab=
bath gutts thun, odder mag man boses thun? das leben erhallten?
odder todten? sie aber schweygen styll, vnd ersahe sie vmbher an mit
zorn, vnd war betrubt vber yhrem verstarreten hertzen, vnd sprach zu
10 dem menschen, streck deyne hand aus, vnd er strackt sie aus, vnd die
hand ward yhm gesund wie die andere.

Vnnd die pharisecr giengen hynaus, vnnd hielten als bald eynen
radt mit Herodis diener, vbir yhn, wie sie yhn vmb brechten, Aber Je
sus entweych mit seynen iungern an das meer, vnnd viel volcks fol=
15 gete yhm nach aus Galilea vnd von Judea vnd von Jerusalem vnd

A *streicht* , *nach* menschen 10.   B *setzt* . *nach* brechten 13, *mit folg. gr.*
Anfangsb. nach mochten 5, *streicht* ? *nach* erhalten 7; *setzt* , *nach* menschen 10.
F *setzt* . *nach* erfur 6; *mit folg. gr. nach* stille 8, *ans* 10 l.; *setzt* ,
nach Galilea, Judea, Jerusalem 15.   G *streicht* , *nach* schule 2.
H *setzt* , *nach* schule 2.   I *setzt* , *nach* erhalten 7, gesund 11.   5
L *setzt* . *nach* hand 3, *mit folg. gr. Anfangsb. nach* meer 14.
M *setzt* . *nach* Schule 2.   O *setzt* . *nach* aus 10 ?.; *streicht* , *nach* erhalten 7.
P *setzt* , *nach* aus 10 ?.   Q *setzt* , *nach* erhalten 7; *streicht* , *nach* Dienern 13.
R *setzt* , *nach* Schule 2, diener 13, Meer 14; *streicht* , *nach* erhalten 7, gesund 11.

A 5 mit *so auch 44, 45*   verdorrete   7 guts   8 schwygen   10 streck   strackte   13 10
Jhesus   15 Gallilea.
B 3 hand   4 wurde   5 verdorreten   6 trit   Vnd   7 erhalten   8 Sie   styl   er
sahe   9 Vnd ?.   10 streck   13 vber.
C 4 Sabbath *so auch 6*   7 böses   8 tödten   schwiegen   9 betrübt   12 Phariseer   13
vmbbrechten.   C¹ 13 rad.   15
D 3 eyn   4 sabbath   6 erfur   8 still   vmb her   (14 fiel).   E 4 beschuldigen   13 Jesus.
F 1 Dritte   2 ein *so auch 18, 41 zweimal, 43, eine 3, einen 12, 24, 52, einem 45*   3 eine
Vnd   4 Sabbath   heilen *so auch 27, vgl. zu 19*   würde   5 möchten   6 Trit   Mag
7 gutes   8 schwigen   stille   9 zorne   betrübet   vnd   10 Strecke   deine *so auch*
56 zweimal   12 hinaus *so auch 36, hin 25*   13 vmbrechten   Jhesus   14 entweich feinen *so* 20
auch 18, 46, feine 17, 54 zweimal, fein 46, 47   14 iüngern *so auch 18, iunger 58*   15 Galilea.
G 1 Dsa dritte Capitel   4 wurde   8 schwiegen   14 iungern *so auch 18, iunger 58.*
H 1 Dsa dritte Capittel.] III.   2 gieng] gieng abermal   ynn] jnn *so immer, desgl.* jm 59 *mit*
j *statt y*   3 yhn] jn *so immer, desgl. immer* jm z. B. 11, jn *dat. fl.* 29, 57, jnen z. B. 6, jren
9, jrer 20 *mit* j *statt yh*   4 würde   yhn beschuldigen möchten] eine sache zu jm hetten 25
6 erfur   Mag] Sol   7 mag man *gestr.*   8 schwigen   9 zorn   verstarreten] verstockten
11 ander   13 rat   14 jüngern *so auch 18, jünger 58.*
I 2 Schule   6 erfur   8 vmbher   13 Rat   vmbbrechten   14 Jüngern *so auch 18,*
Jünger 58.   K 6 inen   7 vder *so auch 8*   8 vmb her.
L 2 Vnd ?.   6 jnen   7 guttes   8 vmbber   10 Vnd ?.   13 dienern.   30
M 2 jnn] in *so auch 40, 46*   Mensch *so auch* Menschen 5, 10, 49   4 Auff   Sache   7 gutes
Das   8 schwiegen   9 verstocktem   13 Dienern   14 Volcks *so auch 19, Volck 31.*
N 3 Hand *so auch 6, 10, 11*   Ob   6 erfür   9 betrübt   verstockten   Vnd   13 Diener
14 Meer.
O 2 aber mal   3 ob   4 auff   6 hand   erfur   7 Leben   8 schwigen   9 betrübet 35
Hertzen   14 vnd   10 menschen   13 dienern   14 meer.
P 3 eine   4 sache   10 Menschen   hand *so auch 11*   12 bin aus *so auch 36*   13 diener
14 Meer.
Q 2 abermal *so auch 34*   4 Anff   Sache   7 leben   8 schwiegen   vnd   9 hertzen
10 menschen   13 Dienern   14 meer.   40
R 4 sache   7 Leben   8 schwigen   Vnd   9 Hertzen   10 Menschen   13 diener   14 Meer.

—— 13 ——

aus Joumea vnnd von ihenſit des iordans vnnd die vmb Tyro vnd
Sidon wonen, die ſeyn thatten hoitten.

Vnnd er ſpꝛach zu ſeynen iungern, das ſie yhm eyn ſchifflin hiel
ten, vmb des volcks willen, das ſie yhn nicht dꝛungen, denn er heyl=
te yhꝛ viel, alſo, das yhn alle die geplagt waren vber fielen, auff das 20
ſie yhn an rureten, vnd wenn yhn die vnſawber geyſter ſahen,
fielen ſie fur yhn nydder, vnnd ſchꝛien vnnd ſpꝛachen, du biſt gottis
ſon, vnnd er bedrewet ſie hartt, das ſie yhn nicht offenbar machten.|

I.   Vnnd er ſteyg auff eynen berg, vnnd rieff zu ſich wilche er wolte,
vnnd die giengen hyn zu yhm, vnd er oꝛdnete die zwelffe, das ſie bey 25
yhm ſeyn ſollten, vnnd das er ſie aus ſendte zu pꝛedigen, vnnd das ſie
macht hetten, zu heylen die ſeuchte, vnnd aus zu treyben die teuffell,
vnd gab Simon den namen Petrus, vnd Jacoben den ſon Zebedei,
vnnd Johannem den bꝛuder Jacobi, vnd gab yhn den namen Bne
hargem, das iſt geſagt, donners kinder, vnd Andrean, vnd Philip= 30
pon, vnd Bar ptolemeon, vnd Mattheon, vnd Thoman, vnd Jo=

A *ſetzt* , *nach* waren 20.   C *ſtr.* , *nach* Bartholemeon 31.   F *ſetzt . mit folg.*
gr. Anfangs b. nach anrüreten 21; *ſetzt* , *nach* Idumea, Jordans 16.   G *ſetzt ,*
nach Barptholomeon 31; *ſtr.* , *nach* vberfielen 20, ſon 23.   H *ſetzt . nach* jm 17,
ſon 23; *ſetzt* , *nach* höreten 17, vberfielen 20, ſich 24; *ſtreicht* , *nach* Bartholomeon 31.
5   I *ſetzt* , *nach* menge 17, Bartholomeon 31.   L *ſetzt . nach* drüngen 19, treiben 27,
mit folg. gr. Anfangsb. nach jm 25.   O *ſtreicht* , *nach* Jordans 16, Zebedei 28.
P *ſetzt* , *nach* Jordans 16, ſchꝛien 22.   Q *ſetzt* , *nach* Zebedei 28; *ſtreicht*
, *nach* Philippum 30.   R *ſetzt* , *nach* Philippum 30; *ſtreicht* , *nach* Philippum 30; *ſtreicht* , *nach* Zebedei 28.

A 20 vber fielen, alle die geplagt waren   22 yhm   vnnd ſchrien] ſchrien   Gottis *ſo*
10 *auch* 50, 60   23 hart   offinbar   26 ſolten   27 die ſeuch zu heylen   die teuffell aus
zutreyben   31 Bartptolemeon   Jacoben.
B 23 offenbar   27 teuffel *ſo auch* 39 2.   28 Jacobon *ſo auch* 31   29 Johannen   31
Bartholemeon.
C 16 Jordans   23 offinbar.
C¹ 17 horten   27 zu treyben   (28 Zehebei)   31 Bartholomeon.   D 18 ſchiflin   21 anrureten.
15 E 16 ydumea   ihenſeid   17 ſeyne   18 ſchiflein   20 yhr] yhrer   geplaget   21 vnſawbern   22 ſchꝛyen   31 Bartptholomeon.
F 16 Idumea   ihenſeid   17 böreten *ſo auch* 35   18 ſchifflin   19 drüngen   heilete
20 vberfielen   21 anrüreten   vnſaubern   geiſter *ſo auch* geiſt 51, 53   22 nidder   ſchrien
Dᵘ   Gottes *ſo auch* 60   23 Vnd   bedrawete   offenbar   24 ſteig   welche   26 (yhn)
20 ſein *ſo auch* 37   27 ſeuche   treiben *ſo auch* treibet 39, austreiben 41   28 Vnd *1.*   29 (yhn]
ynn)   31 Barptolome.n.
G 16 ihenſid   24 wilche   25 gingen   28 Jacoben   30 Vnd *1.*   31 Barptholomeon.
H 16 jenſid   17 die eine groſſe menge die   thaten   höreten] höreten, vnd kamen zu
jm   24 ſteig] gieng   welche   25 ordenete   29 Johannes   30 vnd *1.*   31 Bartholomeon
25 Jacoben.   I 19 drungen   Denn   23 Son   25 Zwelffe   28 Jacoben
K 19 drüngen   21 vnſauber   25 ordnete   26 auſſendete   27 Teufel *ſo auch zwei-*
mal 39   29 jn] jnen *ſo auch* 57.
L 16 jhenſid   21 vnſaubern   22 Im *ſo auch* 26, 55 *1., desgl.* In 55, 59   24 Berg   25
Vnd *1.*   ordenete   26 ansſendete   28 Zebedej   29 Jacobj.
30 M 16 jenſeid   17 Menge   Thaten   18 Schifflin   21 Geiſter   22 jm *ſo auch* 26, 55 *1.,*
desgl. jn 55, 69   25 vnd *1.*   26 Vnd 2.   27 Seuche   28 Zebedei   29 Jacobi   30 Donners.
N 25 Vnd *1.*   ordnete   27 auszu treiben   (28 Zebei)   30 Andream   Philippnm
31 Bartholomeum   Mattheum   Thomam.
O 17 Thatten   25 vnd *1.*   ordenete   26 ausſendete   vnd   27 Seuchen   aus zu
35 treiben   28 Jacobum *ſo auch* 31   29 Johannem   30 Donnerskinder.
P 17 Thaten   18 Das   23 ſon   26 Vnd 2.   28 Jacoben   29 Johannes.
Q 17 ſeine] ſeine groſſe   horeten   18 das   19 drungen   23 bedrawet   25 ordnete
26 ausſendete   27 Seuche   Teuffel *ſo auch zweimal* 39   auszutreiben   30 Donners kinder
31 Jacoben.
40 R 17 menge   ſeine groſſe] ſeine   höreten   18 Das   19 drüngen   20 das *1.*] das ſie
23 bedrawete   25 ordenete   26 ausſendete   27 Teufel *ſo auch* 39 *zweimal*   aus zu treiben
30 Donnerskinder   31 Jacobum.

coben Alpheus son vnd Thaddeon und Simon von Cana, vnd Ju=
das Jscharioten der yhn verrhiet.

Vnd sie kamen zu haus, vnnd da kame aber mal das volck zu sam=
35 men, also, das sie nit rawm hatten zu essen, vnnd da es horten die
vmb yhn waren, giengen sie hynaus, vnnd wollten yhn halten, denn
sie sprachen, er thut yhm zu viel. Die schrifftgelerten aber die von Jeru
salem abher komen waren, sprachen, Er hatt den Beelzebub, vnnd
durch den vbirsten teuffell treybt er die teuffel aus, vnnd er rieff sie zu
40 sammen, vnd sprach zu yhnen yn gleychnissen.

Wie kan eyn Satanas den andern aus treyben? vnnd wenn eyn
reych selbs vnternander vneyns wirt, mag es nicht bestehen, vnd wenn
eyn haus selbs vnternander vneyns wirt, mag es nicht bestehen, setzt
sich nu satanas widder sich selbs, vnd ist mit yhm selbs vneyns, so
45 kan er nit bestehen, sondern es ist aus mitt yhm, Es kan niemant ey=
nem starcken ynn seyn haus fallen, vnd seynen haus rad rawben, es
sey denn, das er zuuor den starcken binde, vnnd als denn seyn haus
berawbe.

Warlich ich sage euch, alle sunde werden vergeben den menschen

A *streicht*, nach hynaus 36. B *setzt*. nach yhm 45, *mit folg. gr. Anfangs b.*
nach aus 39; *str.* . *nach denn* 47 *l.* C *setzt*, *nach son* 32; *streicht*, *nach* sprachen 37.
E *setzt* . *nach* seyn 37; *streicht*, *nach* sprachen 38. F *setzt* . *mit folg. gr.*
Anfangs b. nach essen 35, bestehen 43; *setzt*, *nach* Ischarioth 33, sprachen 37, 38.
G *setzt*, *nach* bestehen 35; *streicht*, *nach* Beelzebub 38. H *setzt* . *nach* s
komen 38; *setzt*, *nach* Beelzebub 38, denn 47 *l.*; *streicht*, *nach* höreten 35.
I *setzt*, *nach* Thaddeon 32, höreten 35, hinaus 36, teuffel 39 *l.*
K *setzt*, *nach* aber 37, Warlich 49. L *streicht*, *nach* aber 37, bestehen 42, Warlich 49,
N *streicht*, *nach* denn 47 *l.* O *setzt* . *nach* hause 34; *setzt*, *nach* denn 47 *l.*,
WARlich 49; *streicht*, *nach* höreten 35. P *setzt*, *nach* hause 34. 10
Q *setzt*, *nach* höreten 35, aber 37; *streicht*, *nach* WArlich 49. R *setzt*, *nach*
gleichnissen 40, WArlich 49; *streicht*, *nach* also 35, höreten 35, aber 37.

A 34 kamen 2. 35 nicht *so auch* 45 36 wolten hallten 38 hat *so auch* 51, 52 Beeltze-
bub 39 teuffel teuffell 41 Satanas] teuffel 42 wirtt 44 Satanas] der teuffel 46 haufrrad.
B 32 Canan 33 Ischariothen 34 kam (36 hyaus) 38 Beelzebub 40 samen 42 vnter- 15
eynander wird *so auch* 43 45 niemand 46 starken hausrad. C 40 ynn 46 starcken rauben.
C¹ 39 vbersten 41 austreyben. D 33 Iscariothen 36 halten 37 zuuiel 40 sammen.
E 34 hause abermal 37 er thut yhm zuuiel] er wurth weck seyn 38 er 39 obersten
40 yn *so auch* 46 43 vntereinander 44 wider.
F 33 Jscharioth 34 samen *so auch* 40 37 Er wird weg 38 Er 39 treibet 40 ynn 20
so auch 46 gleichnissen 41 Vnd 42 reich vnternander *so auch* 43 vneins *so auch*
43, 44 Vnd 43 Setzet 44 widder 46 rawben 48 beraube.
G 32 Thadeon Cana 39 zusamen 41 Vnd wenn] Wenn 42 selbs] mit yhm selbs
wirt 43 selbs] mit yhm selbs 46 rauben.
H 32 Thaddeon 37 weg sein] von sinnen komen 39 obersten zu samen 41 teuffel] 25
Satan 42 yhm] ym wird 44 der teuffel] der Satan.
I 34 zusamen *so auch* 39 35 raum 37 Schrifftgelerten 38 abher] herab 42 Reich
46 hausrat. K 33 Iscarioth verrieth 44 wider 46 sein hausrat.
L 33 Ischarioth verrhiet 34 Vnd 2. 35 rawm 36 Denn 39 Obersten treibt
40 Gleichnissen 46 Starcken *so auch* 47 seinen 49 Ich Sunde. 30
M 38 herab] abher 39 obersten 46 Hausrat Es 49 ich Sünde.
N 32 Alphei Thaddeum 33 verrieth 35 raum 39 obersten 44 So 46 Haus
so auch 47.
O 32 Alpheus 35 rawm 38 herab 44 so 45 Sondern 49 Ich Alle sunde Men-
schenkindern. P 32 Alphei 33 aber mal 38 ab her 44 So 45 sondern 49 sünde. 35
Q 35 raum 36 hinaus 38 abber 39 rieff zusamen 44 so 47 (sein) jn sein) 49 ich
Menschen kindern.
R 32 Thadeum 38 ab her 39 die] den rieff sie 40 gleichnissen 44 So 49 Ich
Menschenkindern.

kindern, auch die gottis lefterung, da mit fie gott lefternn, wer aber 50
den heyligen geyft leftert, der hatt keyn vergebung ewiglich, fondern
ift fchuldig des ewigen gerichtes, denn fie fagten, Er hatt eynen vn=
fawbern geyft.

Vnd es kam feyne mutter vnd feyne bruder, vnd ftunden hauffen,
fchickten zu yhm vnd lieffen yhm ruffen, vnd das volck faffz vmb yhn 55
vnnd fie fprachen zu yhm, fihe, deyn mutter vnnd deyne bruder, drauf
fen, fragen nach dyr, vnd er antwottet vnd fprach, wer ift meyn mu=
ter vnd meyne bruder? vnd er fahe rings vmb fich auff die iunger, die
vmb yhn ym kreyfz faffen, vnnd fprach, fihe, das ift meyn mutter vnd
meyne brudere, denn wer gottis willen thutt, der ift meyn bruder vnd 60
meyn fchwefter vnd meyn mutter.

A *setzt , nach* volck 55, mutter 56.　　B *setzt , nach* yhn 55; *streicht , nach*
volck 55, mutter 56, bruder 56.　　C *streicht , nach* drauffen 56.
　　F *setzt . mit folg. gr. Anfangsb. nach* dir 57.　　G *setzt , nach* fchuldig 52;
streicht , nach yhn 55.　　H *setzt , nach* jn 55; *streicht , nach* fchuldig 52, bruder 54,
5 fprach 59.　　I *setzt , nach* bruder 54, jm 55 1., drauffen 56, jn 57, fprach 59.
　　L *schliesst in* ( ) Vnd das . . . In 55; *setzt . nach* leftern 50, gerichts 52; *setzt ,
nach* Mutter 54.　　M *setzt . nach* Bruder 60; *streicht , nach* Bruder 54.
　　N *setzt , nach* Bruder 54; *streicht , nach* drauffen 56.　　O *streicht* ( ) *um*
Vnd . . . jn 55; *setzt . nach* ruffen 55; *setzt , nach* jn 55, drauffen 56, mutter 59.
10　　P *setzt* ( ) *um* VND . . . jn 55; *streicht , nach* jn 55.　　Q *streicht , nach*
Mutter 54, drauffen 56, Mutter 59.　　R *setzt , nach* Mutter 54, drauffen 56, Mutter 59.

A 50 Got　　leftern　　55 fafs　　57 mutter　　59 kreyfs　　60 thut.
B 50 Gott　　Wer　　51 heiligen　　keyne　　56 deyne 1.　　58 bruder　　Vnd　　59 meyne.
C 50 Got　　51 heyligen　　54 bruder *so auch* 56.
D 50 damit Gott　　57 antwortet　　60 brüdere.　　　E 52 vnfaubern　　57 dir　　60 Gottes.
F 51 heiligen　　keine　　52 Denn　　55 Vnd 2.　　fas　　56 Sihe *so auch* 59　　57 Wer
meyn] meine *so auch zweimal* 61　　58 meine *so auch* 59, 60 1., mein 60 2.　　59 kreiffe
60 Denn.　　　G 55 fafs　　(56 diene m.)　　57 antwortet yhn.
H 50 Got　　52 fchüldig　　55 fas　　61 mein 1.
I 50 Gott　　51 Geift　　52 gerichts　　55 fafs　　59 jm] im　　kreife.
K 51 Heiligen geift　　60 brüder.
L 54 Mutter *so auch* 56, 57. 59　　Brüder *so auch* 56, 58, 60, Bruder 60　　56 Vnd 1.　　61
Schwefter.　　　M 50 da mit　　51 heiligen Geift　　52 Gerichts　　59 Kreife　　61 Mutter.
N 50 Gotteslefterung　　damit　　53 Geift　　61 mein 2.
O 50 da mit　　56 vnd　　Deine　　mutter *so auch* 59　　brüder　　60 brüdere　　61 meine 2.
P 51 Sondern　　56 Vnd 1.　　Mutter *so auch* 59　　Brüder　　60 Brüdere　　Der.
Q 51 fondern　　52 fchuldig　　55 jm 2.] jn　　59 kreife　　60 Bruder　　der　　61 meine 1.
R 50 damit　　51 Sondern　　52 fchüldig　　55 jm 2.　　vnd　　56 deine 1.　　60 Brüdere
61 mein 1.

Das vierde Capitel.

Vnd er fieng aber mal an zu leren am meer, vnd es versam=
let sich viel volcks zu yhm, also das er muſt ynn eyn schiff tret
ten, vnd auff dem waſſer ſitzen, vnd alles volck ſtund auff dem
landt am meer, vnd er predigec yhn lange durch gleychniſſen
vnnd ym leren ſprach er zu yhn, ħoret zu, Sihe, Es, gieng eyn ſee= XXVIIᵃ.
man aus zu ſeen, vnd es begab ſich, ynn dem er ſeet, fiel ettlichs an
den weg, da kamen die vogel vnter dem ħymel vnd fraſſens auff, et=
lichs fiel ynn das geſteynichte, da es nicht viel erden hatte, vnd gieng
bald auff, darumb das es nit tieff erden hatte, da nu die ſonne auff
gieng, verwelckt es, vnnd die weyl es nicht wurtzel hatte, verdorrets.

Vnnd ettlichs fiel vnter die domen, vnnd die domen ſtygen empor
vnnd erſticktens, vnd es gab keyne frucht, vnnd ettlichs fiel auff eyn
gutt land, vnnd gab frucht, die da zu nam vnnd wuchs, vnd ettlichs

A streicht , nach Es 6. B setzt , nach gleychniſſen 5. D setzt , nach alſo 3.
F setzt , mit folg. gr. Anfangsb. nach frucht 13; setzt , nach hymel 8.
G streicht , nach Sihe 6. H setzt , nach Sihe 6; streicht , nach meer 2, Alſo 3.
I setzt , nach meer 2, alſo 3, empor 12, frucht 14. K setzt , nach darumb 10.
L setzt , nach Gleichniſſe 5, auff 8; streicht , nach damumb 10. M setzt , nach 5
meer 2, ſeen 7, Weg 8, hatte 10. N streicht , nach Himel 8. O setzt , nach meer 5, zu
6 2., wuchs 14, mit folg. gr. Anfangsb. nach ſitzen 4; setzt , nach aus 7, Weg 8, darumb 10.
P setzt , nach Weg 8; setzt , nach ſitzen 4, Meer 5, ſeen 7. Q setzt , nach
ſeen 7; setzt , nach zu 62., Himel 8, wuchs 14. R setzt , nach zu 62.; setzt , nach
Meer 2, Gleichniſſe 5, ſeen 7, Weg 8, darumb 10, hatte 10; streicht , nach Himel 8. 10

A 2 abermal 7 etlichs so auch 13, 14, 15 zweimal, etlicher 37, 38 zweimal 10 Licht so
auch 21, 40 12 ſteygen 14 zunam.
B 5 lande 6 Vnd Höret so auch hören 16, 22, 31, 37, 43, Löse 16, höret 44, gehöret 27, 29
9 yn 12 etlichs ſtiegen. C 2 aber mal 9 ynn. D (2 leem (3 zuy hm) 8 vögel so auch
60 14 gut zu nam. E 3 yn so auch 9, 31 10 tieffe 11 verwelcktes 13 keine. 15
F 1 Vierde 2 abermal 3 volckes ynn so auch 9, 28, 31 treten ein so auch 6,
13, 36, 39, 49, 65, 74, eins 23, einen 40 zweimal, 41, einem 70 4 Vnd 2. 5 gleichniſſe so
auch 20 7 Vnd 8 vogel Etlichs 9 geſteinichte so auch 29 10 Da auffgieng 11
verwelcket es weil 13 keine so auch 30, keinen 75 14 zunam Vnd 3.
G 1 vierde Capittel 2 verſamlete 3 muſte so! 6 ym leren] zur lere 8 vögel himel 20
9 ſteinichte so auch 29.
H 1 Das vierde Capittel.] IIII. · 2 verſamlet 3 yhm] jm so immer, desgl. immer jn dat.
pl. z. R. 5, jn z. B. 17, jnen z. B. 19, jr z. B. 24, jr 51, jr 28, jre 23 mit j statt yh muſt ynn]
jnn so immer, desgl. jm 66 mit j statt y 6 zur lere] jnn ſeiner prediget 8 vogel so auch
60 12 dörnen zweimal, so auch 33 ſtiegen] wuchſen 13 gab] bracht so auch 14. 25
I 3 muſt tretten 6 predigt Seeman 8 vögel so auch 60 12 dornen 1., so auch 33.
K 3 volcks 5 jn] jnen so auch 6, 23, 31, 39, 62, 63, 65, 74 10 Sonne auff gieng 12
dornen 2. 14 zunam.
L 2 Vnd 2. 3 Alſo muſte 5 Vnd Gleichniſſe so immer, desgl. Gleichnis 56, 63
8 Weg so auch Wege 26 Da Vögel Himel so auch 60 3 Steinichte so auch 29 10 30
auffgieng 12 Dornen so immer 14 Gut so auch 36.
M 3 Volcks so auch Volck 4, 66 jnn] in so immer Schiff 4 vnd 2. 8 Etliches 10
darümb 12 Dörnen dornen.
N 2 Meer so immer 3 muſte 10 darumb 11 dieweil verdorret es 12 etliches so
auch 13 Dörnen 2. so auch 33 13 Vnd 2. Frucht so auch 14, 53 14 gut Land so auch 36. 35
O 2 meer so immer 3 alſo 4 volck 5 Lande jnen] jn 8 Vogel so auch 60 Etlichs
11 die weil verdorrets 12 etlichs so auch 13 dornen 2. 13 vnd 2. frucht so auch 14, 53.
P 2 aber mal 4 Volck 5 lande Meer so auch 76 jn] jnen 11 Wurtzel ver-
dorret es 12 Dornen 2. 13 Frucht so auch 14, 53.
Q 2 abermal Meer so auch 73 3 Alſo 4 vnd 2. 5 Lande so auch Land 4 , 57 lang 40
6 Predigt 8 Vögel 11 wurtzel verdorrets 12 Dornen so auch 33 dornen.
R 2 aber mal 3 alſo 4 Vnd 2. 5 lande so auch land 49, 57 6 predigt es 8 da
Vogel 11 Wurtzel verdorret es 12 Dörnen 1. so auch 33.

— 17 —

trug dreyſſigfelltig, vnnd ettlichs ſechtzigfelltig, vnnd ettlichs hun= 15
dertfelltig, vnnd er ſprach zu yhn, wer oren hatt zu horen, der hore.

Vnnd es begab ſich, da er alleyne war, fragten yhn vmb diſe gley
chniſſe, die vmb yhn waren, ſampt den zwelffen, vnnd er ſprach, zu
yhnen, Euch iſt geben dz geheymnis des reych gottis zu wiſſen, den
aber drauſſen, widder ſeret es alles durch gleychniſſen, auff das ſie 20
es mitt ſehenden augen ſehen, vnd doch nit erkennen, vnnd mitt horen
den oren horen, vnnd doch nicht verſtehen, auff das ſie ſich nicht der
mal eyns bekeren, vnnd yhr ſund yhn vergeben werden, vnnd er ſpra
ch zu yhnen, verſtehet yhr diſſe gleychniſſe nicht? wie wollt yhr denn
die andern alle verſtehen? 25

Der Seeman ſeet das wortt, diſe ſinds aber die an dem wege ſind,
wo das wortt geſeet wirtt vnd ſie es gehoret haben, ſo kompt als bald
der Satan, vnd nympt weg das wort, das ynn yhr hertz geſeet war. Al
ſo, die ſinds die auffs geſteynichte geſeet ſind, wenn ſie das wortt ge=
horet haben, nemen ſie es auff mitt freuden, vnd haben keyn wur 30

A _streicht_ , nach ſind 26, teuffel 28.　　B _setzt_ . nach yhnen 19, _mit folg. gr._
Anfangsb. nach werden 23; _setzt_ , nach ſind 26; _streicht_ , nach hören 16, gleychniſſe 17, ſprach 18, ſehen 21, hören 22.　　C _setzt_ , nach werden 23.
C¹ _streicht_ , nach yhn 16.　　D _streicht_ , nach dreyſſigſeltig 15.
5　E _streicht_ . nach war 28; _setzt_ , nach yhn 16, ſehen 21; _streicht_ , nach haben 30 I.
F _setzt_ . nach werden 23, wort 26, war 28, _mit folg. gr. Anfangsb._ nach hundertſeltig 15, zwelffen 18; _setzt_ , nach dreiſſigſeltig 15, yhnen 19, hören 22, wird 27, haben
30 I; _streicht_ , nach dauſſen 20.　　G _streicht_ , nach wird 27.
H _setzt_ , nach hören 16, wird 27, Satan 28, Alſo auch 28; _streicht_ , nach Alſo 28.
10　I _setzt_ , nach ſinds 29.　　M _setzt_ . nach verſtehen 22, _mit folg._
gr. Anfangsb. nach wiſſen 19.　　O _setzt_ . nach ſind 26; _setzt_ , nach
verſtehen 22; _streicht_ , nach war 17.　　P _setzt_ , nach ſind 26.
Q _setzt_ . nach verſtehen 22; _setzt_ , nach war 17, Gleichniſſe 17.
R _setzt_ , nach wiſſen 19, verſtehen 22; _streicht_ , nach war 17, Gleichniſſe 17.

15　A 16 hat _so auch_ 46, 47 _zweimal_, 53　19 das Gottis _so auch_ 48, 55　21 mit _zweimal_, _so_
auch 30, 44　22 nit I. _so auch_ 63　24 wolt　26 wort _so auch_ 27, 29, 33, 37, 62, worts 32　Diſe
27 wirt _so auch_ 39, 41, 45 _zweimal_, 46, 47, 57　ſie es] es　28 Satan] teuffel　30 mit freuden auff.
B 19 iſts　reychs　Gotis　den] denen　20 widderet　23 ſunde　27 wird _so auch_
35, 39, 41, 45 _zweimal_, 46, 47, 57, 59　ſie es　30 keyne.
20　C 15 ſechtzigſeltig　19 Gottis　20 widderſeret　21 hörenden _so auch_ hören 63, höret
46, höre 44　22 nicht I.　24 diſe　gleichniſſe　27 kömpt　28 yn _so auch_ 64, 69.
C¹ 15 dreyſſigſeltig _so auch_ 37　27 kompt.　　D 15 hundertſeltig　24 gleychniſſe.
E 17 alleine　gleichniſſe _so auch_ 24　19 gegeben _so auch_ 46 2.　20 widderſeret　23
ſünde　26 ſeeman　29 aufs.
25　F 15 dreiſſigſeltig _so auch_ 37　16 Wer　17 dieſe _so auch_ 24, 26, 33, 36, dieſer 34　19 geheimnis　reichs _so auch_ reich 48, 55　Gottes _so auch_ 48, 55　20 dauſſen　widderſeret　23 yhre
ſunde　24 Verſtehet　26 Seeman　27 Wo　28 nimpt _so auch_ 58　29 aufs　Wenn _so auch_ 31, 52.
G 19 geheymnis　28 teuffel] Sathan　19 die I.] auch die　30 es] es bald.
H 17 Vnd es begab ſich,] Vnd　19 iſts] iſt　geheimnis　20 drauſſen　23 Satan.
30　I 16 ja] jnen　ohren _so auch_ 22, 43　18 Zwelffen　19 Reichs _so auch_ Reich 48, 55　26
Wort _so immer, desgl._ Worts 32　27 gehört _so auch_ 29　29 wenn　30 wurtzeln.
K 20 widderſeret　27 balde.　L 19 Geheimnis　20 Aufl _so auch_ 22　27 bald　30 frewden.
M 17 allein　21 Augen　22 Ohren　23 ſünde　24 Wie　26 wort _so immer, desgl._
worts 32　27 So　kömpt　29 Wenn　30 freuden.
35　N 16 horen　27 kompt　30 wurtzel.
O 15 ſechzigſeltig _so auch_ 38　16 hören　17 alleine　23 ſunde　26 Wort　30 frewden
wurtzeln.　　P 16 Der　17 allein　23 ſünde　28 Wort　Hertz　30 Vnd　wurtzel.
Q (15 etlechs 2.)　16 der　26 ſehet　wege　27 gehöret　28 wort　hertz 29
aufl das　30 freuden　vnd.
40　R 19 iſts　reichs _so auch_ reich 48　24 gleichniſſen　26 ſeet　Wege　27 Wort
so auch 28, 29　gehört　29 aufs.

Reifferscheid, Luthers Marcus Euangelion.　　2

tzel ynn yhn, fondernn find wetterwendifch, wenn fich erhebt trub
fall vnnd verfolgung vmbs woits willenn, fo ergernn fie fich als
bald. Vnnd dife finds die vnter die doinen gefeet find, die das woit
hoien, vnnd die foige difer wellt vnnd der betriegliche reychtumb,
35 vnnd viel andere lufte geben hyneyn vnd erfticken das woit, vnd wirt
vnfruchtbar, vnd dife finds, die auff eyn gut land gefehet find, die das
woitt hoien vnnd nemens an, vnd bingen frucht, ettlicher dieyffig-
feltig vnd ettlicher fechtzigfeltig, vnd ettlicher hundertfeltig.

Vnnd er fprach zu yhnen, wirtt auch eyn liecht an zundet, das es
40 vnter eynen fcheffell gefetzt werde, odder vnter eynen tifch? Jfts nitt
alfo? das es antzundt wirtt, auff das es auff eynen leuchter gefetzt
werde? Denn es ift nichts verpogen, das nicht offenbart werde, vnd
ift nichts heymlichs, das nicht erfur kome? wer oren hatt zu hoien,
der hoie, vnnd er fprach zu yhnen, fehet zu was yhi hoiet, Mitt wil-
45 cherley mas yhi meffet, wirtt man euch meffen, vnnd man wirtt noch zu geben euch, die yhi dis hoiet, denn wer da hatt, dem wirtt geben, vnd wer nicht hatt, von dem wirtt man nemen, auch das er hatt.

A *setzt*, *nach* geben 46 *l.*; *streicht*, *nach* fechtzigfeltig 38.   B *setzt* . *nach*
vnfruchtbar 36, hore 44; *setzt*, *nach* alfo 41.   C *setzt*, *nach* fechtzigfeltig 38.
F *setzt* . *nach* kome 43; *setzt*, *nach* dreiffigfeltig 37, zu 442.   G *setzt*, *nach*
fcheffel 40.   H *setzt*, *nach* fondern 41; *streicht*, *nach* hören 34, fcheffel 40.
I *setzt*, *nach* finds 33. welt 34, hinein 35, hören 37, fcheffel 40; *streicht*, *nach* 5
fondern 41.   K *streicht*, *nach* hat 47 l.   L *setzt* . *nach* höret 46;
setzt, *nach* Lüfte 35, hat 47 l.   M *streicht*, *nach* zu 442., hat 47 l.
N *setzt* . *nach* fetze 41; *setzt*, *nach* hat 47 l.; *streicht*, *nach* euch 46.
O *setzt* . *nach* wetterwendifch 31; *setzt*, *nach* fondern 41, zu 442., euch 46, höret 46.
P *setzt*, *nach* wetterwendifch 31; *streicht*, *nach* dreiffigfeltig 37, Sondern 41, 10
zugeben 46.   Q *setzt* ? *nach* fetze 41; *setzt* . *nach* höret 46; *setzt*, *nach*
dreiffigfeltig 37, zugeben 46; *streicht*, *nach* hören 43. zu 442.
R *setzt* . *nach* fetze 41; *setzt*, *nach* hören 43, zu 442.; *streicht*, *nach* zugeben 46.

A 31 fondern   fich erhebt] fich   32 willen erhebt   ergern   34 welt   betrigliche
36 Vnd   gefeet   38 hundertfeltig   39 anzundet   40 fcheffel   43 Wer   ruhoren   44 15
Vnnd   mit.   B 31 trubfal   41 anzundt   43 er fur   hat   zu hören.
C 35 hynneyn   43 erfur.   C¹ 31 yn.
D 31 ynn *so auch 64, 69*   35 hyneyn   41 anzund   wurd   42 verborgen   offenbar.
E 31 trübfal   34 betriegliche   39 angezundet *so auch 41*   41 wird   44 welcherley.
F 33 Die 3.   34 reichtumb   35 lüfte hinein   35 Die 2.   39 Wird   angezündet *so* 20
auch 41   40 gefetzet   42 verporgen   43 heimlichs   44 Sehet Mit   46 zugeben   Denn.
G 32 vnd] odder   35 wird vnfruchtbar] bleibt on fruchte   39 yhnen] yhn   Wird a. e.
l. angezündet] Zündet man a. e. l. an   das es v. e. f. gefetzet werde, o. v. e. t.] das mans v. e.
f., o. v. e. t. fetze   40 ifts nicht alfo, das es angezündet wird, auff das es a. einen l. gefetzt
werde] Mit nichte, fondern mans auff eynen l. fetze   42 verborgen   44 er fprach] fprach 25
wilcherley   45 meffen] widder meffen   46 zu geben.
H 36 on frucht   40 mit   41 mans] das mans   einen   42 Vnd   44 welcherley   46
zugeben   47 Vnd.   I 34 reichtham   42 vnd   45 mafs   46 zn geben.
K 32 oder *so auch 40*   45 wider   46 zugeben.
L 34 Sorge   betrigliche   35 Lüfte   39 Liecht   40 Mit   46 zu geben.   30
M 34 Reichtum   36 Gutland   37 Etlicher   40 Scheffel   Tifch   41 Leuchter.
N 32 Worts *so auch* Wort 62   34 betriegliche   Reichtum   35 ander   bleibt] bleiben.
O 31 Trübfal   32 Worts *so auch* wort 62   33 diefe] die   34 forge   Welt   35 andere
bleibt   36 Frucht *so auch 37*   43 heimlich   erfur   45 mas.
P 32 Verfolgung   33 die l.] diefe   34 Sorge   35 bleibet   41 Sondern   42 Vnd 35
43 heimlichs   45 Mafs.
Q 31 trübfal   34 welt   35 hin ein   36 Gutland   41 fondern   42 vnd   43 erfur
45 mafs   46 dis] das.
R 32 verfolgung   34 forge   Welt   35 hinein   36 gut Land   41 Sondern   42 Vnd
43 erfur   45 Mafs   46 das] dis.   40

Vnnd er fprach zu yhnen, das reych gottis hat fich also, als wenn eyn menfch famen wirfft auffs land, vnd fchlefft, vnnd ftehet auff
XXVIII. nacht vnnd tag, vnnd der fame gehet auff vnnd grunet, das ers nicht 50 weys, denn die erde bzingt von yhr felbs zum erften das gras, darnach die ehern, darnach den vollen weytzen yun den ehern, wenn fie aber die frucht bracht hatt, fo fchicket er bald die ficheln hyn, denn die erndt ift da.

Vnnd er fpzach, wem wollen wyr vergleychen das reych gottis? 55 vnnd durch wilch gleychnis wollen wir es furbildenn? Gleych wie eyn fenfftorn, wenn das gefeet wirtt auffs land, fo ifts das kleynift vntter allen famen auff erden, vnnd wenn es gefeet ift, fo nympt es zu, vnnd wirt groffer denn alle kolkrautter, vnd gewynt groffe zwey-ge, alfo, das die vogel vnter dem hymel, vnter feynem fchatten wo-60 nen kunden.

Vnnd durch viele folche gleychniffe faget er yhn das wortt, nach dem fie es hozen kunden, vnnd on gleychnis redet er nicht zu yhn. Aber ynn fonderheytt, legt ers alles aus feynen iungern. Vnnd an dem felbigen tag des abents fpzach er zu yhn, laft vns hyn vber faren, 65

A *setzt*, *nach* abents 65.   B *streicht*, *nach* funderheyt 64.
C *streicht*. *nach* kunden 61.   C¹ *setzt*. *nach* kunden 61.
F *setzt*. *mit folg. gr. Anfangsb. nach* faren 65; *streicht*, *nach* abents 65.
H *setzt* ( ) *um* denn . . . ehren 51—52.   I *setzt*, *nach* auff 49, abents 65;
5 *streicht*, *nach* fenffkorn 57.   K *setzt*, *nach* fenffkorn 57.
L *streicht*, *nach* Senffkorn 57.   M *streicht*, *nach* auff 49.
N *setzt*, *nach* felbs 51, Senffkorn 57.   O *setzt*. *nach* jnen 63, *mit folg.*
gr. Anfangsb. nach Erden 58; *setzt*, *nach* aufl 49; *streicht*, *nach* felbs 51, zu 59.
Q *setzt*, *nach* Erden 58, zu 59, jnen 63, *streicht*, *nach* auf 49.
10 R *setzt*. *nach* jnen 63; *setzt*, *nach* aufl 49; *streicht*, *nach* zu 59.

A 49 auffs land wirfft 53 ficheln 55 das reich Gottis vergleychen 56 wyr furbilden 58 vnter 64 aber funderheyt feynen iungern alles aus.
B 49 aufs 56 wir 59 kolkreutter 63 nicht.
C 49 auffs (52 ynn denn) 56 wyr 57 fenff korn 59 gröffer.
15 C¹ 55 wöllen 59 gewint.
D 54 ernd (55 erfp rach) 56 wöllen 59 gewind 64 fonderheyt.
E 52 eheren ehren 54 ernde 59 kolkrenter gewinnet 63 nichts 64 leget.
F 48 Das 51 weis bringet 52 ehern *zweimal* 53 balde hin *so auch* 66 54 erndte 55 wollen *so auch* 56 wir *so auch* 66, 71 vergleichen 56 welch gleichnis *so auch*
20 63, gleichniffe 62, *vgl. zu* 5 Gleich 57 fenffkoren kleineft 59 kol kreuter zweige 60 feinem *so auch* feinen 64 61 künden 64 Aber fonderheit legt iüngern 65 tage Laft.   G 48 zu yhnen *pestr.* 55 Wem 56 wilch 57 fenff korn 61 kunden 64 iungern.
H 50 grunet] wechft 52 ehren *zweimal* 55 wöllen *so auch* 56 56 welch fürbilden 57 fenffkorn 59 denn] den 60 himel 61 künden 64 jüngern.
25 I 56 furbilden 59 denn 61 können 64 kundten 64 leget Jüngern 65 Lafft.
K 52 ehern *zweimal* 65 abends.
L 49 Samen *so auch* Same 50 50 wechfet 51 Denn 52 ehren *zweimal* 56 welche 57 Senffkorn 58 allen den famen 60 Alfo 63 Vnd 65 abents.
M 49 Menfch famen 53 Sicheln 54 Erndte 56 fürbilden 58 allen Samen
30 Erden 59 Koikreuter 60 Vögel 63 vnd 65 abends.
N 49 Land 51 Gras 52 Ehren Weitzen 58 allem 59 Zweige 60 Schatten 62 fagt 65 Laffet hinüber.
O 49 land 53 So ficheln 55 Reich 56 welch furbilden 58 allen famen 59 zweige 62 faget 65 Lafft hinüber faren] hie vberfaren.
35 P 50 Vnd 2. 51 Erde 53 Sicheln 59 Zweige 65 hin vberfaren.
Q 50 vnd 2. 51 erde 53 fo fchickt 54 Ernde 55 reich 56 welche 58 allem Samen vnd 59 zweige 62 viel fagt Wort 63 kunden Gleichniffe 65 vber faren.
R 50 Vnd 2. 51 Erde 53 frucht So fchicket bald 54 Erndte 56 welch 58 allen famen Vnd 60 wonnen 62 viele faget wort 63 kundten Gleichnis.

vnd fie namen yhn, wie er fchon da war ym fchiff, vnd waren mehr fchiff bey yhm.

Vnd es erhub fich eyn groffer wind wurbel, vnnd warff die wel=
len ynn das fchiff, alfo das das fchiff voll wartt, Vnnd er war hyn
70 den auff dem fchiff vnnd fchlieff auff eynem kuffen, vnnd fie weckten
yhn auff, vnd fprachen, meyfter, frageftu nichts darnach, das wyr
verderben? Vnd er ftund auff, vnd bedrawete den wind vnnd fprach
zu dem meer, fchweyg ftill, vnnd verftumme, vnnd der windt leget
fich, vnd wartt eyne groffe ftille, vnd er fprach zu yhn, wie feyd yhr fo
75 forchtfam? wie das yhr keynen glawben habt? vnd fie furchten fich
feer, vnd fprachen vntereinander, wer ift der? denn wind vnd mehr ift
yhm gehorfam.

A *setzt* , *nach* alfo 69; *streicht* , *nach* feer 76.   **B** *setzt* . *mit folg. gr.*
Anfangsb. nach ftylle 74; *streicht* , *nach* ftyll 73, fich 74.   **D** *setzt* , *nach* fchiff 70.
F *setzt* . *mit folg. gr. Anfangsb. nach* verftumme 73; *setzt* , *nach* wind 72, Wie 75.
H *setzt* . *nach* ward 69; *setzt* , *nach* feer 76; *streicht* , *nach* gehen 66.
I *setzt* , *nach* gehen 66, ward 69, fich 74.   **K** *setzt* , *nach* fchlieff 70.   5
L *setzt* . *nach* ward 69, küffen 70; *streicht* , *nach* fchlieff 70.   **O** *setzt* , *nach*
fprachen 76.   **P** *setzt* , *nach* verftumme 73; *streicht* , *nach* Wie 75, fprachen 76.
Q *setzt* . *nach* verftumme 73; *setzt* , *nach* Wie 75.   **R** *streicht* , *nach* Wie 75.

A 68 windwurbel   69 wart *so auch* 74   vnnd   73 ftyll   74 eyn   ftylle   feyt   76
meer.   **B** 69 ward *so auch* 74   74 feyd   75 furchtfam.   10
C (66 ym] yhm).   **C¹** 74 ftille.
D 71 wir   73 ftill   wind.
E 66 vnd fie namen] vnd do das volck verlaffen ware, namen fie   68 windwürbel   71
wyr vntereinander.
F 66 da *1.*   war *1.*   69 vol   Vnd   70 küffen   71 Meifter   73 Schweig   ftille   74 15
Wie *so auch* 75   feid   75 Vnd   76 vnternander   Wer.
G 66 Vnd da das volck verlaffen war, namen fie] Vnd fie lieffen das volck gehen, vnd
namen   68 windwurbel   69 voll   71 fprachen] fprachen zu yhm   74 eine.
H 66 fchon da *geftr.*   jm fchiff war   vnd es   68 windwürbel   69 vol   70 Vnd?.   73
Schweig ftille] Schweig   74 ein   75 glauben.   20
I 66 jm] im   74 eine   75 forchtfam.   **K** 72 bedrawet.
L 66 Vnd *3.*   68 Windwürbel   70 wecketen   71 Frageftu   72 bedrawete   73 Wind
so auch 76   75 Glauben   76 Meer.
M 70 Küffen   73 wind   75 furchtfam   76 Denn.
N 66 Sebiff *so immer im folg.*   69 voll   72 Wind *so auch* 73   74 ein   76 ift 2.] find. 25
O 66 vnd *3.*   67 fchiff *so auch* 69 2., 70   69 vol   71 frageftu   72 wind *so auch* 73,76
74 eine   75 glauben   76 find] ift.   **P** 68 Wellen   76 find.
Q 66 Vnd *3.*   67 Schiff *so auch* 69 2., 70   68 wellen   71 Frageftn   72 Wind *so auch*
73, 76   73 Schweige   74 ein.
R 66 Valck   vnd *3.*   67 fchiff *so auch* 69 zweimal, 70   68 Wellen   71 frageftn   72 30
wind *so auch* 73   73 meer.   Schweig   74 eine.

— 21 —

Das funfft Capitel.

Und ſie kamen ienſit des meers, ynn die gegend der Gadarener, vnnd als er aus dem ſchiff tratt, lieffe yhm als bald entgegen aus den grebern, eyn menſch beſeſſen von eynem vnſawbern geyſt, der ſeyne wonunge ynn den grebern hatte, vnd 5 niemant kund yhn binden, auch nit mitt ketten, denn er war offt mitt feſſeln vnnd ketten gepunden geweſen, vnd hatte die ketten zu ryſſen vnd die feſſell zu rieben, vnd niemant kund yhn zemen, vnd er war alletzeyt, beyde tag vnnd nacht auff den bergen vnnd ynn den grebern, ſchreyend vnd ſchlug ſich mitt ſteynen, da er aber Jheſum ſahe von 10 ferns, lieff er zu vnd fiel fur yhn nyder, ſchrey lautt, vnd ſprach, was habe ich mit dyr zu thun? O Jheſu du ſon des aller hochſten, ich beſchwere dich bey gott, das du mich nit quelliſt, Er ſprach aber zu yhm, fare aus du vnſawber geyſt von dem menſchen, vnd er fragt yhn

A *ſetzt* , nach zu 11, yhn 14.   B *ſetzt* . nach ſteynen 10, quelliſt 13, *mit folg. gr. Anfangsb. nach* menſchen 14; *ſtreicht* , *nach* nydder 11.
C *ſetzt* , *nach* nider 11; *ſtreicht* , *nach* Got 13.   F *ſetzt* . *mit folg. gr. Anfangsb. nach* Gadarener 2; *ſetzt* , *nach* Gott 13.   G *ſetzt* , *nach* ſteinen 10.
5 H *ſetzt* . *nach* ſteinen 10; *ſtreicht* , *nach* abgeriſſen 7, zu 11.
I *ſetzt* ? *nach* Höheſten 12; *ſetzt* , *nach* menſch 4, abgeriſſen 7, nacht 9, zu 11, thun 12, aus 14, geiſt 14; *ſtreicht* , *nach* laut 11.   K *ſetzt* , *nach* laut 11.
L *ſtreicht* , *nach* laut 11.   M *ſetzt* . *nach* hatte 5; *ſetzt* , *nach* laut 11.
N *ſtreicht* , *nach* Grebern 4, Menſch 4.   O *ſetzt* . *nach* zemen 8; *ſetzt* , *nach*
10 Jheſu 12; *ſtreicht* , *nach* laut 11.   P *ſetzt* , *nach* Menſch 4.
Q *ſetzt* , *nach* Bergen 9, laut 11; *ſtreicht* , *nach* binden 6, Jheſu 12, aus 14.
R *ſetzt* , *nach* hatte 5, binden 6, Jheſu 12, aus 14; *ſtreicht* , *nach* Bergen 9, laut 11.

A 3 lieff   4 beſeſſen menſch   6 nicht *ſo auch* 13, 61   *mit zweimal, ſo auch* 10, 37, 44, 57, 67   7 feſſeln   8 kundt   10 ſchreyend   Da   11 fernis   nydder   laut   13 Gott
15 aber ſprach.
B 1 Funfft   3 trat   6 niemand *ſo auch* 8, 62, 73   8 feſſel   allezeyt   10 ſchrey.
C 6 bynden   11 nider   12 allerhochſten   13 Got.
C¹ 1 funfft   4 vnſaubern   8 kund   12 allerhöchſten.
D 5 greberen   11 nydder   13 queliſt.
20 E 2 ienſeit   yn *ſo auch* 30, 63   5 grebern   6 niemant   7 zuryſſen   8 zurieben   10
Jeſum *ſo immer ohne* h   12 hab   13 queleſt.
F 1 Funſſt   2 ienſeid   meeres   ynn *ſo auch* 30, 63   4 ein *ſo auch* 42, einem 4, 21,
einer 37, *vgl. zu* 17   5 geiſt *ſo auch* 14, geiſte 20   feine *ſo auch* fein *zweimal* 46, feinen 63
wonung   6 niemand   binden   Denn   7 gebunden   zu riſſen   8 zu rieben   alle-
25 zeit   9 beide   10 ſteinen   Jheſum *ſo immer mit* h   11 fernes   nidder *ſo auch* 55   Was
12 habe   dir   aller höhſten   13 Gott   14 Fare   vnſauber   fragte.
G 1 funfft   2 ienſid   meers   7 zu] ab   geriſſen   12 des] Gottes des   höchſten.
H 1 Das funfft Capitel.] V.   2 ienſeid   ynn] jnn *ſo immer, desgl.* jns 21, jm 2. B. 22
mit j *ſtatt* y   3 yhm] jm *ſo immer, desgl.* jn 2. B. 8, jn dat. pl. 2. B. 19, Jr 21, jr 45, jr 43, jres
30 47, jrer 28 *mit* j *ſtatt* yh   4 von] mit   7 abgeriſſen   8 alle zeit   11 yhn] jm   12 höheſten.
I 2 ienſid   8 zurieben   12 hab   Son   Höheſten.
K 12 ſon Ich.   L 2 jhenſid   4 Beſeſſen   5 Vnd   9 tage   11 ferns   12 Son.
M 2 ienſeid   jun] in *ſo immer*   3 Schiff *ſo immer*   4 Grebern *ſo immer*   beſeſſen
Menſch *ſo auch* Menſchen 14   5 Geiſt *ſo auch* 14, Geiſte 20   8 Vnd 3.   allezeit 9
35 Bergen *ſo auch* 17   11 nider   12 o   Allerhöheſten.
N 2 Meers *ſo auch* Meer 21, 22, 36   7 Feſſeln   Ketten 1.   9 tag   12 O.
O 2 meers *ſo auch immer* meer   3 ſchiff *ſo immer*   5 grebern   8 alle zeit.
P 4 grebern   7 Ketten 2.   8 Feſſel
Q 2 Meers *ſo auch immer* Meer   3 Schiff *ſo auch* 35   4 Grebern *ſo auch* 5   7 feſſeln
40 *ſo auch* feſſel 8   ketten *zweimal*   8 allezeit.
R 2 meers *ſo auch immer* meer   3 ſchiff *ſo auch* 28, 35   4 grebern *ſo auch* 5   6 Ketten
ſo auch 1. 7   7 Feſſeln   8 alle zeit   12 o   14 fare.

15 wie heyſſiſtu? vnd er antwoꝛt vnd ſpꝛach, legion heyſſz ich, denn vnſer iſt|
viel, vnnd er batt yhn ſeer, das er ſie nit aus der ſelben gegend triebe. XXVIII.
Vnnd es war da ſelbs an den bergen, eyn groſſe herd ſewen an der
weyde, vnd die teuffel baten yhn alle, vnnd ſpꝛachen, las vns ynn die
ſew faren, vnd als bald erlewbt yhn Jheſus, Da furen die vnſawbe
20 re geyſte aus, vnnd furen ynn die ſew, vnnd die herd ſtoꝛtzt ſich mit
eynem ſturm ins meer, Es war aber bey zwey tauſent, vnnd erſoffen
ym meer, vnd die hyrtten flohen vnd verkundigeten das ynn der ſtad, vnd
auff dem land, vnnd ſie giengen hynaus zu ſehen, was da geſchehen
war, vnd kamen zu Jheſu, vnnd ſahen den beſeſſenen der die legion
25 gehabt hatte das er ſaſſz vnd war bekleydet, vnnd vernunfftig, vnnd
furchten ſich, vnd die es geſehen hatten, ſagten yhn, was dem beſeſſenen widderfarn war, vnd von den ſewen, vnd ſie fiengen an vnd ba
ten yhn, das er aus yher gegend zoge, vnnd da er ynn das ſchiff tratt,
batt yhn der beſeſſene, das er mocht bey yhm ſeyn, Aber Jheſus lies

A *ſetzt* , *nach* beſeſſenen 24, hatte 25, faſs 25. B *ſetzt* . *nach* Jheſus 19,
ſich 26, zoge 28, *mit folg. gr. Anfangsb. nach* viel 16, ſeyn 29. C *ſtreicht*,
nach faſs 25. D *ſtreicht* , *nach* ſtad 22, ſehen 23. E *ſtreicht*
, *nach* aus 20. F *ſetzt* . *nach* meer 22, *mit folg. gr. Anfangsb. nach*
faren 19, ſewe 20, lande 23, ſewen 27; *ſetzt* , *nach* aus 20, hinaus 23; *ſtreicht* , *nach* 5
bergen 17, alle 18. H *ſetzt* , *nach* flohen 22, ſehen 23; *ſtr.* , *nach* bekleidet 25.
I *ſetzt* , *nach* antwortet 15, alle 18, bekleidet 25. K *ſetzt*, *nach* bergen 17.
L *ſtreicht* , *nach* bergen 17. M *ſetzt* . *nach* meer 21, war 24, *mit*
folg. gr. Anfangsb. nach weide 18; *ſtreicht* , *nach* jnen 25. N *ſetzt* , *nach*
Meer 21, jnen 26; *ſtreicht* , *nach* ſprach 15. O *ſetzt* , *nach* ſprach 15, war 24; *ſtr.* 10
, *nach* ſehen 23. P *ſetzt* , *nach* Jheſus 19, war 25 I., ſich 26.
Q *ſetzt* . *nach* Jheſus 19, meer 21, ſich 26, *mit folg. gr Anfangsb. nach* war 24;
ſetzt , *noch* ſehen 23. fais 25; *ſtreicht* , *nach* ich 15, vernünfftig 25.
R *ſetzt* , *nach* ich 15, weide 18, faren 19, Sewe 20, meer 21, war 24, vernünſtig 25;
ſtreicht , *nach* zuſehen 23, faſs 25. 15

A 15 Legion *ſo auch* 24 heyſs 16 bat ſelbigen 17 daſelbs 18 batten 20
ſturtzt 21 Es] yhr 22 hyreten 23 (ſi) do 25 faſs 26 Vnnd 27 widderfaren 28
yhren Vnd trat 29 aber.
B 18 yn 21 yns 22 Vnd hyrtten 23 lande 29 bat möcht.
C 16 nicht 18 ynn. C¹ 22 hyrten 25 faſz. D 15 heys 22 hirten 25 faſs 29 ſein. 20
E 15 antwortet 19 erlewbet vnſawberen 20 ſewe (22 hierten) 26 fürchten
27 widderfaren 29 ſeyn.
F 15 Wie heiſſeſtu Vnd *I.* heiſſe 16 ſelben 17 eine ſewe 18 weide baten
Las 19 erlenbet vnſaubern 20 ſtürtzte 21 yhr] Yhrer 22 verkündigeten 23 hinaus
24 legion 25 fas bekleidet 26 furchten 27 widderfaren 28 yhrer zöge 29 ſein. 25
G 26 ſturtzte 22 hirten] ſewe hirten verkundigeten *ſo auch* verkundige 31 24
Legion 25 faſs 29 möchte.
H 20 ſtürtzte 21 Jr 22 ſewhirten verkündigeten *ſo auch* verkündige 31 23 da 24 legion
25 fas 29 möcht. I 22 jm] im *ſo immer* 24 Legion 25 fafs vernünfftig.
K 16 ſelbigen 18 Teufel 19 jn] jnen *ſo auch* 26, 31, 73 22 Stad 27 widderfaren. 30
L 16 ſelben 17 Herd 21 jnns 22 ſtad 24 Vnd *I.* Beſeſſenen *ſo auch* 26, Beſeſſene
29 28 Jn *ſo auch* 67, *deſgl.* Jm 36, 38, 41, 49 2., 51, 55 *zwirmal* 62.
M 15 Denn 16 Gegend *ſo auch* 28 17 da ſelbs Herdſew 19 Sew *ſo auch* Sewe
20, Sewen 27 20 Herd 21 jnns] ins 22 Sewhirten Stad 28 jn *ſo auch* 67, *deſgl. ſtets* jm.
N 17 daſelbs 22 verkündigeten 23 Lande 27 wider faren. 35
O 17 herd Sew 19 ſew 20 ſewe 22 verkündigten 24 vnd *I.* 27 widderfaren 29
möchte.
P 16 derſelben 19 Sewe *ſo auch* 20 20 herd 23 zuſehen 24 den Beſeſſenen . . .
hatte] den, ſo von den Teufeln beſeſſen war 28 Schiff 29 möcht.
Q 16 der ſelben 18 Teuffel *ſo auch* Teuffeln 24 19 Sew *ſo auch* 20 20 Geiſter Herd 40
22 verkündigeten 23 hin aus zu ſehen 25 war *I.*] geweſen war 26 fürchten 29 möchte.
R 18 Teufel *ſo auch* Teufeln 24 20 Geiſte Sewe herd 22 verkündigten 23
hinaus zuſehen 24 vnd *I.* 25 geweſen *geſtr.* 26 furchten 29 Das möcht.

es yhm nicht zu, sondern sprach zu yhm, gang hyn ynn deyn haus, 30
vnnd zu den deynen, vnnd verkundige yhn, wie grosse wolthatt dyr
der herr than, vnnd sich deyn erbarmet hatt, vnnd er gieng hyn, vnd
sieng an aus ruffen ynn den zehen stetten, wie grosse wolthat yhm Je
sus than hatte, vnd yderman verwundert sich.

Vnd da Jhesus widder hyn vber fur ym schiff, versamlet sich viel 35
volcks zu yhm, vnd war an dem meer, vnnd sihe, da kam der vbirsten
eyner von der schule, mitt namen Jayrus, vnd da er yhn sahe, siel er
yhm zu fussen, vnnd batt yhn seer, vnnd sprach, meyn tochter ist ynn
den letzten zugen, du wolltist komen, vnnd deyne hand auff sie legen
das sie gesund werde vnnd lebe, vnnd er gieng hyn mit yhm, vnnd es 40
folget yhm viel volcks nah, vnnd sie drungen yhn.

Vnnd da war eyn weyb, das hatte den bluttgang zwelff iar ge=
habt, vnnd viel erlitten von vielen ertzten, vnd hatte alle yhr gutt dreb
voitzeret, vnnd halff sie nichts, sondern viel mehr wartt es erger mitt
yhr, da die horte von Jhesu, kam sie ym volck, von hynden zu, vnd rure= 45
te seyn kleyd an, denn sie sprach, wenn ich nur seyn kleyd mocht an ru=
ren, so wurd ich gesund, vnd als bald vertrucket der brun yhres blutts,
vnnd sie sulets am leybe, das sie war gesund worden von yhrer plage.

B setzt . nach hat 32, mit folg. gr. Anfangsb. nach lebe 40; streicht , nach
than 32, volck 45.   E streicht , nach deynen 31.   F setzt . mit folg. gr.
Anfangsb. nach meer 36, Jairus 37, gesund 47; setzt , nach legen 39.   H setzt ,
nach werde 40; streicht , nach zufussen 38.   I setzt , nach gethan 32, zufussen 38.
5   K setzt . nach jr 45.   L setzt . nach hatte 34, jm 40.   M streicht ,
nach verzeret 44.   N setzt , nach verzeret 44.   O setzt . nach nach 41, an 461.
P setzt . nach zügen 39; setzt , nach uach 41, an 461.   Q setzt , nach
zögen 39; streicht , nach bluts 47.   R setzt , nach hatte 34, Jairus 37, bluts 47.

A 31 wolthat   32 hat so auch 51, 52   33 ruffen] zu ruffen   34 yederman   35 schyff
10 38 bath   39 deyn   41 nach   43 gut   44 vertzeret   wart   45 von Jhesu horte   47
yhres   bluts   48 von yhrer plage war gesund worden.
B 30 gehe so auch 57   33 zuruffen   sledten   38 bat   meyne   39 deyne   42 blutgang 44
verzeret ward   45 horete.   C 33 yn   35 yhm   schiff   46 möcht.   C¹ 33 zu ruffen   35 ym
36 vberslen   45 hörete.   D 33 auszuruffen   yun   36 vbirsten   39 zügen   wolfist   44 anruren.
15   E 31 verkündige   dir so auch 71   32 her   gethan so auch 34, 53   34 yderman   45
rürete so auch anrüren 46, angerürt 51, 52   46 nür so auch 61   47 würd   gesundt   48
sülets so auch fület 49.
F 30 Gehe   dein so auch 32, 56, deinen 31, deine 39, 59, deiner 57   32 Herr   hin so
auch 35, 40, 57   33 aus zuruffen   34 verwunderte   36 oberslen so auch 58, 61, 63   37
20 Jairus   38 Meine so auch meine 51, vgl. zu 56   39 woltest   42 weib   45 Da   hinden   46
kleid zweimal, so auch kleider 51   Denn   Wenn   nur so auch 61   möchte   47 würde
gefund so auch 56   48 leibe.   G 33 auszuruffen
34 yderman   35 Jesus   41 folgete   45 rurete so auch angerurt 51, 52   47 wurde   48 fulets.
H 34 Vnd   jderman   35 Jhesus   hin] her   38 zufussen   39 zugen   40 Vnd 3.   41
25 folget   Vnd   43 erlidden   45 rürete so auch angerürt 51, angerüret 52   46 nür so auch 61
47 würde   48 sülets so auch fület 49.
I 32 dein] deiner   deiner   33 aus zu ruffen   Zehen   35 hervber   36 Oberslen so immer
37 Schule so immer   39 zügen   46 nur so auch 61.
K 33 zuruffen   34 jederman   35 wider   herüber   38 zu fussen   41 folgete   47 vertrocket.
30   L 30 Sondern   38 Tochter so auch 56, 59   41 folget   42 Weib so auch 53   jar 43
Ertzten   Gut   47 vertrucket   48 Vnd.   M 30 Haus   33 zehen   Stedten
36 Volcks so auch Volck 45, 52, vgl. zu 50   38 füssen   39 Du   42 Blutgang   46 Kleid
zweimal, so auch Kleider 51   48 Leibe.   N 34 verwandert   35 fur   38 fussen   41 Volcks
45 ruret.   O 30 haus   34 verwunderte   35 fur   36 Da   45 rürete   47 Bluts   48 Plage.
35   P 31 Deinen   35 fuhr   38 füssen   41 volcks   44 Vnd   47 So   bluts.   Q 30 Haus
31 deinen   33 auszuruffen   36 und er war da   38 fussen   39 zügen   41 Volcks   44 vnd   47 so
vertrucknet   Brun.   R 30 haus   33 Wolthat   34 verwundert   36 vnd war   36 Da
38 füssen   39 zügen   41 volcks   44 Vnd   46 kleid /.   möcht   47 So   vertrucket   brun

— 24 —

Vnnd Jhefus fulet als bald an yhm felbs die krafft die von yhm
50 aufszgangen war, vnnd wand sich vmb vnter dem volck, vnd spiach,
wer hatt meyn kleyder angerurt? vnnd die iunger spiachen zu yhm,
du sihest das dich dz volck diinget, vnd spiichst, wer hatt mich ange=
turt? vnnd er sahe sich vmb nach der, die das than hatte, das weyb
aber furcht sich vnnd zittert, denn sie wyste was an yhi gescheen war,
55 kam vnnd fiel fur yhm nydder, vnd saget yhm die gantze warheyt,
er spiach aber zu yhr, meyn tochter, deyn glawb hat dich gesund ge
macht, gang hyn mitt fryden, vnnd sey gesund von deyner plage.

Da er noch also redet, kamen ettlich von dem vbirsten der schule|
vnnd spiachen, deyn tochter ist gestoiben, was muhestu weytter den XXIX.
60 meyster? Jhefus aber horet bald die rede die da gesagt ward vnd spia
ch zu dem vbirsten der schule, furcht dich nit, glewbe nur, vnnd lies
niemant yhm nach folgen, denn Petern vnd Jacoben vnnd Johan=
nen seynen biuder, vnnd er kam ynn das haus des vbirsten der schu=
le, vnnd sahe das getummel, vnnd die da seer weyneten vnnd heule=
65 ten, vnnd er gieng hyn eyn, vnnd spiach zu yhmen, was tummellt vnd
weynet, yhr das kind ist nicht gestoiben, sondern es schlefft, vnd sie

A setzt , nach angerurt 51, yhr 66; streicht , nach weynet 66.
C¹ streicht , nach gestorben 59.   F setzt ? nach yhr 66, mit folg. gr.
Anfangsb. nach angerürt 51; setzt , nach hatte 53, mit folg. gr. Anfangsb. nach
warheit 55, nur 61, bruder 63. heuleten 64, schlefft 66; setzi , nach krafft 49, wuste 54,
gestorben 59, rede 60, ward 60; streicht , nach voleke 50.   G streicht ? nach   5
angerurt 52; streicht , nach krafft 49, wuste 54.   H setzt ? noch angerüret 52;
setzt , nach krafft 49, wuste 54.   I setzt , nach volcke 50, vmb 53, sich 54;
streicht , nach der 53, wuste 54.   K setzt , nach Jacoben 62.   L streicht ,
nach Jacoben 62.   N setzt ( ) um denn . . . war 54; str. , nach zittert 54, war 54.
O streicht ( ) 54; setzt , nach der 53, zittert 54, w r 54.   P setzt ( )   10
um Denn . . . war 54; setzt , nach heuleten 64; streicht , nach der 53, zittert 54, war 54.
Q streicht ( ) 54; setzt , nach heuleten 64; setzt , nach der 53, zittert 54, war 54,
streicht , nach vmb 53. hinein 65.   R schliesst in ( ) denn . . . war 54; setzt
, nach vmb 53, ein 65; streicht , nach der 53, zittert 54, war 54.

A 50 aufz gangen   52 das 2.   53 Das 2.   54 geschehen   56 mein   57 friden   58 Do 15
al/zo etlich 65 hynein so auch 68 tummelt.   B 50 aus gangen   58 also.
C 56 meyn   59 dein muhestu   60 höret.   C¹ 51 an gerurt so auch 52   54 wuste
55 gantz.   D 50 ausgangen   51 angerurt so auch 52   55 gantze   58 von den.
E 50 an gangen   51 meyne   iunger   53 weiß   56 gesunt   58 etliche   obirsten
so auch 61, 63   60 meister   balde   61 gleube   (62 folgan'.   20
F 49 fulet   50 ausgangen   wandte   volcke   51 Wer   52 Du   angerüret   53 Vnd
54 furchte 55 warheit   56 klein glawbe gesund   58 Da   59 Deine weiter   60 Meister
61 Fürcht   glewbe   62 nachfolgen   64 getümmel so auch tümmelt 65   weineten so
auch weinet 66   65 hinein so auch 68   Was.
G 51 iunger   60 meister   61 Furcht   64 getümmel so auch tummelt 65.   25
H 50 aus gangen   51 jünger   53 hette   56 glaube   58 von den] vom gesinde des
60 Meister   61 Fürcht   gienbe   62 Petron   64 getümme .
I 50 ausgangen   51 Jünger   52 angerürt   53 hatte   56 glaub   57 frieden.
K 50 aus gangen   volck   55 nider   57 friden   64 getümel.
L 50 Vnd   volcke   55 nidder   56 Glaube   57 Gehe   58 Was   61 Gleube 66 Kind. 30
M 50 vnd   Volck   52 Wer   57 frieden   58 Gesinde   61 Fürebte   63 Bruder   64 getümmel
66 Das.   N 55 sagt   Dan] Petrum Jacoben Johannem   63 bruder   Haus   64 getümel.
O 49 Krafft   54 Dean   55 saget   56 Dein   glaube   59 tochter   61 Fürcht   63
Bruder haus.
P 50 vnter dem] zum   51 an gerüret   52 angerüret   56 tochter   57 Plage   60 Rede 35
61 FVRchte   63 seinen Bruder] den bruder Jacobi   65 hin ein so auch 68.
Q 51 angerüret   56 Tochter so auch 59   Glaube   59 was   60 bald   rede   61
Fürchte   64 getümmel   65 hinein so auch 68.
R 50 Vnd 1.   54 denn   56 tochter   Dein   glaube   58 schule so auch 61, 63   59
Was   60 Rede   64 getümel   65 hin ein so auch 68.   40

verlachten yhn, vnd er treyb sie alle aus, vnd nam mitt sich den vater
des kinds vnnd die mutter, vnnd die bey yhm waren, vnd gieng hyn
eyn, da das kind lag, vnnd ergreyff das kind bey der hand, vnd sp:a
ch zu yhr, Thabitha kumi, das ist verdolmetscht, Meydlin, ich sage 70
dyr, stand auff, vnnd als bald stund das meydlin auff, vnnd wan=
delete, Es war aber zwelff iar allt, vnnd sie entsatzten sich vbir die
mass, vnd er verpott yhn hartt, das es niemant wissen sollte, vnnd
saget, sie sollten yhr zu essen geben.

C *streicht* , *nach* aus 67.　　　　F *setzt* . *nach* wandelte 71 , *mit folg. gr.*
Anfangsb. nach yhn 67, auff 71 I.; *setzt* , *nach* aus 67.　　G *streicht* , *nach* hinein 68.
H *setzt* , *nach* hinein 68.　　I *setzt* , *nach* kindes 68.　　L *setzt* . *nach* waren 68,
alt 72, *mit folg. gr. Anfangsb. nach* mass 73.　　M *setzt* . *nach* solte 73, *mit*
5 *folg. gr. Anfangsb. nach* aus 67; *setzt* , *nach* waren 68; *streicht* , *nach* hinein 68.
N *streicht* , *nach* Mutter 68.　　O *setzt* . *nach* lag 69; *setzt* , *nach*
aus 67, Mutter 68, hinein 68.　　P *setzt* , *nach* lag 69, wandelte 71.
Q *setzt* . *nach* jr 70; *streicht* , *nach* Kindes 68.
R *setzt* , *nach* Kindes 68, jr 70; *streicht* , *nach* dir 71.

10　A 67 vatter　　68 muter　　71 wandelte　　72 alt　　73 mas　　hart.
　　B 67 vater　　69 kynd 2.　　70 verdolmetsch　　72 vber　　73 verpot　　solte.
　　C 68 mutter　　71 flehe　　74 solten.　　C¹ 69 kind 2.　　70 verdolmetscht.
　　E 70 Tabea.　　　　F 67 treib　　68 kindes　　69 ergreiff　　70 Meidlin *so*
auch meidlin 71　　71 balde　　72 Vnd.　　　　G 70 Thalita　　72 vnd.
15　H 69 er greiff　　70 Talitha　　72 Vnd.
　　I 67 verlacheten　　68 Vnd 3.　　69 ergreiff　　71 bald　　73 mass　　verbot.
　　K 67 verlachten　　71 Meidlin.　　L 69 Vnd 1.　　70 Ich　　73 Vnd 2.
　　M 67 Vater　　68 Kindes *so auch* Kind 69 *zweimal*　　Mutter.　　N 69 er greiff　　Hand
73 folt.　　　　O 67 verlacheten　　vnd 2　　68 giengen　　69 ergreiff　　hand　　73 folte.
20　P 68 gieng　　69 er greiff.
　　Q 67 verlachten　　Vnd 2.　　69 vnd　　ergreiff　　70 verdolmescht　　Medlin *so auch* 71.
　　R 67 vnd 2　　69 Vnd 1.　　70 verdolmetscht　　Meidlin *so auch* 71.

Das sechst Ca=
pitel.

Vnd er gieng aus von dannen, vnnd kam ynn seyn vatter=
land vnnd seyne iunger folgeten yhm nach, vnd da der Sab
bath kam, hub er an zu leren ynn yhrer schule, vnnd viel die 5
es horeten, verwunderten sich f eyner lere vnd sprachen, wo
her kompt dem solchs? vnd was weysheyt ists, die yhm geben ist,

F *setzt* . *mit folg. gr. Anfangsb. nach* nach 4; *setzt* , *nach* vaterland 3.
H *streicht* , *nach* ists 7.　　I *setzt* , *nach* lere 6, ists 7.　　L *setzt* . *nach* Schule 5.
Q *streicht* , *nach* dannen 3, höreten 6.　　R *setzt* , *nach* dannen 3, höreten 6.

A 6 feyner.　　B 3 vaterland.　　C 6 höreten *so auch* 60 Wo.　　C¹ 7 weysheyt.
5　E 3 ynn] yn *so auch* 5, 64, 66, 74, 102, 106　　4 iünger *so immer,* iüngern 84.
　　F 1 Sechst　　3 ynn *so auch* 46, 64, 66, 74, 102, 104, 106　　fein *so auch* 39, 32, 61, *desgl.*
feine 4, 72, feiner 6, feinen 13, feines 37, feinen 44, 61　　7 weisheit gegeben.
　　G 1 fechst　　Capittel　　4 iunger *so immer,* iüngern 84　　5 ynn　　6 wo　　7 weifheit.
　　H 1, 2 Das fechst Capittel] VL　　3 ynn] jnn *so immer, desgl.* jm z. B. 12, jnz 37, janen
10　22 *mit* j *statt* y　　4 jünger *so immer,* jüngern 84　　yhm] jm *so immer, desgl.* jn z. B. 40, jr 49,
jrer 65, jn *dat. pl.* z. B. 11, jnen z. B. 21, jr 21, jres 15, jrer z. B. 5 *mit* j *statt* yb　　5 Vad
6 Wo　　7 weisbeit.　　　　E 4 Jünger *so immer,* Jüngern 84　　5 Schule.
　　L 3 Vaterland *so auch* 12　　4 Vnd 1.　　7 Im *so auch* In 67, 70, *vgl. zu* 105.
　　M 3 jnn] in *so immer*　　4 vnd 1.　　6 Lere　　Woher　　7 kömpt　　jm *so auch* jn 67, 70.
15　N 7 kompt.　　O 4 Jüngere　　5 hube　　6 lere　　Wo ber.　　　　P 4 Jünger.
　　Q (3 van)　　5 hub　　6 Lere　　Woher.　　　　R 5 hube　　6 Wo her.

vnnd ſolch thatten die durch ſeyne hende geſchehen? iſt er nicht der
zymerman Marien ſon, vnnd der bruder Jacobi vnnd Joſes vnnd
10 Jude vnnd Simonis? ſind nicht auch ſeyne ſchweſtern albie bey
vns? vnnd ſie ergerten ſich an yhm, Jheſus aber ſprach zu yhn,
Eyn prophet gilt nyrgernd weniger, denn da heym vnnd bey den
ſeynen, vnnd er kund alda nit eyn eynige thatt thun, denn wenig ſie-
chen legt er die hende auff vnnd heylet ſie, vnnd er verwunderte ſich
15 yhres vnglawbens.

Vnnd er gieng vmbher ynn die ſtedte ym kreyſz, vnnd lerete,
vnd er berieff die zwelffe, vnd hub an vnd ſand ſie, yhe zween vnd
zween, vnnd gab yhn macht vber die vnſauber geyſter, vnnd gepott yhn, das ſie nichts bey ſich trugen denn eyn ſtab, keyn taſchen,
20 keyn brot, keyn gellt ym gurtel, ſondernn geſchucht, vnd das ſie nit
zween rocke an tzogen, vnd ſprach zu yhnen, wo yhr ynn eyn haus
gehen werdet, da bleybt ynnen, bis yhr von dannen zyhet, vnnd
wilche euch nicht auff nemen, noch euch horen, da gehet von dan-

A ſtreicht , nach kreyſz 16. D ſtreicht , nach ſie 14. E ſetzt , nach
vaterlande 12. F ſetzt . nach yhm 11, mit folg. gr. Anfangsb. nach ſeinen 13,
ſie 14. lerete 16, anzögen 21, ſetzt , nach kreis 16, trügen 19; ſtr. , nach vater land 12.
G ſetzt , nach anzögen 21; ſtreicht , nach yhn 19, ynnen 22. H ſetzt . nach
anzögen 21; ſetzt , nach auff 14, jn 19, junen 22. I ſetzt . nach zihet 22; ſetzt , 5
nach thaten 8, vaterland 12, an 17; ſtreicht , nach auffnemen 23. M ſetzt . nach
zween 18, Geiſter 18; ſtreicht , nach weniger 12. N ſetzt , nach weniger 12.
O ſtr. . nach zween 18; ſetzt , nach Zimmerman 9; ſtr. , nach jnen 19. P ſetzt ,
nach zween 18; ſtr. , nach Stab 19. Q ſetzt ? nach ſon 9; ſetzt , mit folg. gr. Anfangsb. nach zween 18; ſetzt , nach Jacobi 9, Joſes 9, Jude 10, jnen 19, Stab 19; ſtreicht 10
, nach Zimmerman 9, Zwelffe 17. R ſetzt , nach Zimmerman 9, ſon 9, ſie 14, vnglaubens 15, Zwelffe 17, zween 18; ſtreicht , nach Jacobi 9, Joſes 9, Jude 10, jnen 19.

A 12 Prophet ſo auch 33, Propheten 33 13 nicht ſo auch 20) that 15 vnglaubens
20 brod ſo auch 74, 77, 78, vgl. zu 82 gurttel ſondern 21 zogen 22 zihet.
B 12 nyrgend 18 gepot 23 hören ſo auch höreten B95. 15
C 12 gilt daheym 15 vnglawbens 16 kreys 20 gellt gürttel 21 röcke anzogen.
C¹ 14 hend. D 19 trügen 20 gurttel 21 anzögen.
E 8 die] dy feine ſo auch 10, 60, 88, ſein 57, 58, ſeines 108 9 ſone 11 Jeſus ſo
immer ausser 69 12 daheym] daheim ym vaterlande bei 14 hende 18 vnſawhern 19
eynen 21 an zögen 23 auffnemen noch euch] noch. 20
F 8 die 9 ſon 11 Vnd Jheſus ſo immer 12 Ein ſo auch ein 21, 33, 41, 44, 45,
desgl. eine 13, 54. 64, einen 19, 49, 90, einem 24, einer 33, 58 nirgend da heim vater
land bey 13 eine einige 14 heilet 16 kreis 17 ſandte 18 vnſaubern geiſter 19
keine ſo auch kein 20 zweimal 20 gürtel 21 anzögen Wo 22 bleibet Vnd 23 welche.
G 8 thaten 9 Marie 10 Jude Simonis 11 Jeſus 12 vaterland 13 ein 16 kreys 17 zwelff 25
18 zeen 19 einen] allein einen 20 gurtel geſchucht] weren geſchucht 22 bleibt 23 wilche.
H 8 thatten 9 zimmerman 10 Jude vnd Sind 11 Jheſus da heim ym vaterland vnd bey] ym vater land vnd da heim bey 13 eine denn] on 15 vnglaubens 16
ſtedte] flecken eins 17 zwelffe yhe] ia ſo auch 81 13 zween 19 trügen] trügen auff
dem wege 20 gürtel 22 bleibet 23 welche. 30
I 8 thaten ſo auch 32 Iſt 9 Son 12 jm] im ſo immer vaterland 13 ein 14 leget
16 Flecker 17 Zwelffe 19 taſche.
K 11 jn] jnen ſo auch 18, 19, 69, 74, 76, 78, 80, 84, 93, 94, 95, 97, 98 zweimal 20 geld.
L 9 Zimmerman 13 Siechen ſo auch 28 17 ja ſo auch 81 18 Vnd zweimal 20 gelt.
M 8 Thaten ſo auch 32, That 13 Hende ſo auch 14 10 Schweſtern 13 On 18 35
Geiſter 19 Stab Taſche 20 Brod ſo immer, vgl. zu 101 Gelt 21 Rocke Haus 22 ziehet.
N 12 daheim 14 heilete verwundert 17 Zwelff 20 Brot ſo immer, desgl. Broten 101
Geld 21 Röcke. O 12 da heim 14 heilet verwundert 16 Kreis 17 Zwelffe
18 vnd l. Geiſtern 20 Sondern 23 Da. P 18 Geiſter 19 Denn Keine 22 innen.
Q 8 Thatten 9 ſon 16 kreis 19 trugen denn keine 20 Gelt Gürtel ſondern. 40
R 8 Thaten 12 nirgent daheim 18 vnd l. 19 Das trügen Denn 20 Geld
gürtel Sondern.

nen eraus, vnnd schuttellt den staub ab von ewren fussen, zu eynem
zeugnis vber sie. Jch sage euch warlich, es wirt Sodomen vnnd 25
 ꝰ. Gomorren am iungsten gericht treglicher seyn, denn solcher stadt.

Vnd sie giengen aus, vnd predigeten, man sollt sich bessern, vnnd
trieben viel teuffel aus, vnnd salbeten viel siechen mit ole, vnd mach
ten sie gesunðt.

Vnd es kam fur den konig Herodes (denn seyn name war nu bekandt) 30
vnd er sprach, Johannes der teuffer ist von den todten aufferstanden,
drumb ist seyn thun so gewaltig, Ettlich aber sprachen, Es ist Eli=
as, Ettlich aber, Es ist eyn prophet, odder eyner von den prophe=
ten, da es aber Herodes horet, sprach er, Es ist Johannes, den ich
enthewbtet habe, der ist von den todten aufferstanden. 35

Er aber Herodes hatte aufsgesandt, vnnd Johannem gryffen,
vnnd yns gefengnis gelegt, vmb Herodias willen seynes bruders
Philippes weyb, denn er hatte sie gefreyet, Johannes aber sprach zu
Herode, Es zympt dyr nicht das du deynes bruders weyb habist,

A *streicht*, *nach* aus 27.   E *setzt*. *nach* habist 39.   F *setzt*. *nach*
gewaltig 32, gefreyet 38, *mit folg. gr. Anfangs b. nach* Propheten 33; *setzt*, *nach*
recht 39.   G *streicht*, *nach* fussen 24, ergeben 26, weib 38.   H *setzt*, *nach*
fussen 24, ergeben 26, aus 27, Propheten 33, weib 38.   I *setzt*, *nach* willen 37.
5 L *setzt*. *nach* thun 27, Propheten 33; *streicht*, *nach* fussen 24.
M *setzt*. *nach* Elias 32.   N *setzt*, *nach* fussen 24.   O *streicht*, *nach*
Johannes 34.   P *setzt*, *nach* Elias 32: *streicht*, *nach* aufferstanden 31.
Q *setzt*. *nach* Elias 32; *setzt*, *nach* Herodes 30, aufferstanden 31, Johannes 34;
streicht, *nach* sprachen 32.   R *setzt*, *nach* thun 27, sprachen 32, Elias 32;
10 *streicht*, *nach* Herodes 30, Johannes 34.

A 24 staub   26 seyn] ergeben   29 gesund   32 Etlich *so auch 33*   Es] er *so auch 33*
33 oder   36 hatte   greyffen   39 zympt dyr nicht] ist nicht recht.
B 25 wird   36 öle.
C 24 schuttelt   füssen   27 solt   30 könig *so auch 48, 50, 55*, könige 53   31 auff er-
15 standen   34 höret *so auch 43*.   C¹ 25 stad   35 auff erstanden   36 ausgesandt.
D 24 fussen   30 bekand   31 aufferstanden *so auch 35*   33 odder   36 ausgesand 38
Philippus.
E 25 gezeugnis   26 gerichte   27 sich bessern] busse thun   32 dorumb   36 gegryffen.
F 24 schüttelt   25 Es   26 iungsten   28 sichen   32 darumb   Etliche *so auch 33*
20 36 griffen   37 gesencknis *so auch 58*   38 weib *so auch 39*   39 deines   habest.
G 24 schuttelt   ab *gestr.*   26 grichte   28 siechen   31 er *gestr.*   33 oder.
H 24 heraus   schüttelt   staub ab   fussen   26 jüngsten   gerichte   31 vnd er   32
ist sein thun so gewaltig] thut er solche thatten   33 odder   35 entheubtet   von den] von
36 gegriffen   37 gefengnis *so auch 58*   38 gefreiet.
25 I 24 abe   27 Vnd 3.   30 König *so auch 65*, Könige 53   31 Teuffer   35 von den.
K 24 Jüngsten   28 Teufel   32 Er   33 Es   oder *so auch 108 zweimal*   34 Er
37 seins.
L 26 gericht   27 solte   Busse   30 Denn   33 er   34 Es   37 jnns *so auch 98*   38
Denn   39 Bruders.
30 M 24 Staub   Füssen   26 Jüngstengericht   Stad *so auch* Stedten 68, Stedte 108   27
Man   busse   30 Name   32 darümb   33 Er   37 ins *so auch 98*   Gesengnis *so auch 58*.
N 24 eraus *so auch 69*   26 jüngsten Gericht   31 Todten *so auch 35*   32 darumb.
O 24 heraus *so auch 69*   staub   füssen   25 zeugnis   26 Gerichte   28 Ole   30
könig   denn   31 todten *so auch 35*   32 er   33 er   (37 brudes]   39 bruders   Weib.
35 P 24 Füssen   25 gezeugnis   26 Denn   27 Busse   30 Denn   31 Todten   32 thaten
37 Vmb.
Q 24 her aus *so auch 69*   ab   26 Jüngsten gericht   denn   27 busse   28 Teuffel
öle   32 Thaten   Er   33 Er   35 Todten   37 vmb   39 Bruders.
R 24 heraus *so auch 69*   abe   26 jüngsten Gerichte   Denn   27 Busse   28 Teufel
40 Ole   37 Vmb   39 bruders.

—— 28 ——

40 Herodias aber stellet yhm nach vnnd wollt yhn todten, vnnd kund nicht, Herodes aber furcht Johannen, denn er wuste, das er eyn frumer vnnd heyliger man war, vnnd behielt yhn, vnnd gehorchet yhm ynn vielen sachen, vnd horete yhn gern.

45 Vnnd es kam eyn gelegner tag, das Herodes auff seynen iar tag, eyn abent mal gab, den vhirsten vnd hewbtleutten vnnd furnemisten ynn Gallilea, da tratt hyneyn die tochter der Herodias, vnd tantze te, vnd gefiel dem Herode vnd denen die am tissch sassen woll. Da spiach der konig zum meydlin, bitt von myr was du willt, ich will dyrs geben, vnd schwur yhr eyn eyd, was du wirst von myr bitten, will 50 ich dyr geben, bis an die helfft meynes konigreychs. Sie gieng hyn aus, vnd spiach zu yhrer mutter, was soll ich bitten? die spiach, das hewbt Johannes des teuffers, vnnd sie gieng bald hyneyn mitt eyle zum konige, batt vnnd spiach, ich will, dae du myr gebist, itzt so bald, auff eyn schussel, das hewbt Johannes des teuffers, vnd der 55 konig wart betrubt, vnnd vmb des eyds willen, vnnd der, die am

A *setzt*, *nach* nach 40.   E *setzt*. *nach* teuffers 52, Teuffers 54, *mit folg. gr.*
Anfangs b. nach meidlin 48; *str.*, *nach* schüffel 54.   F *setzt*. *nach* nicht 41, *mit folg. gr. Anfangs b. nach* Galilea 46; *setzt*, *nach* meidlein 48, schüffel 54.
G *streicht*, *nach* hinaus 50.   H *setzt*, *nach* hinaus 50.   I *setzt*, *nach* Haubtleuten 4?, Herode 47, bat 53.   L *setzt*. *mit folg. gr. Anfangs b. nach* tantzete 46. 5
M *setzt*. *nach* geben 49, betrübet 55; *streicht*, *nach* gab 45.   N *setzt*, *nach* betrübet 55.   O *setzt*. *nach* betrübt 55; *streicht*, *nach* bat 53, dere 55.
P *setzt*, *nach* betrübt 55; *streicht*, *nach* Heubtleuten 45.   Q *setzt*. *nach* betrübet 55; *setzt*, *nach* Heubtleuten 45, bat 53, dere 55; *streicht*, *nach* bald 54.
R *setzt*, *nach* tantzete 46, bald 54, betrübt 55; *streicht*, *nach* Heubtleuten 45, 10 bat 53, dere 55.

A 43 vielen] viel   45 heubtleutten   46 trat   47 tisch   48 bit   50 kenig reychs   52 hewpt   Johannis *so auch* 54   mit   54 vnd *gestr.*   Der   55 eydis.
B 40 wolt tödten   43 horet   48 wilt   49 dirs   52 hewbt   55 ward.
C 43 yn *so auch* 46, 104   47 wol   48 myr   49 dyrs *so auch* dyr 73   wil *so auch* 15 49, 53   51 sol   52 Teuffers   55 betrübt.
C¹ 45 vbersten hewbtleutten   51 die] fie   52 eyle.   D 43 ynn   51 die.
E 41 furchte Johannen   45 obersten   48 meidlein *vgl. zu* 59   mir *so auch* 49, 53 49 dirs *so auch* dir 50, 73   eynen   50 helffte   meines königreichs hinaus   51 Was Die   52 heubt *so auch* 54, 59   teuffers   hinein   53 bat   Ich   gebest   54 eyne   schüffel 20 *so auch* schüffeln 59   Teuffers   55 betrübet   vnd] doch   eydes   dere.
F 42 heiliger   43 gerne   44 iartag   45 heubtleuten   furnemesten   46 Galilea hinein   48 meidlin   49 eid *so auch* eides 55   51 Das   52 hewbt *so auch* 54, 59   Teuffers Vnd.   G 41 fürchte   48 Bitt   49 ein   eyd   52 teuffers *so auch* 54.
H 41 furchte   42 behielt verwaret   45 obersten   47 gefiel] gefiel wol   faffen wol] 25 fassen   48 König *so auch* 57   meidlein *so auch* 59 1.   Bitte   49 einen   eid   50 gienge 52 heubt *so immer*   Teuffers *so immer*   eile.
I 45 abentmal   Heubtleuten   furnemsten   46 tantzte   48 Meidlin *so immer*   50 Königreichs gieng.   K 44 jartag   45 Obersten   furnemesten   53 jtzt.
L 41 Denn   42 fromer   44 gelegener   45 Furnemsten   46 Tochter   tantzete 30 49 Vnd   51 Mutter *so auch* 60   54 Heubt *so auch* 57, 59.
K 42 Man *so auch* 87   45 Abentmal   Furnemesten   48 Medlin   49 Eid *so auch* Eides 55   54 Schüffel *so auch* Schüffeln 55.
N 45 Sachen   44 Jartag   45 Abendmal   Fürnemesten   48 Meidlin.
O 42 Vnd 2.   45 Abentmal   Furnemesten   46 hin ein   tochter   47 Tisch *so auch* 35 80   51 mutter *so auch* 60   52 Heubt   55 betrübt.
P 46 Tochter   47 tisch *so auch* 80   50 hin aus   52 heubt   hin ein   55 war.
Q 42 vnd 2.   43 sachen   44 gelegner   45 Abendmal   48 zu dem   50 hinaus   51 Mutter *so auch* 60   52 Heubt   hin ein] bin   54 heubt   55 ward betrübet.
R 42 Vnd 2.   43 Sachen   44 gelegener   Das   46 tochter   48 zum   meidlin *so* 40 *auch* 59 2.   50 hin aus   51 mutter   52 heubt *so auch* 5?   hin ein   55 war betrübt.

tiſſch faſſen, wollt er ſie nicht laſſen eyn feyl bitte thun, vnnd bald
ſchickt hyn der Eonig den hencker, vnnd lies ſeyn hewbt herbꝛingen,
der gieng hyn, vnd enthewbtet yhn ym gefengnis, vnd trug her ſeyn
hewbt auff eyner ſchuſſelln, vnd gabs dem meydlyn, vnd das meyd
lin gabs yhꝛer mutter, vnd da das ſeyne iunger horeten, kamen ſie, 60
vnd namen ſeynen leyb, vnnd legten yhn ynn eyn grab.

Vnnd die Apoſtel kamen zu ſamen zu Jheſu, vnd verkuͤndigeten
yhm das alles, vnnd was ſie than vnd leret hatten, vnnd er ſpꝛach zu
yhnen, laſt vns beſonders yꞩn eyn wuſte gehen, vnnd ruget eyn we=
nig, denn er war viel die abe vnd zu giengen, vnd hatten nicht zeyt gnug 65
zu eſſen, vnnd er fure da ynn eynem ſchiff zu eyner wuſte beſonders,
vnnd das volck ſahe ſie weg faren, vnnd viel kandten yhn vnd lieſſen|
XXX. daſelbs hyn mitt eynander zu ſuſz aus allen ſtedten, vnnd kamen
yhn zuuoꝛ, vnnd kamen zu yhm, vnnd Jheſus gieng eraus, vnnd ſahe
das groſſe volck, vnnd es iamert yhn der ſelben, denn ſie waren, wie 70
die ſchaff, die keynen hirtten haben, vnd fieng an eyn lange pꝛedigt.

Da nu der tag faſt da hyn war, tratten zu yhm ſeyne iunger vnnd

B *setzt . mit folg. gr. Anfangsb. nach* yhm 69.   C *streicht , nach*
hyn 58.   E *setzt . mit folg. gr. Anfangsb. nach* thun 56, bringen 57, mutter 60,
hatten 63, eſſen 66; *setzt , nach* hin 58.   H *setzt , nach* zuſamen 62, viel 65, eſſen 66.
  I *setzt , nach* fuſſe 68, jm 72; *streicht , nach* waren 70.   L *setzt . nach* eſſen 66.
  5   M *setzt . nach* beſonders 66, haben 71; *streicht , nach* zu ſamen 62, heraus 69.
        N *setzt , nach* zuſamen 62, eraus 69.   O *setzt . nach* gefengnis 58, wenig 64.
        P *setzt , nach* feilbitte 56, bringen 57, wenig 64; *streicht , nach* ſchuͤſſeln 59.
        Q *setzt . nach* bringen 57; *setzt , nach* Gefengnis 58, Schüſſeln 59; *streicht ,*
      nach Feilebitte 56, zuſamen 62, Schafe 71.
 10   R *setzt , nach* zuſamen 62, Schafe 71.

A 58 gefencknis   59 ſchuſſeln   62 zuſamen   65 er] yhr   63 da ſelbs   miteynander   72 dahyn   ſeyne iunger zu yhm.   B 56 tiſch   68 fuſs.
C 56 wolt   60 iünger   62 verkündigeten   64 wuͤſte *so auch* 66, 73.
C¹ 57 könig   60 iunger   62 zu ſamen   68 daſelbs   mit eynander.
 15   D 72 da hyn.
E 56 tiſche   ein *so auch* 84, 96, einem 66, einer 66, eine 71   ſeil   57 ſchickete   hin *so*
immer   her bringen   58 entheubte   gefengnis   59 meydlein *zweimal*   61 eyn] ſeyn   63
gethan   geleret   64 Laſt   eyne   wüſten   65 Denn   yhr] yhrer   66 fuer   dar   ſchif   68
einander   fuſſe   69 yhn] yhm   71 keinen   hirten   eine   72 dahin.
 20   F 58 enthewbte   59 meidlin *zweimal*   61 leib   65 zeit   66 fur   ſchiff   72 traten.
G 57 herbringen   61 ſein] ein   62 verkundigeten   64 wuͤſte   68 da ſelbs   69 yhn.
H 57 lies] hies   her bringen   58 entheupte   62 zu Jheſu zuſamen   verkündigeten
64 wüſten   68 daſelbs   69 heraus   70 iamerte.
I 57 Hencker   62 verkündigten   64 Laſſt   70 iamerte   71 ſchaf   72 tratten.
 25   K 66 fuhr   68 da ſelbs   69 zuuorn   70 iamerte   71 ſchafe   Hirten.
L 58 Vnd 2.   64 Laſſet   66 fur   67 Vnd 1.   68 daſelbs   69 jnen] jm   zuuor
70 Denn   71 Vnd.
M 56 feile   ſchuſſeln   59 herbringen   59 Vnd 2.   61 Leib   Grab   62 zu ſamen   66 Schiff *so*
immer   67 Volck *so immer*   Vnd 2.   69 jnen   71 Schafe   Predigt.
 30   N 56 Feilebitte   59 vnd 2.   62 zuſamen   verkündigeten   64 Wüſten *so auch* Wüſte
66   66 fuhr.   O 56 Feilbitte   57 her bringen
59 ſchuͤſſeln   meidlin *zweimal*   60 mutter   61 in] jn   62 verkündigten   64 wüſten
so auch wüſte 66   66 ſchiff *so auch* 88, 91, 99   67 vnd 2.   71 predigt   72 da hin *so auch* 73.
P 56 feilbitte   59 ſchuͤſſeln   Vnd   61 in   63 Vnd 1.   64 Wüſten *so auch* Wüſte 66
 35   Vnd   66 Schiff *so auch* 88   70 VNd.
Q 56 Feilebitte   57 ſchickte   59 Schüſſeln   Meidlin 2.   63 vnd 1.   64 wüſte *so*
auch 66   vnd   66 fur *so auch* furen 103   67 Vnd 2.   70 vnd   71 Predigt   72 dahin
so auch 73.
R 56 Feilbitte   59 ſchuͤſſeln   vnd 2.   meidlin   63 Vnd 1.   64 Wüſten   Vnd   66 fuhr
 40 *so auch* fuhren 103   Wüſte   67 vnd 2.   70 Vnd   derſelben.

fpꝛachen, es ist wuste hie vnd der tag ist nu da hyn, las sie von dyr, das
sie hyn gehen rmbher ynn die dorffe vnd merckte, vnd keuffen yhn bꝛot,
75 denn sie haben nicht zu essen. Jhesus aber antwoꝛtet, vnnd spꝛach
zu yhnen, gebt yhr yhn zu essen, vnnd sie spꝛachen zu yhm, sollen wyr
denn hyn gehen, vnd zweyhundert pfennig werd bꝛot kauffen, vnnd
yhn zu essen geben? Er aber spꝛach zu rhnen, wie viel bꝛot habt yhꝛ?
gehr hyn vnd sehet, rnd da sie es erkundet hatten, spꝛachen sie, funffe,
80 vnd zween fisch, vnd er gepot yhn, das sie sich alle lagerten bey tisch vol=
len auff das grune gras, vnd sie satzten sich, nach schichten, yhe hun=
dert vnd hundert, funfftzig vnd funfftzig. Vnd er nam die funff bꝛott
rnd zween fisch, rnd sahe auff gen hymel, vnd spꝛach den segen, vnnd
bꝛach die bꝛott, vnd gab sie den iungern, das sie yhn furlegten, vnnd
85 die zween fisch teylet er vnter sie alle, rnd sie assen alle vnnd wurden
satt, vnd sie huben auff die brocken, zwelff Leabe vol, vnnd von den
fischen, vnnd die da gessen hatten, der war funff tausent man.

Vnnd als bald treyb er seyne iunger, das sie ynn das schiff tratten
vnd fur yhm hyn vber furen, gen Bethsaida, bis das er das volck, von
90 sich liesze, vnd da er sie von sich schaffet hatte, gieng er hyn auff eynen
berg, zu betten, vnd am abent, war dz schiff mitten auff dem meer vnd

A *streicht* , *nach* furen 89, volck 89.   B *setzt* . *nach* essen 75; *mit folg.*
gr. Anfangsb. nach essen 76, fisch 80, alie 85 *1.*, fischen 88 liese 90, betten 91; *streicht*
, *nach* brod 74, berg 91.   C1 *streicht* , *nach* dahyn 73.   D *setzt* , *nach*
brod 74.   E *setzt* . *mit folg. gr. Anfangsb nach* sehet 79, gras 81, sat 86;
setzt , *nach* hie 73, dahin 73, dancket 83. tratten 88, meer 91; *streicht* , *nach* fich 81, 5
fisch 83, brod 84.   F *setzt* , *nach* fich 81, fisch 83, brod 84.   G *streicht* , *nach*
brocken 86.   H *setzt* , *nach* vollen 80, brocken 86; *streicht* , *nach* abent 91.
I *setzt* , *nach* brod 82, alie 85 *2.*   L *setzt* , *nach* vmbher 74.   M *setzt* .
nach furlegten 84; *streicht* , *nach* hatten 79.   N *setzt* , *nach* hatten 79; *streicht*
, *nach* vmbher 74.   O *setzt* . *mit folg. gr. Anfangsh. nach* dancket 83; 10
setzt , *nach* vmbher 74.   P *setzt* , *nach* dancket 83; *streicht* , *nach* hie 73,
merckte 74.   Q *setzt* , *nach* hie 73, Merckte 74; *streicht* , *nach* vmbher 74,
antwortet 75, vollen 80, sich 81, Brot 82, Himel 83, alle 85 *2.*   R *setzt* , *nach*
antwortet 75, vollen 80, sich 81, Brot 82, Himel 83, furlegter 84, alle 85 *2.*

A 75 nitt   82 brod *so auch 84*   87 taufet   88 das *1.*] da   90 liese.   15
B 73 dir   75 nicht   76 wir   77 keuffen   87 taufent   88 so geschaffet   91 das.
C 73 dahyn   74 dörffe   76 wyr   81 grüne.   C1 73 wuste   90 liesse   91 beeten.
D 73 wüste   89 Betsaida   91 betten.
E 73 Es   76 Gebt Söllen   77 zwey hundert   78 Wie   79 gehet   fünffe   80
völlen   83 (Zwen)   sprach den segen] dancket   84 fürlegten   86 sat   körbe   89 20
Bethsaida   91 beten.   F 76 Sollen wir   79 funffe   84 furlegten   85 teilet   (89 Gethsaida).
G 74 dörffer *so auch 106*   79 Funffe   80 vollen   88 traten.
H 79 funffe   83 himel   84 fur legten   86 zwölff   88 tratten *so auch 103*   89 für   90 ging.
I 79 Fünffe *so auch* fünff 82, 87, fünfftzig *zweimal 82*   86 zwelff   89 vor jm   füren
90 gieng.   K 74 Dörffer *so auch 106*   Merckte *so auch 106* 25
79 erkündet   80 gebot   82 funff   91 abend.
L 74 dörffer *so auch 106*   merckte *so auch 106*   79 Gehet   erkundet   82 fünff 83
Himel   84 Vnd 2.   91 Berg *abend.*
M 73 Las   74 Dörffer *so auch 106*   Merckte *so auch 106*   77 Pfennig   79 Fünff
80 Fisch *so immer*, Fischen 87   81 Gras   84 fürlegten   85 Brocken   Körbe   91 abend. 30
N 76 Gebet   81 Schichten   82 funfftzig *zweimal*   84 furlegeten   86 voll   89 hinüber
so auch 102   91 Meer *so immer.*
O 76 Gebt   77 pfennig   79 Fünffe   82 fünffzig *zweimal*   84 furlegten   86 vol   89
bin vber *so auch 102*   91 meer *so immer.*
P 73 Das   74 merckte   75 Denn   82 funffzig *zweimal*   84 fur legten   91 Meer *so auch 95.* 35
Q 73 das   74 Merckte   75 denn   77 hingehen   79 Fünff   81 sie *gestr.*   83 vnd 4.
84 furlegten   85 Fische   91 Schiff *so auch 99.*
R 73 Das   75 Denn   76 Gebet   77 hin gehen   79 Fünffe   81 Vnd sie   83 Vnd 4.
85 Fisch   91 schiff *so auch 99.*

— 31 —

er auff dem land alleyn, vnnd er ſahe das ſie nodt litten ym rudern,
denn der wind war yhn entgegen, vnnd vmb die vierde wache der
nacht, kam er zu yhn, vnnd wandellte auff dem meer, vnnd er wollt
fur yhn vbergehen, vnnd da ſie yhn ſahen auff dem meer wandelln, 95
meyneten ſie es were eyn geſpenſt, vnnd ſchrieben, denn ſie ſahen yhn
alle, vnnd erſchracken. Aber als bald redet er mit yhn, vnnd ſprach
zu yhn, ſeyt getroſt, ich byns, furcht euch nicht, vnd tratt zu yhn vns
ſchyff, vnd der wint leget ſich, vnnd ſie entſatzten vnnd verwunder=
ten ſich vbir die maſz, denn ſie waren nichts verſtendiger worden vber 100
den broten, vnnd yhr hertz war verſtarret.

Vnd da ſie hyn vber gefaren waren, kamen ſie yun das land Gene
ſareth, vnnd furen an, vnnd da ſie aus dem ſchiff tratten, als bald
kandten ſie yhn, vnnd lieffen ynn die vmb ligende lender vnnd huben
an die krancken vmb her zu furen auff betten, wo ſie horeten das er 105
war, vnnd wo er eyn gieng ynn die merckte odder ſtett odder dorff,
da legten ſie die krancken auff den marckt, vnnd batten yhn, das ſie
nur den ſawm ſeynes kleydes anruren mochten, vnnd alle die yhn an
rureten, die worden geſundt.

A ſetzt, nach ſahe 92, lender 104.   B ſetzt. mit folg. gr. Anfangsb. nach
entgegen 93, vbergehen 95; ſtreicht, nach yhn 94.   C ſtreicht, nach yhn 104.
D ſetzt, nach ſie 96 l.   E ſetzt. mit folg. gr. Anfangsb. nach alleyne
92, an 103, war 106; ſetzt, nach yhn 104, an 105.   F ſtreicht, nach an 105.
G ſetzt. nach möchten 108.   H ſetzt, nach möchten 108.   I ſetzt,
nach jn 94, ſtedte 106.   L ſetzt. nach nicht 98, ſchiff 99, möchten 108, mit
folg. gr. Anfangsb. nach jn 104; ſetzt, nach alleine 92, an 103.
M ſetzt. nach allein 92, ſich 99.   O ſetzt. nach an 103; ſetzt, nach jn 104.
P ſetzt, nach alleine 92, ſchiff 99.   Q ſetzt. nach allein 92, Schiff 99, jn 104;
ſetzt, nach an 103, Merckte 106, möchten 108; ſtreicht, nach jnen 97.
R ſetzt. nach bins 98, an 103; ſetzt, nach jnen 97, ſchiff 99, jn 104; ſtreicht,
nach höreten 105, Merckte 106.

A 94 wolt   95 wandeln   96 ſchrien   98 nit   99 ſchiff   wind   100 mas   nicht
106 er ynn die merckte oder ſteet odder dorff eyn gieng   108 anrureten   109 die geſtr.
B 92 lande   not   94 wandelte   98 Vnd   100 nichts   106 ſtedte   oder 2.   108
möchten   109 geſund.
C 96 ein   98 nicht   103 ſchyff   105 vmbher   106 odder zweimal   108 anrüreten.
C¹ 95 vber gehen   96 eyn   98 getröſt   100 vber   108 nür   anruretem.
D 95 gehn   103 ſchiff   105 vmb her.
E 92 alleyne   nott   94 wolte   95 gehen   96 meineten   98 Seid   getroſt   bins
fürcht   99 Vnd l.   101 brodten   103 traten   105 vmbher   füren   106 oder 2.   dörffe
eingieng   107 baten   108 kleides   anrüren ſo auch anrüreten   Vnd.
F 92 alleine   not   98 furcht   105 furen   106 odder 2.   108 nur.
G 99 vnd l.   104 lieſſen] lieffen alle   108 anrureten.
H 92 lidden   94 wolt   99 Vnd l.   108 nür   anrüreten.
I 92 ruddern   98 fürchtet   100 mafs   105 füren   108 nur.   K 106 Stedte.
L 92 rudern   93 Denn   94 Vnd 2.   96 Geſpenſt   Denn   98 Ich   99 Vnd 2.
100 Denn   104 kanten   105 Krancken ſo auch 107   Er   106 ſtedte.
M 92 allein   98 Fürchtet   101 Brodten   104 kandten   Lender   105 Betten   er 108
Sawm   Kleides.   N 93 Wind ſo auch 99   Wache
101 Hertz   102 Land   105 zufüren   107 Marckt   108 Sawm.
O 92 alleine   93 wind ſo auch 99   wache   96 denn   98 fürchtet   101 hertz   102
land   103 traten   104 vmbligenden   108 Sawm.
P 93 Wind ſo auch 99   Wache   98 Fürchtet   103 fuhren   tratten   105 betten
107 marckt   Das.
Q 92 Lande   allein   93 wache   94 Meer   96 Denn   103 traten   104 vmbligende
105 Betten   zu füren   107 das   108 ſawm.
R 92 lande   alleine   93 Wache   94 meer   103 tratten   104 vmbligenden   105
zufüren   107 Das   108 Saum.

Das Siebent Capitel.

Vnd es kamen zu yhm die pharifeer, vnnd ettlich von den XXXᵃ. schrifftgelerten, die von Jerusalem komen waren, vnnd da sie sahen ettlich seyner iunger, mitt gemeynen, das ist, mitt vngewasschen henden das brott essen, verspraachen sie es, denn die pharifeer vnd alle iuden essen nicht, sie wesschen denn die hend manig mal, halten also die auffsetze der Eltisten, vnd wenn sie vom marck komen, essen sie nicht, sie wesschen sich denn, vnnd des dings ist viel, das sie zu halten haben angenomen, von trinckfcessen, vnd kru gen, vnd cernen gesessen, vnnd tisschen zu wesschen.

Da fragten yhn nu die pharifeer vnnd schrifftgelerten, warumb wandeln deyne iunger nicht nach den auffsetzen der eltisten, sondern essen das brott mit vngewasschnen henden? Er aber antwortet vnd sprach zu yhn, wol seyn hatt von euch heuchlern Jsaias weyssagt, wie geschrieben ist, ditz volck ehret mich mit den lippen, aber yhr hertz

A *streicht*, *nach* iunger 4, viel 9.   B *setzt*. *nach* es 5, *mit folg. gr.*
Anfangsb. nach waren 3, Eltisten 7.   C *streicht*, *nach* trinckfessen 9.
E *setzt*. *mit folg. gr. Anfangsb. nach* denn 8; *setzt*, *nach* viel 9.
I *setzt*, *nach* antwortet 13.   K *setzt*, *nach* Eltesten 7.   L *setzt*. *noch* Eltesten 7.
N *streicht*, *nach* Pharifeer 2.   O *setzt*, *nach* Pharifeer 2, 5
Trinckgefessen 9.   Q *streicht*, *nach* Schrifftgelerten 3, Trinckgefesen 9, Lippen 15.
R *setzt*, *nach* Schriffgelerten 3, Eltesten 7, Trinckgefessen 9, Lippen 15.

A 1 fibend   2 Pharifeer *so auch* 6, 11   etlich *so auch* 4   4 mit *zweimal*   5 brod *so auch* 13, 52 Denn   5 Juden   wafchen   7 auff fetze   (wen)   8 kamen   waffchen   9 hallten   12 auff fetzen   Eltiften   14 woll *so auch* 20   15 ift] fleht.   10
B 6 herde   7 manich   10 wafchen   14 weyffagt   15 dis.
C 1 fiebend   6 waffchen *so auch* 10   8 wafchen   9 halten *so auch* haltet 18   12 auffletzen   13 vngewaffchenen   antworttet   14 wol *so auch* 20   hat.
C¹ 3 fchriffgelerten.   D 3 fchriffgelerten kamen   13 vngewafchenen   15 ift] ftehet.
E 2 etliche *so auch* 4   3 komen   4 feiner *so auch* feinem 25, feiner 26, feine 33   iünger 15
so immer   gemeinen *so auch* gemein 30, 31, 35, 40   5 vngewafchen   6 wafchen *so auch* 10, 19   7 manichmal   auffletze *so auch* 18, 21   eltiften   8 marcke   komen   9 rinck gefessen   krügen *so auch* 18   10 tifchen   12 deine *so auch* ceiner 56   13 antwortet   14
Wolfein *so auch* wolfein 20   geweiffagt   15 Dis.
F i Siebend   6 waffchen   11 Warumb   14 geweiffaget.   20
G 1 .VII.   4 iunger *so immer*   5 vngewafchen   7 auff fetze *so auch* 18   8 marckte
9 trinckgefessen   12 auff fetzen   14 Wol fein.
H 1 Das .VII. Capitel.] VII.   2 yhm] jm *so immer, desgl.* ja z. B. 11, ja *dat. pl.* z. B. 14,
jnen 67, jr 51, 55, je z. B. 19, jr 15, 57, jrer 51 *mit* j *statt* yh   4 jünger *so immer*   5 vn gewafchen   7 manchmai   auffletze *so auch* 18, 21, 26, auffletzen 12   Elteften *so auch* 12 25
8 marckt   waffchen   9 zuhalten.
I 3 Schrifftgelerten *so auch* 11   4 Jünger *so immer*   5 vrgewaffchen   6 Jüden   9 zu halten   10 ehrnen   waffchen   11 fragten *so auch* 33   14 Wolfein *so auch* 20   Heuchlern.
K 10 wafchen   13 vngewaffchen   14 ja] jnen *so auch* 20, 28 33   Wol fein *so auch* 20.
L 4 etlicher   Gemeinen   7 Halten   10 waffchen *so auch* 19   11 fragten *so auch* 33   30
13 vngewaffchenen   15 Gie (*so!*).
M 4 etliche   gemeinen 5 Henden *so auch* 13, Hende 6, Hand 62   Brod *so auch* 13   9
Trinckgefessen *so auch* 19   Krügen *so auch* 18   10 Gefessen   Tifchen   15 wie   Volck Aber.
N 5 Brot *so auch* 13   7 Auffetze *so auch* Auffletzen 12, Auffetz 26   8 Marckt   15 Lippen
Hertz *so auch* Hertze 36.   35
O 4 etlicher   5 henden *so auch* 13   5 brot   7 auffletze *so auch* auffletzen 12   8 dinges.
P 8 dings   15 volck.
Q 4 etliche   vngewafchen   Henden *so auch* 13   Brot   6 wafchen *so auch* 8, 10,
19   7 Auffetze *so auch* 21, 26, Auffletzen 12   9 Trinckgefesen   13 vngewafchenen   15 Volck.
R 5 vngewaffchen *so auch* vngewafchenen 13   henden *so auch* 13, hende 6   brot   6 waff-   40
chen *so auch* 8, 10, 19   7 auffletze *so auch* 26, auffletzen 12   9 an genomen   Trinckgefessen.

—— 33 ——

ift fern von myr, vozgeblich aber ift, das fie myr dienen, die weyl fie
leren, folch leve, die nicht ift denn menfchen gepott, yh: verlaffet die
gepott gottis, vnd halltet der menfchen aufffetze, von krugen vnnd
trinckfeffen zu waffchen, vnd des gleychen thutt yh: viel.

Vnd er fpzach zu yhn, wol feyn habt yh: gottis gepott auffgeben 20
ben, auff das yh: ewr aufffetze hallltet, denn Mofes hat gefagt, du
folt vatter vnd mutter ehzen, vnd wer vatter odder mutter flucht, der
foll des tods fterben, yh: aber faget. Eyn menfch foll fagenn zu vat
ter odder mutter, Lozban, das ift, Es ift got geben das dyr follt von
myr zu nutz komen, vnd fo laft yhz hyn furt yhn nichts thun feynem va 25
ter odder feyner mutter, vnd hebt auff gottis wozt, durch ewre auff
fetz, die yhz auffgefetzt habt, vnnd des gleychen thutt yhz viel.

Vnd er rieff zu yhm das gantze volck, vnnd fpzach zu yhn, horet
myr alle zu, vnd vernehmet mich, Es ift nichts auffzer dem menfchen

B setzt . mit folg. gr. Anfangsb. nach gepot 17; streicht , nach leren 17.
C streicht , nach wort 26.   C¹ streicht , nach myr 16 l., fincht 22.   D setzt
, nach myr 16 l.   E setzt , nach komen 25; setzt , nach flucht 22, menfchen 29;
streicht , nach dienen 16.   F setzt . mit folg. gr. Anfangsb. nach fterben 23:
5 setzt , nach dienen 16.   G setzt , nach gegeben 24.   I. setzt . nach mich 29.
M setzt . nach mir 16 l.   O setzt . nach haltet 21, habt 27, setzt , nach vnd 23 ?.
P setzt () um Corban ... nützer 24—25; streicht , nach Mutter 24, aufffetze 26.
Q setzt , nach haltet 21, Aufffetze 26, habt 27; streicht ! , nach Vnd 22 ?.
R setzt . nach haltet 21, habt 27; streicht ! , nach aufigehaben 20, aufffetze 26.

10   A 16 ift 2.] ifts   17 folche   gepot so auch 20   18 Gottis so auch 20, 26, 42, vgl. zu 24
aufffetze   19 thut so auch 27   21 ewer   haltet   22 vater l.   23 fagen   24 Gott
25 hynfurt   vatter   26 muter   wort.
   B 16 vergeblich   17 Ihr   18 gepot aufffetze   21 Denn   22 vater 2. so auch 23, 25
24 oder   25 Vnd   26 mutter   27 anfi gefetzt   28 Höret so auch hören 32, höre 32, hörend
15 70. gehöret 48   29 mir   auffer so auch auffen 35.   C 18 auff fetze
22 muter 2.   23 fol zweimal   24 odder   folt   27 anfigefetzt   29 myr   vernemet.
   C¹ 20 auff gehaben   21 ewr   22 mutter 2.   26 auff fetz   27 anfi gefetzt.
   D 19 trinck feffen   25 hyn furt.
   E 16 ferne   mir so immer   Vergeblich   17 folche   Yhr   die gepot Gottis] Gotes gepot
20 19 trinckgefeffen   gleichen so auch 27   20 Gottes so auch 26, 42   auffgehaben 21 ewer
   Du   22 falt   odder] vnd   23 Ein so auch ein 47, 49, einen 61   24 gegeben   dir 25
hinfurt   26 oder   ewer   aufffetze   27 auffgefetzet.
   F 16 weil   17 folche   18 Gottes   20 Wol fein   22 folt   26 odder   auff fetze.
   G 22 vnd 3.] odder   26 auff fetz.
25   H 17 nichts   gebot so auch 18, 20   26 auffetze   27 auffgefetzt   28 Horet.
   I 22 odder] vnd   flucht 25 laft   26 hebet   28 Höret.   K 18 Gebot so auch 20   22
Vnd 2.   24 oder so auch 26   25 laft.   L 18 auff fetze   20 gebot   25 laft   26 hebt   27 Vnd.
   M 16 dieweil   17 Menfchengebot   18 Aufffetze   20 Gebot   21 auff fetze   22 Vater
so immer   Mutter so immer   23 Menfch, so auch Menfchen 29, 31, 35, 39, 44   24 oder]
30 vnd   28 Volck so immer.
   N 17 Lere   18 gebot so auch 20   Menfchen   aufffetze so auch 21   22 vnd 3.] oder
so auch 24   26 hebet   Aufffetz   27 desgleichen.
   O 17 lere   19 Vnd   21 Aufffetze   22 vnd 2.   Wer   vater 2. so auch 25   vnd   mutter 2.
so auch 26   23 fagt   ein   26 hebt   ewre   Aufffetze   27 des gleichen.
35   P 16 die weil   17 menfchen Gebot   18 menfchen   19 vnd   21 aufffetze so auch 26
22 deinen Vater   deine Mutter   oder   23 fagt] leret   ein Menfch fol fagen zu] wenn einer
fpricht zum   24 Es ift Gott gegeben ... komen.] Wenn iebs opffere, fo ifts dir viel nützer]
der thut wol.   25 Vater   26 Mutter   ewer   29 vernemet mich] vernemets.
   Q 16 fern   dieweil   17 Menfchengebot   18 Menfchen so auch 40 l.   19 desgleichen
40 so auch 27   22 Vnd 2.   wer   Vater   Mutter   23 Wenn   24 Das l.   wenn   25 hir-
fort   jn gestr.   26 hebet   29 vernemet es.
   R 16 ferne   17 Lere   menfchen Gebot   18 menfchen Aufffetze   19 des gleichen so
auch 27   22 vnd 2.   vater 2.   mutter 2.   24 das l.   Wenn   ift dirs   25 hinfurt   ju
nichts   26 hebt   29 vernemets.

Reifferscheid, Luthers Marcus Euangelion.

3

— 34 —

30 das yhn kunde gemeyn machen so es ynn yhn gehet, sondern das von
yhm aus gehet, das ist, das den menschen gemeyn macht. Hatt yem
ant oren zu horen, der hore. Vnd da er von dem volck yns haus kam,
fragten yhn seyne iunger vmb dise gleychnis, vnnd er sprach zu yhn,
seydt yhr denn auch so vnuerstendig? vernemet yhr noch nit, das alles,
35 was auffzen ist, vnd ynn den menschen geht, das kan yhn nicht gemeyn machen? Denn es gehet nicht yn seyn hertze, sondern ynn den
bauch, vnd gehet aus durch den naturlichen gang der da aus feget al
le speysse.

Vnnd er sprach, das da aus dem menschen gehet, das macht den
40 menschen gemeyn, denn von ynnen aus dem hertzen der menschen,
gehen er aus, bofze gedancken, ehebruch, hurerey, moid, dieberey,
geytz, schalckeyt, list, vntzucht, schalcks auge, gottis lesterung, hoffart, thorheyt, Alle dise bose stuck, gehen von ynnen eraus, vnd machen den menschen gemeyn.

A *setzt*, *nach* gang 37; *streicht*, *nach* eraus 41, stuck 43.
B *setzt* . *nach* thorheit 43. C *streicht*, *nach* yhr 33 2., auge 42.
C¹ *setzt*, *nach* auge 42; *streicht*, *nach* hurerey 41. E *setzt* ? *nach*
alles 34; *setzt* . *mit folg. gr. Anfangsb. nach* gleichnis 33; *setzt*, *nach* machen 30,
yhn 33 2., hurerey 41; *streicht*, *nach* nicht 34. H *setzt* ? *nach* nicht 34;
streicht ? *nach* alles 34; *setzt* . *nach* machen 36; *setzt*, *nach* heraus 41, vnuernunfft 43.
I *setzt* ? *nach* machen 36; *setzt*, *nach* nicht 34. K *setzt*, *nach* sondern 36,
stück 43. L *setzt* . *nach* vnuernunfft 43; *streicht*, *nach* sondern 36, stück 43.
O *setzt* . *nach* gemein 40. P *streicht*, *nach* hören 32. Q *setzt*, *nach*
hören 32, alles 34, gemein 40; *streicht*, *nach* er aus 41. R *setzt*, *nach*
gemein 40; *setzt*, *nach* heraus 41; *streicht*, *nach* hören 32, alles 34.

A 31 Hat *so auch* hat 70, hats 69 33 diese 34 seyd nicht *so auch* 52 36 yn 2. 37
der da] der alle speyse aus feget 39 das da] was 41 erans bose 42 vntzucht] geylheyt
43 herans. B 31 yemad 36 ynn *zweimal* 38 speysse 43 thorheit.
C 31 yemand 37 aufs natürlichen 38 speyfe 42 schalckeit geylheit Gotis
43 torheyt böse stück. C¹ 42 geylheyt Gottis 43 stuck eraus 44 gemein.
D 33 dise 34 seyt 42 schalckeyt.
E 30 künde ynn yhn] eyn 31 ausgehet ist] ists 33 gleichnis 34 Seyd 35 yn *so
auch* 36 *zweimal*, 45, 46, 63 gehet 37 aus 38 speife ausfeget 40 Denn 41 böse
42 schalckheit geylheyt 43 stück 44 gemeyn.
F 30 eyn] ynn yhn 33 diese *so auch* 43 34 Seid 35 ynn *so auch* 36 *zweimal*, 45, 46, 63
36 fein *so auch* feinen 49, seine 64, 66, feiner 66 37 geht 39 Was 42 geilheit 43
torheit stuck 44 gemein. G 31 ist 37 naturlichen.
H 30 ynn] jnn *so immer, desgl.* jns 32, jnnen 40, 43 *mit j statt y* 31 ists yemand] jemand
37 gehet natürlichen 41 heraus *so auch* 43 42 geitz schalckeit geilheit] vnzucht 43
torheit] vnuernunfft. I 30 kündte 32 ohren *so auch* 63 42 schalckheit 43 stück.
K 30 künde 42 hoffart *gestr.* L 31 aus gehet 32 jnns 37 naturlichen 43 hoffart, v.
M 30 jnn] in *so immer* Sondern 31 ausgehet 32 ins Haus *so immer* 33 Gleichnis
34 Vernemet 37 natürlichen 40 innen *so auch* 43 41 eraus Bösegedancken Ehebruch Hurerey Mord Dieberey 42 Geitz. Schalckheit Iist Vnzucht Schalcksauge Gotteslesterung Hoffart 43 Vnuernunfft.
N 32 Ohren 33 frageten 37 Bauch Gang 40 Menschen *zweimal* jnnen *so auch* 43
41 böse Gedancken (Ebebruch) 43 eraus.
O 31 menschen *so auch* 40 *zweimal* 32 ohren haus 33 Fragten 34 Das 41 heraus *so
auch* 43 gedancken ehebruch hurerey mord dieberey 42 geitz schalckheit list vnzucht schalcks auge Gotteslesterung hoffart 43 vnuernurfft. P 31 Menschen
so auch 40 2. 40 innen *so auch* 43 42 schalckheit schalcksauge Gottes lesterung.
Q 32 Haus 33 fragten 34 das 35 menschen 36 hertze 37 bauch gang 41
er aus 41 Gedancken Ehebruch Hurerey Mord Dieberey 42 Geitz Schalckheit
Iist Vnzucht Schalcksauge Gottesleßterung Hoffart 43 Vnuernunfft junen her aus.
R 32 haus 33 Fragten 34 Das 35 Menschen 36 Hertze 37 Bauch Gang
40 menschen l. 41 heraus *so auch* 43 gedancken ehebruch hurerey mord dieberey
42 geitz schalckheit list vnzucht schalcksauge hoffart 43 vnuernunst innen.

35

Vnnd er ſtund auff vnnd gieng von dannen ynn die grentze Tyri 45
XXXI. vnnd Sidon, vnnd gieng ynn eyn haus, vnd wollt es niemant wiſ=
ſen laſſen, vnd kund doch nicht verporgen ſeyn, denn eyn weyb die hat
te von yhm gehoret, wilcher tochterlin eyn vnſaubern geyſt hatte, vnd
ſie kam, vnnd fiel nyder zu ſeynen fuſſen, vnnd es war eyn kriechiſch
weyb von Syrophenice, vnnd ſie bat yhn, das er den teuffell aus try= 50
be von yhrer tochter, Jheſus aber ſprach zu yhr, las zuuor die kinder
ſatt werden, Es iſt nit ſeynn, das man der kynder brott neme, vnd
werffs fur die hunde, ſie antwortet aber, vnd ſprach zu yhm, ia herre
Aber doch eſſen die hundlin vnter dem tiſch, von den broſamen der
kinder, vnnd er ſprach zu yhr, vmb des wortts willen, ſo gang hyn, 55
der tewffel iſt von deyner tochter aus gefaren, vnnd ſie gieng hyn
ynn yhr haus, vnnd fand, das der teuffel war aufzgefaren, vnnd die
tochter auff dem bette ligend.

Vnnd da er widder aus gieng von den grentzen Tyri vnd Sidon,
kam er an das Gallileiſche meer, mitten vnter die grentze der zehen 60

A *setzt*, *nach* herre 53; *streicht*, *nach* aber 53. B *setzt*. *nach* trybe 50,
hunde 53, *mit folg. gr. Anfangsb. nach* kinder 55, gefaren 56. C *streicht*, *nach*
haus 57. D *streicht*, *nach* seyn 47. E *setzt*. *mit folg. gr. Anfangsb. nach*
yhr 55; *setzt*, *nach* sein 47, haus 57; *str.*, *nach* haus 46. F *setzt*, *nach* yhr 55.
5 G *setzt*. *nach* yhr 51; *setzt*, *nach* kinder 55. H *setzt*. *nach* kinder 55;
setzt, *nach* dannen 45, haus 46, jr 51. I *setzt*, *nach* aber 53. K *streicht*,
nach fand 57. L *setzt*. *nach* sein 47; *setzt*, *nach* fand 57; *streicht*, *nach* meer 60.
M *setzt*. *nach* Sidon 46, hatte 48, Syrophenice 50. werden 52, HErr 53; *setzt*, *nach*
meer 60. O *setzt* ( ) *um* vnd 2. ... Syrophenice 49—50; *streicht*, *nach* Syro-
10 phenice 50; *setzt*, *nach* Sidon 46, hatte 48, HErr 53; *streicht*, *nach* süſſen 49.
Q *streicht* ( ) *um* vnd ... Syrophenice 49—50; *setzt*. *nach* hatte 48, Syrophenice 50,
HErr 53, *mit folg. gr. Anfangsb. nach* Sidon 46; *setzt*, *nach* auff 45, füſſen 49.
R *setzt* ( ) *um* vnd 2. ... Syrophenice 49—50; *streicht*. *nach* Sidon 46, Syrophenice
50; *setzt*, *nach* hatte 48, HErr 53; *streicht*, *nach* auff 45, füſſen 49.

15 A 49 nydder 50 von yhrer tochter aus trybe 52 es feyn kinder 53 Sie 54
aber 55 worts 56 teufel.
B 46 niemand *so auch* 67 48 töchterlin 50 teuffel 55 gehe 56 teuffel 57 auf-
gefaren. C 46 wolt 49 füſſen 57 ausgefaren.
D 57 aus gefaren 59 Tiri.
20 E 45 Tyro *so auch* 59 47 verborgen fein Denn 48 weicher töchterlein eynen
vnsaubern 49 fuſſen Kriechiſch 50 austribe 51 Jeſus Las 52 ſat Es fein
53 für Ja Herr 54 hündlein 56 ausgefaren *so auch* 57 hin 59 ausgieng 60
Galileiſche.
F 46 ein *so auch* einen 48 47 weib *so auch* 50 48 töchterlin geiſt 49 nidder
25 51 Jheſus 53 fur 54 hündlin 55 hin.
G 47 verporgen 48 wilcher 50 von] aus 57 war] was.
H 45 Tyri *so auch* 59 47 verborgen 48 welcher 49 füſſen Griechiſch 57 war
60 Zeben. I 47 die *gestr.* 48 gehört 50 Teuffel.
K 50 Teufel 56 Tenffel *so auch* 57 51 aus gefaren 59 wider.
30 L 45 Tyrj *so auch* 59 46 Vnd 2. 47 Weib 48 gehöret Töchterlin Vnd 50
Vnd 51 Tochter *so auch* 56, 58 54 Aber 56 Teufel *so auch* 57 57 ausgefaren.
M 45 Grentze Tyri *so auch* 59 48 Teufel *so auch* 59 51 Kinder *so immer* 53 Hunde
54 Hündlin Broſamen 58 Bette *Am Rande zu* 59 *fgg.*: Euange. auff den 12.Sont. nach
Tri. 60 zehen.
35 N 45 grentze 48 gehört 52 brot *Vor* 59: Euang. auff den ·XII· Sontag nach Tri.
O 46 vnd 2. 47 Vnd 48 vnd 54 Tiſch broſamen 56 Der 58 bette *Die
Angabe vor* 59 *gestr.* P 48 Vnd 54 tiſch 56 der.
Q 47 vnd 48 gehöret 50 Teuffel *so auch* 56, 57 53 HEer 54 Broſamen 58 Bette
Am Rande zu 59 *fgg.*: Euan auff den 12. Son. nach Trinitatis. 59 aus gieng 60 Grentze.
40 R 46 vnd 2. 47 Vnd 48 gehört vnd 50 Tewfel *so auch* 56, 57 53 HErr 54
broſamen 58 bette 59 ausgieng *Die Randbemerkung zu* 59 *fgg. gestr.* 60 grentze.

— 36 —

ſtedte, vnnd ſie brachten zu yhm eynen tawben der redet ſchwerlich,
vnd ſie baten yhn, das er die hand auff yhn leget, vnd er nam yhn von
dem volck, beſonders, vnnd legt yhm die finger ynn die oren, vnd ſpu
tzet, vnd ruret ſeyne zunge, vnd ſahe auff gen hymel, ſufftzet vnd ſpra=
65 ch zu yhm, hephethah, das iſt, thu dich auff, vnd alſo bald, thatten
ſich ſeyne orenn auff, vnnd das band ſeyner zungen wartt los, vnnd
redte recht, vnd er verpott yhn, ſie ſolltens niemant ſagen, yhe mehr
er aber verpott, yhr mehr ſies aus breytten, vnnd verwunderten ſich
vbir die maſsz, vnnd ſprachen, Er hatts alles wol aus gericht, die
70 tawben hatt er horend gemacht, vnnd die ſprachloſen redend.

A *ſetzt !* nach ſputzet 63; *ſtreicht ,* nach bald 65.   B *ſetzt .* nach
ſprachen 69, *mit folg. gr. Anfangsb.* nach leget 62, auſſ 65, recht 67; *ſtreicht ?* nach
ſputzet 63; *ſtreicht ,* nach volck 63.   C *ſetzt ,* nach ſprachen 69.
E *ſetzt . mit folg. gr. Anfangsb.* nach leget 62, auſſ Anfangsb. 63.
F *ſetzt ,* nach beſonders 63.   H *ſetzt ,* nach tauben 61, war 61.   5
L *ſetzt .* nach ſtedte 61.   M *ſetzt ,* nach ſeufftzet 64.
P *ſtreicht ,* nach verbot 68.   Q *ſetzt ,* nach verbot 68.
R *ſtreicht ,* nach Hephethah 65, verbot 68.

A 65 alſzo   66 oren   wart   67 verpot *ſo auch* 68   ſo tens   68 ſie es   ausbroytten
70 ſprachloſſen   redent.   10
B 62 auf   65 als   66 ward   67 yhn] yhnen   68 yhr] yke   69 vber   mafs   70 reden.
C 64 rüret   ſufftzet   66 lofs   69 ausgericht   70 ſprachloſen.
C¹ 64 ruret   ſufftzet.   D 69 aus gericht.
E 61 tauben *ſo auch* 70   62 legte   63 legte   ſpützet   64 rüret   ſufftzet   65 Hephethah   thaten   67 verbot *auch* 68   68 ausbreitten   59 ausgerichtet   70 hörent 15
redend.   F 64 ſufftzet   70 tawben.
G 63 ſputzet   64 ruret   67 verpot *ſo auch* 68   mer   58 ausbreiten   verwunderten]
wunderten   69 ausgerichtet] gemacht   70 hörend   reden.
H 61 Vnd   redet ſchwerlich] ſtum war   63 legete   ſpützet   64 rüret   himel
ſeufftzet   65 thatten   67 redet   verbot *ſo auch* 68   Yhe] Je *ſo auch je* 68   mehr 68 20
ausbreitten   69 mas   70 tauben   hat er hörend gemacht] machet er hören   redend.
I 67 verpot *ſo auch* 68   Jhe   68 jhe   ausbreiteten   69 mafs   hat.
K 61 tawben *ſo auch* 70   65 thaten   66 ohren   67 verbot *ſo auch* 68   Je   68 je.
L 61 Tawben *ſo auch* 70   Stum   62 Vnd I.   65 Thu   thatten   69 Vnd   70 macht
Sprachloſen.   25
M 61 Stedte   Tauben *ſo auch* 70   62 vnd I.   63 Finger   Ohren *ſo auch* 66   64 Zunge
ſo auch Zungen 66   Himel   69 vnd   Die.
N 63 ſprützet   65 thaten   69 hats   70 hörend.
O 63 ſpützet   66 war   68 ausbreiten   69 hat   70 Tawben.
P 65 thu   66 ward   68 ausbreiteten   69 die 2.   30
Q 61 ſtum   62 Vnd I.   legete   63 finger   65 Thu   66 zungen   69 hats   Die
70 Tauben   hören   reden.
R 61 Stum   62 vnd I.   legte   63 Finger   65 thu   66 Zungen   70 hörend   redend.

Das Acht Capitel.

ZV der zeyt, da viel volcks da war, vnnd hatten nicht zu essen, rieff Jhesus seyne iunger zu sich, vnd sprach zu yhn, mich iamert des volcks, denn sie haben nu drey tage bey myr beharret vnd haben nichts zu essen, vnd wenn ich sie vngeessen von myr heym liesse gehen, so wurden sie verschmachten auff dem wege, denn ettlich waren von ferne komen, vnd seyne iunger antwortten yhm, wo her nemen wyr brot hie ynn der wusten, das wyr sie settigeten? vnd er fragt sie, wie viel brot habt yhr? sie sprachen sieben, vnd er gepot dem volck das sie sich lagerten auff die erden, vnd er nam die sieben brot, vnd dancket, vnd brach sie, vnd gab sie seynen iungern das sie dem volck fur legten, vnd sie legten dem volck fur, vnd hatten eyn wenig fisschlin, vnd er benedeyet, vnnd hies das sie die auch fur trugen, sie assen aber

A *setzt* ? *nach* brods 9; *setzt* , *nach* verschmachten 6, settigden 8, lagerten 10.
B *setzt* . *nach* komen 7, *mit folg. gr. Anfangsb. nach* settigen 8, trugen 13; *streicht* , *nach* fisschlin 12. C *setzt* , *nach* fisschlin 12, hies 13; *streicht* , *nach* sich 3, fur 12.
D *setzt* , *nach* sprachen 9, fur 12. E *setzt* ? *nach* settigen 8; *setzt* . *nach* für 12, *mit folg. gr. Anfangsb. nach* Sieben 9; *setzt* , *nach* sich 3, beharret 4, volck 10; *streicht* , *nach* gehen 6. lagerten 10, brod 10. F *setzt* . *nach* lagerten 10; *setzt* , *nach* gehen 6. G *setzt* , *nach* brod 10; *streicht* , *nach* war 2. H *setzt* , *nach* war 2, jüngern 11, danckt 12; *streicht* , *nach* hies 13.
L *setzt* . *nach* legten 12 l. M *setzt* . *nach* essen 5, Fischlein 12; *setzt* , *nach* Brod 8; *streicht* , *nach* Volck 10. N *setzt* , *nach* Volck 10. O *streicht* , *nach* Brot 8. Q *setzt* , *nach* aber 13. R *setzt* , *nach* essen 5, Fisch-lin 12; *streicht* , *nach* aber 13.

A 1 acht 6 auff dem wege verschmachten 7 vnd *gestr.* Seyne woher 8 brod *so auch* 10, 23, 24, 27, 28, 32 settigden 9 habt yhr brods 10 auff die erden lagerten 12 fisschlyn 13 benedeyet sie. B 3 yhnen 4 myr 6 *so gestr.* 7 etlich 8 settigen 12 Vnd 2. fisschlin 13 benedeyet] segenet. C 4 myr 8 wüsten 11 iüngern *so auch 16.*
C 1 8 wusten 11 iungern *so auch 16.* D 7 wo her 12 fisschlin.
E 3 Jesus *so immer* iiünger *so auch* 7, 45, 46, 56, iüngern 11, 16, 59 Mich 4 mir *so auch* 5, 60, 61 6 heim *so auch 43* würden Denn 7 etliche Seine *so auch* seinen 11, 16, 59, sein 60, 61, 62, seines 68, seine 38, 39, 45, 56, 65, seiner 64 antworten 8 wir *zweimal, so auch* 27 wüsten 9 fragte Sie 2. Sieben gepot 10 Vnd 1. 11 für -ᵃ *auch* 12, 13, 25 *dreimal,* 38 12 ein *so auch* 16, 19, 24, 30 fisschlein 13 trügen.
F 1 Acht (2 zeyt] reit) 3 Jhesus *so immer* seine *so auch* 41, 46, *desgl.* seinem 19 7 Wo her 9 Wie gepot 11 fur *so immer* 12 fisschlin 13 trugen.
G 3 iunger *so immer, desgl. immer* iungern 6 heym wurden 9 fragete 11 dem volck fur legten] die selbigen furlegten.
H Das Acht Capitel.] VIII. 3 yhnen] jnen *so auch* 28, *desgl. immer* jm *z. B.* 7, jn 18, jrer 15, jn *dat. pl. z. B.* 24, jr *z. B.* 9 *mit* j *statt* yh jünger *so immer, desgl. immer* jüngern 6 heim würden 8 ynn] jnn *so immer, desgl.* jm 24 *mit* j *statt* y 11 fur legten 12 Vnd 1.
13 segenet sie] dancket das sie die auch fur trugen] die selbigen auch fur tragen.
I 3 Jünger *so immer, desgl. immer* Jüngern 5 von mir vngeessen 9 fragte 13 furtragen.
K 3 jamert 5 vngeessen von mir 9 fraget 11 furlegten.
L 5 Vnd 2. 11 vngeessen 9 fragte 11 fur legten 13 Vnd 1.
M *Am Rande neben dem Anfang:* Euange. auff den. 7. Sont. nach Tri. 2 Volcks *so auch* 4, *desgl.* Volck 10, 12, 59 7 Woher 8 Brod *so immer, desgl.* Brods 9 11 furlegten 12 für *so auch* 25 l., 3. Fisschlin 13 furtragen.
N *Vor* 2 *die Bemerkung:* Euang. auff den .VIJ. Sontag nach Tri. 4 Denn 8 Brot *so immer, desgl.* Brots 9 Wüsten 11 fürlegten 12 fur *so auch* 25 l., 3. 13 dancket furtragen.
O *Vor* 2 *die Bemerkung gestr.* 4 volcks *so auch* voick 10 5 vngeessen von mir 8 wüsten 11 Vnd 1. furlegten 13 danckt dieselbigen. P 13 die selbigen.
Q *Am Rande neben dem Anfang:* Euan auff den 7. Son. nach Trinitatis. 4 Volcks *so auch* Volck 10 denn 5 von mir vngessen 6 lies 8 Wüsten 9 brots sieben 10 Erden 11 vnd 1. dieselbigen 13 dancket.
R *Die Randbemerkung gestr.* 4 volcks *so auch* volck 10 Denn 5 vngeessen von mir 6 liesse 8 wüsten 9 Brots Sieben 10 erden 11 Vnd 1. die selbigen 13 danckt.

— 38 —

vnd werden fadt, vnd huben auff die vbrige brocken, sieben korbe, vnd
15 yhr war die da geſſen hatten, bey vier tauſſent, vnd er lies ſie von ſich.

Vnnd als bald tratt er ynn eyn ſchiff, mitt ſeynen iungern, vnnd
kam ynn die gegend Dalmanutha, vnd die phariſeer, giengen eraus,
vnnd fiengen an ſich mitt yhm zu befragen, vnnd verſuchten yhn
vnd begerten an yhm eyn zeychen vom hymel, vnd er erſeufftzet ynn ſey=
20 nem geyſt, vnnd ſprach, was ſucht doch dis geſchlecht zeychen? XXXI.
warlich ich ſage euch, Es wirtt diſem geſchlecht keyn zeychen geben
vnd er lies ſie, vnd tratt widderumb ynn das ſchiff, vnd fur hyn vber.

Vnd ſie vergaſſen, brot mit ſich zu nehmen, vnd hatten nicht mehr
denn eyn brot mit ſich ym ſchiff, vnd er gepot yhn vnd ſprach, ſchawet
25 zu, vnd ſehet euch fur, fur dem ſawrteyg der phariſeer vnd fur dem ſawr
teyg Herodis, vnd ſie gedachten hyn vnd wider vnd ſprachen vnternan
der, das iſts, das wir nicht brot haben, vnnd Jheſus vernam das,
vnd ſprach zu yhnen, was bekummert yhr euch doch das yhr nitt brot
habt? vernehmet yhr noch nichts? vnnd ſeyd yhr noch nicht verſten=

A ſetzt , nach auff 14, an 18, yhn 18, geben 21, brod 22, Phariſeer 25, doch 28 ; ſtr
, nach Phariſeer 17, vergaſſen 23.   B ſetzt . mit folg. gr. Anfangsb. nach
korbe 14, hymel 19, geben 21, Herodis 26, haben 27; ſtreicht , nach ſchyff 16, Phariſeer
25, das 273.   C ſetzt , nach körbe 14.   D ſetzt , nach verſtendig 29.   E ſetzt
? nach verſtendig 29; ſtreicht? nach nichts 29; ſtreicht . nach Herodis 26; ſetzt . nach 5
körbe 14, mit folg. gr. Anfangsb. nach brod 24; ſetzt , nach Phariſeer 25.   F ſetzt
. nach Herodis 26.   G ſetzt? nach nichts 29; ſetzt , nach körbe 14; ſtreicht , nach
auff 14.   H ſetzt . nach körbe 14; ſetzt , nach auff 14, widder 26, das 273., nichts 29.
I ſetzt , nach Warlich 21, jn 24.   K ſetzt , nach ſchiff 24.
L ſetzt . mit folg. gr. Anfangsb. nach ſat 14, hatten 15, Dalmanutha 17; ſtreicht 10
, nach ſchiff 24.   N ſetzt , nach Schiff 24.   O ſtreicht , nach ſchiff 24.
P ſetzt , nach Körbe 14.   Q ſetzt . nach körbe 14; ſetzt , nach
Schiff 24; ſtreicht , nach tauſent 15.   R ſetzt , nach ſat 14, tauſent 15;
ſtreicht , nach ſchiff 24.

A 14 wurden ſat die vbrige brocken auſt ſiben 15 bey vier tauſent, die do geſſen 15
hatten 16 trat mit ſo auch 18, 65, 69 17 Phariſeer ſo auch 25 18 vnnd 2. geſtr. 20
geſchlechte 21 wirt ſo auch 67 22 hyn vber] herrber 23 nemen 24 mit ſich ym
ſchiff denn eyn brod 27. geſtr. 28 nicht ſo auch 43 29 ſeyt nit.
B 16 ſchyff 21 wird ſo auch 67, 68 22 trat yn her:ber 24 vnd ſprach.
C 14 ſieben körbe 22 ynn ſchyff 27 wyr 29 vernemet ſo auch 35 nicht. 20
C¹ 16 ſchiff 20 zeichen.   D 22 ſchiff 29 ſeyd.
E 14 vbrigen 15 yhr] yhrer 17 yn ſo auch 19, 22, 30, 43, 45, 68 (19 erſeufftze tyn)
20 ſucht geſchlecht 21 dieſem ſo auch 66 kein zeichen gegeben 22 fuer
herüber 24 Schawet 25 ſawerteig zweimal 26 hin vnvereinnander 27 Das 1. 28
Was bekümmert 29 ſeid.   F 17 ynn ſo immer 25
19 zeichen 20 geiſt Was ſucht 22 fur heruber 26 widder vnternander.
G 19 jhm himel 20 ſuchet 25 ſawrteig zweimal 28 bekummert.
H 15 da 17 heraus 19 jhm] jm 20 ſucht 21 Warlich ſag geben 22 herüber 23
vergaſſen] hatten vergeſſen zunemen 25 für 1. 28 bekümmert 29 Vernemet ſeid yhr] ſeid.
I 20 ſuchet 21 ſage 23 zu nemen 24 im 25 fur 1. ſawerteig zweimal. 30
K 19 Himel 22 widerumb 24 jn] jnen ſo auch 35, 47, 49, 60 26 wider ſo auch 42.
L 16 Er ſo auch Im 18, Ich 47 21 Ich 25 Sawerteig zweimal.
M 14 Brocken ſo auch 32 Körbe 16 ſo auch jm 18, ich 47 Schiff ſo auch 22, 24
19 Zeichen 20 ſüchet Geſchlecht ſo auch 21, 67 (24 Bord).
N 20 Geiſt ſuchet Zeichen ſo auch 21 22 fuhr. 35
O 20 Geſchlechte zeichen ſo auch 21 22 ſchiff ſo auch 24 fur 23 zunemen 24
brot ſo auch 28 25 ſawerteig 2.   P 19 erſüfftzet 24 Brot.
Q 14 vberigen körbe 19 erſeufftzet 20 Geſchlecht 22 Schiff ſo auch 24 23 zu
nemen 25 für 1. Sawerteig 2. 28 Brot ſo auch 32.
R 14 vbrigen Körbe 18 zubefragen 19 ſeufftzet 20 Geſchlechte 22 ſchiff ſo 40
auch 24 23 zunemen 25 fur 1. ſawerteig 2. 28 brot ſo auch 32.

dig? habt yhr noch eyn verſtarret hertz ynn euch? habt augen vnd ſehet 30
nicht, vnd habt oren vnd horet nicht, vnnd denckt nicht dran, da ich
funff brot brach vnter funff thauſent, wie viel korbe voll brocken hubt
yhr da auff? ſie ſprachen, zwolffe, da ich aber die ſieben brach vnter
die vier tauſent, wie viel korbe voll brocken hubt yhr da auff? ſie ſpra=
chen, ſieben, vnnd er ſprach zu yhn, wie vernehmet yhr denn nichts? 35

Vnd er kam gen Bethſaidan, vnd ſie brachten zu yhm eynen blin=
den, vnd baten yhn, das er yhn anruret, vnd er nam den blinden bey
der hand, vnd furet yhn hynaus fur den flecken, vnd ſputzet ynn ſeyn
augen, vnd leget ſeyne hand auff yhn, vnd fraget yhn ob er icht ſehe, vnd
er ſahe auff vnd ſprach, ich ſehe die leutt da her gehen, als ob ich bew= 40
me ſehe, darnach legt er aber mal die hend auff ſeyne augen, vnd ma
chet yhn ſehend, vnd er ward widder zu recht bracht, vnnd ſahe ſcharff
allerley, vnd er ſchickt yhn heym, vnd ſprach, gang nit hyneyn ynn den
flecken, vnd ſag es auch niemant drynnen.

Vnd Jheſus gieng aus vnd ſeyne iunger, ynn die merckte der ſtad 45

A *ſetzt*, *nach* augen 30, yhn 39 2.   B *ſtreicht*, *nach* augen 30, iunger 45.
D *ſtreicht*, *nach* heym 43.   E *ſetzt*. *nach* ſehe 41, ſehend 42, allerley 43,
mit folg. gr. Anfangsb. nach zwelffe 33, ſieben 35, anruret 37.   F *ſetzt*. *nach*
ſehe 39.   G *ſtreicht*, *nach* ſprachen 34.   H *ſetzt*, *nach* ſprachen
5 34, auff 40.   I *ſetzt*, *nach* heim 43.   K *ſtreicht*, *nach* augen 39.
L *ſetzt*. *mit folg. gr. Anfangsb. nach* Bethſaida 36.   M *ſtreicht*, *nach*
ſprachen 34.   N *ſetzt*, *nach* ſprachen 34.   O *ſetzt*. *nach* nicht 31 2;
ſetzt, *nach* Bethſaida 36, aus 45.   P *ſetzt*. *nach* Bethſaida 36, ſehen 42 1.;
ſtreicht, *nach* ſprach 40, beim 43.   Q *ſetzt*, *nach* nicht 31 2., ſprach 40, beim 43;
10 *ſtreicht*, *nach* aus 45.   R *ſetzt*. *nach* nicht 31 2; *ſetzt*, *nach* Bethſaida 36,
ſehen 42 1., aus 45; *ſtreicht*, *nach* heim 43.

A 32 tauſent   vol   33 zwelffe   36 Bethſaida   38 hyn aus   40 leut.
B 31 höret   33 Sie   34 vol   Sie   35 den   37 batten   38 ſeyne   39 Vnd J.   41
Darnach   hende   42 Vnd J.   ſcharpf   43 Vnd J.   gehe *ſo auch* 57.
15 C 32 korb   35 denn   37 anrüret   42 ſcharff   43 hyn eyn.
C¹ 32 körb   34 körbe   37 anruret   38 hynaus   40 daher   44 niemand.
D 39 icht] nicht   42 ſcharpff   44 niemant.
E 31 dencket   32 körbe   37 baten   anrüret   38 füret   hinaus   ſpützet   ynn]
yhn   39 legte   40 Ich   leute *ſo auch* 47   da her   41 legte   abermal   42 tzu   ſcharff   43
20 ſchicket   Gehe hinein   44 ſage niemand drinnen.   F 36 einen *ſo*
auch einer 49   38 furet   42 zu.   G 32 voll *ſo auch* 34   38 ſputzet   yhn] ynn   41 leget.
H 32 vol *ſo auch* 34   38 füret   ſpützet   39 nicht] ichtes   41 legte   42 vnd ſahe
ſcharff allerley] das er alles ſcharff ſehen kunde.
I 30 Habt J.   31 ohren   32 fünff *zweimal*   35 Wie   38 Flecken *ſo auch* 44   39
25 legete   40 daher   42 rechte.   K 40 beume   42 kundte   45 Merckte.
L 30 Habt 2.   31 Vnd J.   32 Wie *ſo auch* 34   36 Blinden *ſo auch* 37   39 ichtes
40 bewme   42 kunde   45 merckte.
M 30 Hertz   Augen *ſo auch* 41   31 Ohren   32 Brocken   39 Hand *ſo auch* Hende
41   40 Leute *ſo auch* 47   Bewme   45 Stad.
30 N 32 Körbe voll *ſo auch* 34   33 Zwelffe   38 Hand   39 legte   Ob   40 Beume   45 Merckte.
O 30 augen *ſo auch* 41   vnd *geſtr.*   32 körbe   vol *ſo auch* 34   brocken   33 Zwelff
35 nichts] noch nichts   38 hand   39 legte   ob   ichtes   40 Bewme   42 kundte   43
hin ein   45 merckte ſtad.
P 30 vnd ſehet   31 Da   32 brot   33 Zwelffe   35 noch *geſtr.*   37 blinden   39 Ob
35 40 die Leute] Menſchen   daher *geſtr.*   als ob ich Bewme ſehe] als ſehe ich Bewme   41
machet jn ſehend.] hies jn abermal ſehen.   43 hinein.
Q 30 hertz   Augen *ſo auch* 41   31 da   32 Körbe *ſo auch* 34   Brocken *ſo auch* 34
35 Sieben   36 jn   37 Blinden   39 hand   40 die Menſen (*ſo!*)   Beume   41 legete   42
kunde   43 hin ein   (44 nimand).
40 R 30 Hertz   augen *ſo auch* 41   31 ohren   Da   32 brocken *ſo auch* 34   33 zwelffe   35 ſieben
36 jm   38 hin aus   39 Hand   40 ſehe menſchen   Bewme   41 leget   abermal   42 kundte.

Cesaree Philippi, vnd auff dem wege, fraget er seyne iunger, vnnd
sprach zu yhn, wer sagen die leutt, das ich sey? sie antwortten, sie sa=
gen, du seyst Johannes der tauffer, Etlich sagen du seyst Elias, Et
lich, du seyst eyner von den propheten, vnd er sprach zu yhn, yhr aber,
50 wer sagt yhr das ich sey, da antwort Petrus, vnd sprach zu yhm, du
bist Christus, vnd er bedrewet sie, das sie niemants von yhm sagen
sollten, vnd hub an sie zu leren, des menschen son mus viel leyden,
vnd verworffen werden von den Eltisten vnnd hohen priestern vnd
schrifftgelerten, vnd todtet werden, vnd vber drey tage aufferstehen,
55 vnd er redet das wortt frey offenbar, vnd Petrus nam yhn zu sich, fieng
an yhm zu weren, Er aber wand sich vmb, vnd sahe seyne iunger an,
vnd bedrawet Petron, vnnd sprach, gang hynder mich du Satan,
denn du meynest nicht das gottlich, sondern das menschlich ist.

Vnd er rieff zu sich dem volck, sampt seynen iungern, vnd sprach zu
60 yhn, wer myr will nach folgen, der verleugne sich selbs, vnd neme seyn
creutz auff sich, vnd folge myr nach, denn wer seyn leben will behal=
ten, der wirts verlieren, vnd wer seyn leben verleuret, vmb meynen vnd |

A setzt , nach eyner 49; streicht , nach wege 46. etlich 48 2.
B setzt ? mit folg. gr. Anfangsb. nach sey 50; setzt . nach weren 56, mit folg.
gr. Anfangsb. nach offenbar 55; streicht , nach iunger 46, sagen 47 2., Petrus 50, Petron
57, volck 59, verleuret 62.   C streicht , nach verlieren 62.
C¹ streicht , nach leyden 52.   E setzt , nach eyner 49, Christus 51 ; 5
setzt , nach sagen 47 2., 48, etliche 48 2., yhr 50, verlieren 52.   G setzt , nach
sagen 47 1.; streicht , nach sagen 47 2., Etliche 48 2., yhr 50.   H setzt , nach iünger
46, sagen 47 2., etliche 48 2.. jr 50, leiden 52; streicht , nach sagen 47 1.   I setzt ,
nach aufferstehen 54; setzt , nach Petron 57.   K setzt , nach Petrus 50.   L setzt
. nach solten 52, mit folg. gr. Anfangsb. nach Philippi 46.   M setzt . nach Teuffer 10
48, Elias 48, nach 61; setzt , nach aufferstehen 54; setzt , nach Schrifftgelerten 54.
N setzt . nach verlieren 62; setzt , nach Schrifftgelerten 54; streicht , nach nach
folgen 60.   O setzt . nach aufferstehen 54; setzt , nach nachfolgen 60, verleuret 62; streicht , nach Etliche 48 2.   P setzt , nach aufferstehen 54;
streicht , nach sagen 48.   Q setzt . nach aufferstehen 54; setzt , nach sagen 48, 15
Etliche 48 2.. Hohenpriestern 53, verlieren 62; streicht , nach Schrifftgelerten 54, verleuret 62.   R setzt , nach Philippi 46, Schrifftgele=ten 54, verleuret 62; streicht
, nach sagen 48, Etliche 48 2., Hohenpriestern 53.

A 46 fragt   47 Sie 1.   48 teuffer   etlich zweimal   49 der Propheten eyner   51 be-
drawet   53 Hohenpriestern   55 wort   offinbar   56 zu weren   58 Gotlich   61 wil. 20
B 47 Wer   leut 49 Vnd   51 Vnd   niemands   52 solten   53 Eltisten   54 tödtet
55 offenbar   56 zu weren   58 Gottlich   60 wil.
C 54 schrifft gelerten   58 Gotlich.
C¹ 47 antworten   54 schrifftgelerten   auff erstehen.
D 51 betrawet   54 schriffgelerten.   25
E 47 Sie 2.   48 etliche zweimal   49 seyelt   Yhr   50 antwortet   Du   51 be-
drawet   52 leiden   53 hohen priestern   54 schrifftgele=ten   getödtet   aufferstehen
55 Vnd 1.   57 hinder   58 Götlich   60 nachfolgen   51 Denn   62 wirds so auch 63
meinen so auch mein 36, meiner 66.
F 48 seist 1.   Etliche zweimal   49 seyst   53 Hohen priestern   57 Gehe   58 meinest 30
Götlich   60 Wer.   G 47 leut   57 gehe   58 Götlich.
H 47 leute   48 seist 2. so auch 49   52 Vnd   53 Eltesten   57 Gehe.
I 46 fraget   48 seist zweimal, so auch 49   Teuffer   50 saget   52 Son so auch 68
54 Schrifftgelerten   58 Göttlich.   K 53 Priestern   61 Creutz.
L 52 Des   53 Hohenpriestern   55 Wort.   35
M 48 Du 1.   55 wort   58 Denn   61 Leben.
N 52 Menschen son so auch 67   56 wehren   57 Petrum   58 Menschlich   62 Leben
verleurt   Meinen.
O 52 menschen Son so auch 67   56 weren   58 menschlich   62 verleuret   meinen.
P 52 sie zu] zu   54 VND 2.   Q 54 vnd 2.   R 52 sie zu   54 Vnd 2.   40

XXXII. vmbs Euangelij willen, der wirts behalten, was hulffs den men=
ſchen, wenn er die gantze welt gewunne, vnd neme ſchaden an ſeyner
ſelen? odder was kan der menſch geben da mitt er ſeyne ſeele loſze? 65
wer ſich aber meyne vnnd meyner wozt ſchemet, vnter diſem ehebze=
cherſchen vnnd ſundigen geſchlecht, des wirtt ſich auch des men=
ſchen ſon ſchemen, wenn er komen wirt ynn der herlickeyt ſeynes vat
ters mitt den heyligen engelln, Vnnd er ſprach zu yhnen, warlich
ich ſage euch, Es ſtehen ettliche hie, die werden den todt nicht ſchme 70
ckenn, bis das ſie ſehen das reych gottis mit krafft komen.

A ſetzt? nach ſchaden 64; ſetzt, nach geben 65.   B ſetzt, nach
engeln 69; ſtreicht, nach ſchemet 66.   C ſtreicht, nach euch 70.
  E ſetzt. mit folg. gr. Anfangsb. nach behalten 63; ſetzt, nach euch 70;
ſtreicht, nach menſchen 63, geſchlecht 67, ſchmecken 70.   F ſetzt, nach
5 menſchen 63, geſchlecht 67, ſchmecken 70.   G ſtreicht, nach yhnen 69.
  H ſetzt, nach ſchemet 66, jnen 69.   I ſetzt, nach Vaters 68.   K ſetzt,
nach Warlich 69.   L ſtreicht, nach geben 65, Warlich 69.   M ſetzt, nach
ehebrecherſchen 66, wird 68.   N ſtr., nach ehebrecherſchen 66.   O ſetzt, nach
geben 65; ſtr., nach wird 68.   Q ſetzt, nach wird 68.   R ſtr., nach wird 68.

10   A 64 wellt   an ſeyner ſelen ſchaden   65 ſele   66 meyn   68 herligkeyt   70
etliche   ſchmecken   71 Gottis.   B 65 oder   66 Wer   68 vaters   69 engeln.
  C 64 welt   gewunne   65 odder   ſeele   15ſe   69 Engeln.
  C¹ 64 gewunne   70 tod.   D 68 herlickeyt.
  E 63 vmbs] des   bilffs   64 gewinne   65 ſeelen   Oder   damit   66 ehebreche-
15 riſchen   67 ſündigen   68 herlickeit   69 heiligen   70 todt   71 reich   Gottes.
  F 65 Odder   66 ehebrecherſchen   67 ſundigen   69 Warlich.   G 68 wirdt   70 tod.
  H 68 wird   herligkeit.   I 63 Euangel]   66 Wort   68 Herrligkeit   Vaters   71 Reich.
  K 63 Euangelii   65 Oder   67 geſchlechte.   L 63 Euangelj   66 wort   67 geſchlecht.
  M 63 Euangelij   Menſchen ſo auch Menſch 80   64 Weit   65 Seelen ſo auch Seele 65
20 67 ſtündigen.   O 65 da mit   67 ſundigen   Des I.   71 Bis.
  P 65 ſeelen   67 ſündigem   71 reich.
  Q 65 Seelen   damit   66 ehebrecheriſchen   67 ſündigen   des I.   70 Tod   71 bis.
  R 65 da mit   66 ehebrecherſchen   67 ſündigem   Des   70 tod   71 Bis   Reich   Krafft.

Das neunde Capitel.

Vnd nach ſechs tagen, nam Jheſus zu ſich Petron, Ja=
coben vnd Johannen, vnnd furt ſie auff eynen hohen berck
beſonders alleyn, vnd verkleret ſich fur yhn, vnd ſeyne kley=
der wurden helle vnd ſeer weys wie der ſchnee, das ſie keyn 5
ferber auff erden kan ſo weys machen, vnnd es erſcheyn yhn Elias

  E ſetzt. nach machen 6.   H ſetzt, nach Jacoben 2.   I ſetzt, nach weis 5;
ſtreicht, nach Jacoben 2.   L ſetzt. mit folg. gr. Anfangsb. nach jnen 4.
  O ſtreicht, nach Petrum 2.   P ſetzt, nach Petrum 2; ſtreicht, nach
alleine 4.   Q ſetzt, nach Jacobum 2, allein 4.   R ſtreicht, nach Jacobum 2.

5   A 3 furet   berg.   B 2 Jacobon   6 Vnd.   C 3 füret.
  C¹ 3 furet.   E 1 neunde   2 Jeſus ſo auch 7, 10, 11, 71 ohne h   3 füret   einen
ſo auch 29, desgl. eine 7, 9 2., 3., 10, 11, Einer 23, ein 65, 78, 80, einem 74   4 alleine ſo
auch 13   für ſo auch 63, 74   ſeine ſo auch 20, ſeinen 78   kleider   5 kein   6 erſchein.
  F 1 Neunde   2 Jheſus ſo immer mit h   3 furet   4 für ſo auch 63, 74   5 weis ſo
10 auch 6.   G 1 neunde   Capittel.
  H 1 Das neunde Capittel.] IX.   2 Jacoben   3 füret   4 yhn] jn ſo immer z. B. 6,
desgl. immer jm z. B. 22, ju z. B. 18, jnen 19, 27, jr 27, 60, 72, jr 82 zweimal, 85, 86, 89 2.
mit j ſtatt yh.   K 4 jn] jnen ſo auch 6, 13, 14, 25   6 Ferber.
  L 3 Berg ſo auch Berge 11.   M 4 allein   Kleider   5 Schnee.
15   N 2 Petrum Jacobum   3 Johannem   6 Erden.   O 4 alleine   6 erden.
  P 6 Erden.   Q 4 allein   (6 wachen).   R 4 alleine   6 erden.

mit Mose, vnd hatten eyn rede mit Jhesu, vnd Petrus antwort vnd
sprach zu Jhesu, meyster, hie ist gutt seyn, wyr wollen drey hutten
machen, dyr eyne, Mosi eyne, vnd Elias eyne, denn er wuste nicht,
10 was er redet, vnd sie waren seer furchtig, vnnd es kam eyn wolcken,
die vber schattet sie, vnd eyn stym fiel aus der wolcken, vnd sprach, Das
ist meyn lieber son, gehorchet yhm, vnd bald dar nach sahen sie vmb
sich, vnd sahen niemant mehr denn alleyn Jhesum bey yhn.

Da sie aber vom berg er ab giengen, verpot yhn Jhesus, das sie nie
15 mant sagen sollten, was sie gesehen hatten, bis des menschen son aufferstund
von den todten, vnd sie behielten das wort bey sich, vnd befragten sich vn
tereynander, was ist doch das aufferstehen von den todten? vnd sie
fragten yhn vnd sprachen, sagen doch die schrifftgelerten, das Eli=
as mus vor komen, Er antwort aber vnnd sprach zu yhn, Elias soll
20 ia durch seyne zukunfft alles widder zu recht bringen. Datzu, des men
schen son soll viel leyden vnd verachtet werden, wie denn geschrieben
stehet. Aber ich sage euch, Elias ist komen, vnnd sie haben an yhm
than, was sie wollten, nach dem ven yhm geschrieben stehet.

A _setzt_ , _noch_ stehet 22.   B _setzt_ . _nach_ vorkomen 19. _mit folg. gr._
Anfangs v. nach Jhesu 7. furchtig 10. yhm 12. todten 15; _setzt_ , _nach_ bringen 20;
streicht , _nach_ wolcken 11.   C _streicht_ , _nach_ 'chrifftgelerten 18, Dazu 20.
D _streicht_ , _nach_ sprach 11.   E _setzt_ ? _nach_ komen 19; _setzt_ , _nach_
sprach 11. schrifftgelerten 18; _streicht_ , _nach_ hatten 15.   F _setzt_ , _nach_ hatten 15.   5
G _setzt_ , _nach_ sind 8; _streicht_ , _nach_ bringen 20.   H _setzt_ . _nach_
eine 9 3., HOREN 12; _setzt_ , _nach_ sein 8, mehr 13, komen 20. bringen 20; _streicht_ , _nach_
solten 15.   I _setzt_ , _nach_ Jhesu 7, antwortet 12, solten 15, jn 18, aber 19;
streicht , _nach_ nicht 9.   L _setzt_ . _nach_ Jhesu 7, bringen 20, stehet 22.
M _setzt_ . _nach_ sie 11, sich 16 1., komen 19.   O _setzt_ ? _nach_ komen 19; 10
setzt , _nach_ sich 16 1.   Q _setzt_ . _nach_ sich 16 1., komen 19; _setzt_ , _nach_ leiden 21;
streicht , _nach_ antwortet 7.   R _setzt_ ? _nach_ komen 19; _setzt_ , _nach_
antwortet 7, sich 16 1., bringen 20; _streicht_ , _noch_ leiden 21.

A 11 vberschattet   12 darnach   14 erab   19 vorkomen   21 den   23 wolten.
B 7 eyne   8 gut   10 eyne   13 niemand   15 solten   menschen son   aufferstunde   20 15
Dazu   21 denn.
C 14 berge   19 vor komen   sol _so auch_ 21, 34 1.   20 wider _so auch_ 74.
C1 16 vnter eynander.   D 8 Meyster.
E 7 antwortet _so auch_ 19, 28, 33   8 Meister   hie   sein _so auch_ 63 1.   wöllen   hütten
9 dir _so auch_ 29, 46, 80, 87   Denn   11 eine   stimme   12 n ein _so auch_ meinen 29, meinem 20
43, 75   13 alleine   14 gingen   niemand _so auch_ 72   15 aufferstünde   16 vntereinander
17 Vnd   18 Sagen   20 widder   21 leiden _so auch_ 34   23 gethan.
F 8 wir   wollen   9 eine 1., _so auch_ 72, desgl. ein 64, einen 69, 77   14 giengen   16
viternander.
G 8 Meister, hie ist gut sein] Rabbi, es ist gut das wir hie sind   10 ein   11 der] den   19 25
yhn] yhnen   20 durch seine zukunfft] zuvor komen vnd.
H 8 es ist gut das wir hie sind] Hie ist gut sein   wir wollen] laßt uns   9 Denn er
wuste] Er wuste aber   10 vnd] denn   seer furchtig] verstortzt   eine   11 aus der   12
gehorchet yhm] DEN SOLT IR HOREN   14 verbot.
I 8 laßt   10 verstortzt   12 Son _so auch_ 15, 21, 55   13 allein   14 verpot   17 Was 30
16 Schrifftgelerten _so auch_ 25, 27.   K 14 verbot   20 ja   wider _so auch_ 74   Da zu.
L 11 Vnd 1.   16 Vnd 2.   M 8 Laßt   Hütten   9 Dir   10 Wolcken.
N 8 Lasset   11 Wolcken   15 Menschen son _so auch_ 20, 55   16 befragten   20 Daru.
O 8 lasset   11 wolcken   12 hören   (13 jnen] jm)   15 menschen Son _so auch_ 20, 55
16 befragten   17 Todten.   35
P 8 Lasset   14 berge   15 Bis   16 Todten   21 Wie   22 VND.
Q 7 Rede   8 Lasst   10 kams   14 Berge   herab   15 bis   17 todten   21 wie   22
(sahe)   vnd.
R 7 rede   8 hie   Lasset   10 kam   14 berge   erab   15 Bis   17 Todten   21
Wie   22 Vnd.   40

—— 43 ——·

Vnnd er kam zu seynen iungern, vnd sahe viel volcks vmb sie, vnd
schrifftgelerten, die sich mitt yhn befragten, vnnd als bald, da das 25
volck yhn sahe, entsatzten sie sich, vnd lieffen zu, vnnd grusseten yhn,
vnnd er fraget die schrifftgelerten, was befraget yhr euch mit ynen?
vnnd eyner aus dem volck antwort vnnd sprach, meyster, ich hab her
bracht zu dyr meynen son, der hatt eynen sprachlosen geyst, vnd wo
er yhn erwyscht, so reyst er yhn, vnnd schewmet vnnd knyrsset mit 30
den zenen, vnnd verdorret, vnnd ich hab mitt deynen iungern geredt,
das sie yhn aus treyben, vnnd sie konnen nicht.

Er antwort yhm aber vnd sprach, O du vnglewbiges geschlecht,
wie lange soll ich bey euch seyn? wie lange soll ich mich mit euch ley|
XXXII^a. den? bringt yhn her zu myr, vnd sie brachten yhn her zu yhm, vnd als 35
bald, da yhn der geyst sahe, reiss er yhn, vnd fiel auff die erden, vnd
waltzet sich vnd schewmet, vnd er fraget seynen vater, wie lange ists,
das yhm das widderfaren ist? Er sprach, von kind auff, vnnd offt

A *setzt* , *nach* dyr 29; *streicht* , *nach* yhn. 30 2., ists 37.   B *streicht* ,
nach sie 24.   C *setzt* , *nach* ists 37, ist 38; *streicht* , *nach* zu 26, sprach 38.
E *setet* 1 *nach* ist 38; *setzt* . *nach* yhm 35, *mit folg. gr. Anfangsb. nach* befragten 25, yhn 26 2., mir 35, schewmet 37; *setzt* , *nach* yhn 30 2. sprach 38; *streicht* , *nach*
5 bald 25, Meyster 28, bald 36, sahe 36, ists 37.   F *setzt* , *nach* sahe 36.   G *setzt* ,
nach Meister 28; *streicht* , *nach* geredt 31.   H *setzt* , *nach* sie 24, gered 31,
ists 37; *streicht* , *nach* jn 30 2.   I *setzt* , *nach* zu 26 2., antwortet 28, jn 30 2., aber 33.
K *streicht* , *nach* ists 37.   L *setet* , *nach* schewmet 30, sich 37, ists 37.
M *setzt* . *nach* verdorret 31, auff 38.   O *setzt* , *nach* auff 38; *streicht* , *nach*
10 schewmet 30, sich 37.   Q *setzt* . *mit folg. gr. Anfangsb. nach* auff 38; *setzt* , *nach*
schewmet 30, sich 37.   R *setzt* , *nach* auff 38; *streicht* , *nach* schewmet 30, sich 37.

A 25 mit *so auch* 31, 91   26 vnd lieffen] lieffen   28 vnd eyner] Eyner aber   meynen *so*
herbracht zu dyr   29 hatte   eyn   30 erwischt   reyst   31 vnnd ich] ich   32 konnens
36 reyffs   37 vnd er] Er   vatter.
15 B 28 Meyster   29 hat   eynen   35 Vnd 2.   37 vater *so auch* 42.
C 31 verdörret   36 reyß   37 er   38 widerfaren.   C^1 32 austreyben.
D (27 sichriffgelerten)   33 vnglawbiges.
E 24 iüngern *so auch* 31, *desgl.* iünger 50, 54   26 grüsseten   27 fragete   Was   28
her bracht   29 geist   30 reysset   knirsset   31 verdorret   deinen *so auch* deine 79,
20 dein 83, 86   32 austrieben   können   33 vngleubiges   34 sol 2.   35 bringet mir *so*
auch 73   36 reis *so auch* 47   38 widderfaren Von.
F 24 seinen *so auch* 37, *desgl.* seine 50, 54   28 meister   30 reisset   33 vnglaubiges
34 sein *so auch* 63 2.   36 geist *so auch* 45 zweimal   37 Wie.
G 24 iungern *so auch* 31, *desgl.* iunger 50, 54   25 das] alles   28 herbracht   32 kundens
25 33 vnglewbiges   36 reys *so auch* 47.
H 24 jüngern *so auch* 31, *desgl.* jünger 50, 54   28 her bracht   31 gered   32 konnens
33 vngleubiges   36 reis *so auch* 47   37 Er] Vnd er.
I 24 Jüngern *so auch* 31, *desgl.* Jünger 50, 54   28 habe   30 erwischt   31 Ich   geredt
32 könnens   36 Geist *so auch* 45 2.
30 K 27 fraget   38 widerfaren.
L 25 befragten   27 fragete   30 erwischet   31 habe   34 Ich 1.   Mich *so auch* 66
35 Bringet   her zu 2.] zu   36 geist *so auch* 45 2.   37 lang   38 Vnd.
M 24 Volcks *so auch* Volck 26, 28, 44   25 befragten   28 Ich   29 Son   Geist *so auch*
36, 45 1.   33 Geschlecht   34 ich 1.   Wie   mich *so auch* 66.
35 N 27 fraget   28 herbracht   30 scheumet *so auch* 37   knirsschet   31 zeenen   gered
35 zu 2.] her zu   37 Vater.
O 25 befrageten   27 fragete   28 ich   her gebracht   30 schewmet *so auch* 37   31
zenen   geredt   34 Wie   wie   35 her zu 2.] zu   37 lange   38 vnd.
P 25 schrifftgelerten   26 volck   28 her bracht   35 her zu 2.   37 vater.
40 Q 25 Schrifftgelerten   26 Volck   28 Ich (29 wu)   30 erwischet   knirsset
31 zeenen   34 Wie 2.   35 her zu 2.] zu   37 Vater   lang   38 von.
R 24 volcks   25 befrageten   30 erwischet   knirsichet   34 wie *zweimal*   35 her
zu 2.   37 lange   38 das 2. *gestr.*   Von vnd.

hatt er yhn geworffen ynn fewr vnd waſſer, das er yhn vmb bꝛecht,
40 kanſtu aber was, ſo erbarm dich vnſer, vnnd hilff vns, Jheſus aber
ſpꝛach zu yhm, wenn du kundtiſt glewben, alle ding ſind muglich
dem der ſo glewbt, vnd als bald ſchꝛey des kinds vatter mit thꝛenen
vnd ſpꝛach, ich glewb lieber herr, hilff meynem vnglawben.

Da nu Jheſus ſahe, das das volck zu lieff, bedꝛawet er den vnſaw
45 bern geyſt, vnd ſpꝛach zu yhm, du ſpꝛachloſzer vnd tawber geyſt, ich
gepiete dyr, das du von yhm aus fariſt, vnnd fariſt hynfurt nicht ynn
yhn, vnd er ſchꝛey, vnd reyſz yhn ſeer, vnd fur aus, vnd er ward als were
er todt, das auch viel ſagten, Er iſt todt, Jheſus aber ergreyff yhn
bey der handt, vnd richtet yhn auff, vnd er ſtund auff. Vnd da er heym
50 kam, fragten yhn ſeyne iunger beſonders, waꝛumb kundten wyr yhn
nicht aus treyben? vnd er ſpꝛach, diſe art kan mit nichte aus faren,
denn durch beten vnd faſten.

Vnd ſie giengen hyn weg, vnd wandellten durch Gallilea, vnd er
wollt nit das es ymand wiſſen ſollt, Er leret aber ſeyne iunger vnd

---

A *setzt*, *nach* geworffen 39, er 47 l.   B *setzt*, *nach* vns 40, yhn 47 l.
E *setzt*, *nach* gleubt 42, tod 48 2., ſolte 54; *streicht*, *nach* lieff 44.   F *setzt*,
nach lieff 44.   H *setzt*, *nach* gleube 43, nicht 54; *streicht*, *nach* er 471.
I *setzt*, *nach* trenen 42, Jünger 54.   L *setzt*, *mit folg. gr. Anfang so.*
nach auff 49 l.; *setzt*, *nach* gebiete 46; *streicht*, *nach* dir 46.   M *setzt*, *nach* 5
vmbbrechte 39, aus 47; *setzt*, *nach* dir 46; *streicht*, *nach* gebiete 46.   O *setzt*,
nach auff 49 l.   Q *setzt*, *nach* gleuben 41, auff 49 l.; *setzt*, *nach* müglich 41, aus 47.
R *setzt*, *nach* gleuben 41, er 47 l., auff 49 l; *streicht*, *nach* müglich 41, HErr 43.

A 39 hat *so auch* 68 ynn fewr vnd waſſer geworffen vmbrecht 43 glewbe 44
dem 45 ſprachloſer 47 vnd er ſchrey] Da ſchrey er neys 48 er 2. 50 beſunders 10
53 wandelten 54 nicht *so auch* 72, 74, 76, 82 *zweimal*, 86.
B 41 Alle 42 Vnd 43 vnglauben 44 den 46 (du das, yn 49 hand 51
Vnd 54 wolt yemand ſolt.
C 43 vnglawben 46 ausfariſt ynn *so auch* 70, *vgl. zu* 75 47 reyſs.
C¹ 41 gleuben 48 er greyff.   D 41 glewben 44 bedrewet 47 ward] war 48 ergreyff. 15
E 39 yns feur vmb brechte 40 erbarme 41 Wenn kündteſt müglich 42 da
gleubt *so auch* gleube 43, gleuben 77 43 Ich Herr vnglauben 44 Da nu] Dann vn-
ſanbern 45 Du tauber 46 ausfareſt fareſt 48 tod *zweimal* 50 beſonders Warumb
künden wir *so auch* 71, Wir 69 51 austreiben Diſe ausfaren 53 hinweg Gallilea
54 wolte ſolle. 20
F 39 yns] ynn *so auch* ynn 55, 73, 75, 81 *zweimal*, 84, 85, 87, 88 fewer *so auch* 82 2.,
85, 88 vmbrechte 41 gleuben 44 Da nu 48 ergreiff 49 beim *so auch* 59 50
kunden 51 Dieſe.
G 39 fewr 41 kundteſt glewben *so auch* glewbt 42, glewbe 43 alle 43 vnglewben
50 kundten 51 dieſe 53 hinweg] von dannen hinweg. 25
H 39 ynn] jnn *so immer, desgl.* jns 79 *mit* y ſtatt y fewer 41 kündteſt gleuben *so*
auch 77, desgl. gleubt 42, gleube 43 Alle 42 trenen 43 vnglauben 46 aus fareſt 47·
ward 50 frageten kunden 51 Dieſe 54 yemand] jemand *so auch* 63.
I 39 vmbbrechte 40 Kanſtu erbarm 44 bedrawet 46 ausfareſt 50 kundten.
K 39 fewr 41 kündeſt 42 gleubet 44 zulieff 45 tawber 46 gebiete. 30
L 39 fewer *so auch* 82 *zweimal*, 85, 86, 88, 89, *vgl. zu* 90 41 kündteſt Gleuben *so auch*
Gleubt 42, Gleube 43 42 threnen 43 Lieber 45 tauber Ich 47 Vnd 4. 53 Vnd 3.
M 39 jnn] in *so immer, desgl.* ins 79 41 gleuben *so auch* gleubt 42, gleube 43 42 Kindes
Vater 43 Hilf 48 Das 51 Art aus faren 53 Galilean.
N 45 Geiſt 2. 47 fuhr 50 fragten 51 mit nicht 53 Gallileam. 35
O 40 So 42 gleubet kindes 43 hilff 47 fur 43 auch *gestr.* 50 Frageten 51
mit nichte ausfaren 53 Galilean vnd 54 ſolt.   P 43 Hilff 45 geiſt 2. 48 auch viel.
Q 40 ſo 41 kündeſt 42 Kindes 44 zulieſſe 45 Geiſt 2. 48 Er 2. 50 frageten
kunden 53 Vnd 3. 54 ſolte.
R 39 fewr 42 kindes 44 zulieff 48 er 50 Frageten kundten 51 aus faren 40
53 vnd 3. 54 ſolt.

—— 45 ——

fprach zu yhnen, des menschen son wirt vber antwort werden, ynn 55
der menschen hende, vnd sie werden yhn todten, vnd wenn er todtet
ist, so wirt er am dritten tage aufferstehen, sie aber vernamen das
wort nicht, vnd forchten sich yhn zu fragen.

Vnd er kam gen Capernaum, vnd da er da beym war, fragt er sie,
was handellt yhr mit eynander auff dem wege? sie aber schwigen stil 60
le, denn sie hatten miteynander auff dem wege gehandelt, wilcher
der grossist were, vnd er satzt sich, vnd rieff den tzwelffen, vnd spra=
ch zu yhnen, So ymant will der erst seyn, der soll der letzt seyn vor al=
len vnd aller knecht, Vnd er nam eyn kindlin, vnd stellet es mitten vn
ter sie, vnnd vmbfieng das selbige, vnd sprach zu yhnen, wer eyn sol= 65
chs kindlin auff nympt, ynn meynem namen, der nympt mich auff,
vnnd wer mich auff nympt, der nympt nicht mich auff, sondern den
der mich gesand hatt.

Johannes aber antwortet yhm vnd sprach, wyr sahen eynen, der
treyb teuffel aus yn deynem namen, welcher vns nicht nach folget, 70

A *setzt*, *nach* kindlin 66, aus 70; *streicht*, *nach* namen 66.   B *setzt* . *mit folg.*
gr. Anfangsb. nach aufferstehen 57, were 62; *setzt*, *nach* den 67; *streicht*, *nach* werden
55, kindlin 66.   C *streicht*, *nach* gehandelt 61.   D *streicht*, *nach* aus 70.
E *setzt* l *nach* nicht 58; *setzt* . *mit folg. gr. Anfangsb. nach* knechte 64; *setzt*
5 , *nach* gehandelt 61, allen 63, aus 70; *streicht*, *nach* auffnimpt 67.   F *setzt*,
nach nicht 58, auffnimpt 67.   G *setzt*, *nach* werdem 55; *streicht*, *nach* allen 63,
kindlin 64, den 67.   H *setzt*, *nach* allen 63, kindlin 64, den 67; *streicht*
, *nach* werden 55.   I *setzt*, *nach* were 62, jm 69.   L *setzt* . *nach* were 62.
M *setzt* l *nach* were 62; *setzt* . *nach* tödten 56, auff 66 2.   O *setzt*, *nach*
10 tödten 56.   Q *setzt* . *nach* tödten 56.   R *setzt*, *nach* tödten 56,
auff 66 2.

A 55 wirt *so auch 90, 92 zweimal* vberantwort   58 wort   62 zwelffen   63 yemant
64 miten   66 ynn meynem namen auff nympt   67 sundern   70 in deynem namen aus.
B 55 wird *so auch 57, 76, 90, 92 zweimal* vbirantwort   58 furchten   59 da heym] heym
15 60 handelt   Sie   61 mitteynander   63 yemand   wil   sol   vor] fur 64 mitten.
C 56 tödten   tödtet   61 mit eynander   62 grössist   67 sondern   70 wilcher nachfolget.   C¹ 55 vberantwort   64 vnd 2.   66 auffnympt *so auch* 67   (69 Johaunes).
D 62 grossist   66 auff nympt   (69 Joharues).
E 55 Des   vberantwortet   yn *so auch 73, 75, 84, 85*   56 getödtet   59 fraget   60
20 miteinander *so auch 61*   61 welcher *so auch 70*   62 grössest   satzte 63 letzte 64 Vnd
knechte   kindlein *so auch 66*   65 Wer   sölchs   66 auffnimpt *so auch 67*   nimpt *so*
auch 67   67 Vnd   69 yhm *gestr.* wyr] Meister, Wir   70 treib.
F 60 Was   schwiegen   64 vnd   knecht   kindlin *so auch 66*   65 solchs   66
meinem *so auch 73*   70 deinem.
25 G (55 werdem)   57 wirdt   60 schwigen   61 wilcher *so auch 70*   67 vnd   69 antwortet yhm   (fahen) haben)   70 treib] treibt.
H 57 wird   59 heim] da heim   60 stille *gestr.*   61 welcher *so auch 70*   63 erste   65
vmbfieng] hertzte   67 Vnd   auff nimpt   70 treib.
I 56 mit einander *so auch 61*   62 Zwelffen   67 auffnimpt   69 wir.
30 K 65 dasselbige   folches   66 auff nimpt *so auch 67*   70 Teuffel.
L 56 Vnd 2.   61 Denn   64 Kindlin *so auch 66*   65 das selbige   solchs   66 auffnimpt *so auch 67*   70 Teufel.
M 56 Menschen   62 Grössest   64 Knecht   66 Namen *so auch 70, 73, 75*   69 Wir.
N 60 miteinander   schwiegen   61 Welcher   63 Erste   Letzte   69 wir.
35 O 59 Vnd 2.   60 mit einander   schwigen   65 dasselbige.
P 56 menschen   59 daheim   61 welcher   62 grössest   63 erste   letzte   65 das
felbige   66 Der   Mich *so auch 77*   67 Den   69 Wir.
Q 56 Menschen   62 Grössest   65 hertzet   66 der   mich *so auch 77*   67 auff nimpt
den   69 wir   70 Teuffel.
40 R 62 grössest   63 Erste   Letzte   65 hertzete   dasselbige   66 Der   Mich *so auch*
77   67 auffnimpt   Den   69 Wir   70 Teufel.

vnd wyr verpottens yhm, darumb das er vns nicht nachfolget, Ihe
fus aber fprach), yhr folts yhm nit verpieten, denn es ift niemant, der eyn
thatte thue, ynn meynem namen, vnd muge bald vbel von myr reden, wer
nit widder euch ift, der ift fur euch, wer aber euch trenckt, mit eynem
75 becher waffers ynn meynem namen, darumb das yhr Chriftum an
gehoret, warlich ich fage euch, es wirt yhm nit vnuergolten bleyben.

Vnnd wer der kleynen eynen ergert, die an mich glewben, dem
wer es beffer, das yhm eyn mulfteyn wurd an feynen hals gehengt,
vnd wurd yns meer geworffen. So dich aber deyne hand ergert, fo|
80 hawe fie abe, Es ift dyr beffer, das du eyn krupel zum leben eyngehift, XXXIII.
denn das du zwo hend habeft, vnd fareft ynn die helle ynn das ewige
fewr, da yhr wurm nit ftirbt, vnd yhr fewr nit verlefcht, Ergert dich
deyn fuff, fo hawe yhn abe, Es ift dyr beffer, das du lam zum le=
ben eyngehift, denn das du zween fuff habeft, vnnd werdeft ynn
85 die helle geworffen, ynn das ewige fewr, da yhr wurm nicht ftirbt,
vnd yhr fewr nit verlefcht. Ergert dich deyn auge, fo wirffs von dyr,

A *setzt* . *nach* wurd 79; *setzt* , *nach* wurd 78; *streicht* , *nach* fueffz 83.
B *setzt* . *nach* nachfolget 71, *mit folg. gr. Anfangsb. nach* reden 73; *setzt* , *nach*
fuefs 83; *streicht* , *nach* thue 73, ftirbt 82, 85.   C *streicht* . *nach* nachfolget 71;
streicht , *nach* beffer 80.   C¹ *setzt* , *nach* nachfolget 71.   E *setzt* . *nach* nachfolget 71, verlifcht 82; *setzt* , *nach* beffer 80, ftirbt 82, ftirbet 85 *streicht* , *nach* namen 75.   5
F *setzt* . *nach* euch 742.; *setzt* , *nach* namen 75.   G *setzt* , *nach* euch 742.;
streicht , *nach* trenckt 74, euch 76.   H *setzt* . *nach* vns 74 2.; *setzt* , *nach* euch 76,
helle 81.   I *setzt* , *nach* waffers 75, Warlich 76; *streicht* , *nach* niemand 72.
K *setzt* , *nach* darumb 71,75.   L *streicht* , *nach* darumb 71,75.
N *streicht* , *nach* ftirbt 82.   O *setzt* . *nach* abe 80, 83, dir 86.   10
P *streicht* , *nach* ftirbt 85.   Q *setzt* , *nach* abe 80, 83, ftirbt 85, dir 86;
streicht , *nach* waffers 75.   R *setzt* , *nach* waffers 75; *streicht* , *nach* ftirbt 85.

A 78 an feynen hals gehengt wurd   79 yns meer geworffen wurd   83 fueffz *so auch 84*
yhn|ynn 86 verleffchet.   B 76 Warlich   78 wurde   83 fuefs *so auch 84* yhn   86 verlefchet.
C 75 yn *so auch 81 zweimal*   angehöret   80 krüpel   84 fues   85 fewer   86   15
verleffchet.   C¹ 71 wir   83 fues   85 fewr.
D 71 wyr   75 ynn   80 dir   eingehift   (84 verdeft)   86 verlifchet.
E 71 verpotens   72 Yhr   eyne   73 that   müge   74 Wer   75 Criftum   77 kleinen   78
were   mülfteyn   gehenckt   würde *so auch 79*   80 dyr   eingeheft *so auch 84*   82
verlifcht   84 fueffe   85 ftirbet *so auch 89*   86 fewer *so auch 89, 90*   verlyffchet.   20
F 74 widder   76 bleiben   77 glewben   78 mülftein   gehengt   wurde   80 dir
so auch 83   82 verleffcht   86 verleffchet *so auch 89*.
G 71 verpottens   75 ihr   Chriftum   angehört   78 gehenget   82 fewer 1.   84 fuffe.
H 71 verbotens   74 euch 1., 2] vns 1., 2   75 ihr] jr   angehöret   78 würde   82 fewr
zweinal   83 fus   84 füffe.   25
I 72 verbieten   74 trencket   80 kröpel   Leben *so auch 83*   82 fewer *zweimal*   86 verleffchet.
K 71 nach folget   81 Helle *so auch 85*   82 fewr *zweimal, so auch 85, 86, 88, 89, 90*
ftirbet   verleffchet *so auch 86.*
L 71 nachfolget   72 Denn   75 Becher   77 Kleinen   79 jnns   Hand   80 leben *so*
auch 83   82 ftirbt *so auch 85*   verleffcht *so auch 86*   83 Fus   86 Auge.   30
M 71 darümb   73 That   78 Mülftein   Hals   80 Kröpel   81 Hende   82 Fewer *so*
immer von hier an   Wurm *so auch 89*   83 Lam   84 Füffe   85 Würm.
N 71 Vnd   darumb   75 angebört   79 Meer   82 Fewr 1. *so auch 85, 88, 89, 90*   83
Leben   84 füffe   85 Wurm.
O 75 angehöret   76 Ich   80 Leben   81 hende   82 fewer 1. *so auch 85, 86, 88, 89, 90*   35
Da *so auch. 85, 89*   83 leben   84 Füffe.
P (75 jr] er   76 Es   81 Hende   82 Fewer 1. *so auch 85, 80*   Fewr   83 Leben.
Q 71 vnd   73 vbel von m'r reden] von mir reden   75 namen   76 es   79 So 2.   82
da *so auch 85, 89*   Fewer 2. *so auch 86, 88, 89*   verlefcht *so auch 86.*
R 71 Vnd   73 vbel von   75 Namen   76 Es   81 Denn   82 fewr *so auch 85*   Da 40
so auch 85   Fewr *so auch 86, 69, 90*   verleffcht *so auch 86*   83 fus *so auch fuffe 84*   So
84 Deun *so auch 87.*

Es ist dyr besser, das du eyneugig zum leben eyngehist, denn das du zwey augen habest, vnnd werdest ynn das hellische fewr geworffen, da yhr wurm nicht stirbt, vnd yhr fewr nicht verlessschet.

Es mus alles mit fewr gesaltzt werden, vnnd alles opffer wirtt 90 mitt saltz gesaltzt werden, das saltz ist gut, So aber das saltz thum wirtt, wo mit wirtt man wurtzen? Habet saltz ynn euch, vnd habet frid vnternander.

A *streicht*, nach wird 92 l.   B *setzt*. nach werden 91.   E *setzt*, nach wird 92 l.

A 91 saltz l.   Das   so.   B 90 gesaltzt *so auch* 91, *desgl.* saltz. 91 2., 3.
C 89 verlefchet   92 wird 2.] wurd   würtzen   93 vnter nander.
C¹ (88 helliche)   92 wurtzen.   D 88 yn.
5 E 87 einewget   zum leben eyn] yn das reich Gottes   gehest   88 fener   89 (nich *l.*)
verlifchet   90 gesaltzen   92 wird 2.   würtzen   Habt *so auch* habt 93   ynn] bey   93
fride   vntereinander.   F 87 eineugig   93 vnternander.
G 87 jnn   gottes   89 jhr l.   92 Habt das.
H 87 Gottes   89 jhr] jr   91 werden *gestr.*   92 Habt faltz.   I 87 Reich   93 friede.
10 K 93 fride.   L 88 Hellifche   90 Fewer   91 Saltz *dreimal, so auch* 92   93 friede.
M 87 Eineugig   88 Augen   hellifche Fewer   90 Opffer   91 So   (92 Saltz).
N 89 flirbt   verleffcht   91 gesaltzet   93 Friede.
O 88 augen   Hellifche   89 wurm flirbet   91 gefaltzt   faltz 3. *so auch* 92   93 friede.
P 88 Augen   93 Friede.   Q 87 reich   88 hellifche   89 Wurm flirbt   verlefchet
15 91 faltz l.   gefaltzet   Saltz 3. *so auch* 92   93 friede.
R 88 Hellifche fewr   89 Da   flirbet   verleffcht   91 Saltz l.   gefaltzt   faltz 2., 3.
so auch 92   93 Friede.

Das zehendt Capitel.

Vnd er stund auff, vnd kam von dannen, ynn die ort des Judischen lands, ienseit des Jordanis, vnd das volck gieng aber mal mitt hauffen zu yhm, vnd wie seyne gewonheyt war, leret er sie abermal, vnd die pharifeer tratten zu yhm, vnd fragten yhn, ob eyn man sich scheyden muge von seynem weybe, vnd ver=

B *setzt*. *mit folg. gr. Anfangsh. nach* mal 6; *streicht*, *nach* dannen 3.
C *streicht*, *nach* war 5.   E *setzt*. *nach* war 5.   L *setzt*. *nach* Jordans 4;
streicht, *nach* landes 4.   M *setzt* ? *nach* Weibe 7; *setzt*. *nach* jm 5; *setzt*
, *nach* landes 4; *streicht*, *nach* war 5.   N *setzt*, *nach* war 5.
5 P *setzt*, *nach* Jordans 4.   Q *setzt*. *nach* Jordans 4; *setzt*, *nach* jm 5, Vnd 5,
Weibe 7.   R *setzt* ? *nach* Weibe 7; *setzt*, *nach* Jordans 4; *streicht*, *nach* Vnd 5.

A 1 zehend   5 mit   6 aber mal   Pharifeer.   B 3 stund auff] macht fich auff.
C 3 ört   4 yenfyt   7 müge.   D 6 abermal.
E 3 yn   örter   Jüdifchen   4 laudes   ienfeit Jordans Vnd   abermal *so auch* 17
10 5 gewonheyt   7 ein   *so auch* 19, 45 2., 46, 91 *zweimal, desgl.* eine 19, Eines 36, einen 20, 37,
einer 73   fcheiden *so auch* 10, 16, *desgl.* fcheidet 18. 19, fcheide 9   feinem *so auch* 14,
desgl. feinen 13, 40, feine 91, fein 98   weibe *so auch* 14, *desgl.* weib 19.
F 2 Eapitel   3 ynn *so auch* 57   Judifchen   4 ienfeid   5 feine *so auch* 17, *desgl.*
feinem 18, feiner 42, fein 89.   G 3 örter   4 ienfyd   6 traten.
15 H 1, 2 Das zehend Eapitel.] X.   3 ynn] jnn *so immer, desgl.* jm 37, jns 44, 46 *mit* j
statt y   örter   Jüdifchen   4 ienfid   5 yhm] jm *so immer, desgl.* jn 7, jn *dat. pl. z.B.* 11,
jr 19, jre 20, jrem 20, jnen *z.B.* 23, jr 44, jr *z.B.* 71 *mit* j *statt* yh.   I 6 tratten.
K 3 machte.   L 3 macht   4 jhenfid   5 Vnd   6 frageten *so auch* 17   7 Ob   Vnd.
M 3 jnn] in *so immer, desgl.* im 37, ins 44, *vgl. zu* 46   4 ienfeid   Volck   7 Man *so*
20 *auch* Manne 20   Weibe *so auch* 14, 18, *desgl.* Weib 19, 53   vnd.   N 3 Jüdifchenlands
7 Vnd.   O 3 Orter   7 vnd.   Q 3 örter   Jüdifchen lands   7 möge.
R 3 in] an   Orter   Jüdifchenlands   4 vnd   6 traten   fragten   7 müge.

fuchten yhn ba mit, Er antwort aber vnd fprach, was hatt euch Mo
fes gepotten? Sie fprachen, Mofes hatt zu gelaffen eynen fcheybe
10 brieff zu fchreyben, vnd fich zu fcheydenn, Jhefus antwoztt vnd fpra=
ch zu yhn, vmb ewers hertzen herticheyt, willen, hatt er euch folch ge
pot gefchrieben, Aber von anfang ber Creatur, hat fie gott gefchaf
fen, eyn menlin vnd frewlin, barumb wirzt ber menfch laffen feynen
vater vnd mutter, vnd wirt feynem weybe anhangen, vnd werden feyn
15 bie zwey eyn fleyfch, So find fie nu nicht zwey, fondern eyn fleyfch),
was benn gott zu famen fuget hat, foll ber menfch nicht fcheyden.

Vnd ba heym, fragten yhn aber mal feyne iunger vmb bas felbi=
ge, vnd er fpzach zu yhn, wer fich fcheydet von feynem weybe, vnd frey=
het eyn anbere, ber bricht bie ehe an yhz, vnd fo fich eyn weyb fcheydet
20 von yhrem man, vnd freyet eynen anbern, bie bricht yhr ehe.

A *setzt* , *nach* laffen 13; *streicht* , *nach* hertigkeyt 11.   B *streicht* , *nach*
heym 17.   C¹ *setzt* , *nach* gefchrieben 12.   E *setzt* . *nach* damit 8,
gefchrieben 12, felbige 17, yhr 19; *streicht* , *nach* yhn 11, willen 11, creatur 12, gefchaffen
12, frewlein 13, laffen 13.   F *setzt* , *nach* yhn 11, frewlin 13.   H *setzt* , *nach*
zugelaffen 9, creatur 12; *streicht* , *nach* zufchreiben 10.   I *setzt* , *nach* aber 8, 5
fchreiben 10. antwortet 10; *streicht* , *nach* creatur 12.   L *setzt* . *nach* Frewlin
13, fleifch 15?.; *setzt* , *nach* Creatur 12; *streicht* , *nach* antwortet 10.
O *setzt* . *nach* anhangen 14, Fleifch 15 l.; *setzt* , *nach* antwortet 10, willen 11; *streicht*
, *nach* zugelaffen 9.   P *setzt* , *nach* anhangen 14; *streicht* , *nach* willen 11.
Q *setzt* . *nach* jnen 11: *setzt* , *nach* zugelaffen 9, fleifch 15 l.   R *setzt* , *nach* 10
jnen 11, gefchrieben 12; *streicht* , *nach* zugelaffen 9.

A 8 hat *so auch* 9, 11   10 zufchreyben   zufcheyden   antwort   11 ewrs   hertigkeyt
12 Gott *so auch* 16   13 wirt *so auch* 25   feynen vatter vnd mutter laffen   17 abermal
(19 lo fo).
B 8 damit   9 gepoten   10 zu fcheyden   11 hertickeyt   13 wird *so auch* 14, 25, 64, 68 15
14 vater *so auch* 33   16 Got   fol *so auch* 28, 85, 86, 87, 95   18 Vnd 1.   19 Vnd.
C 9 gepotten   10 zufcheyden   11 herticheit   14 fein   16 Gott   17 aber mal   20 freyhet.
C¹ 10 zu fchreyben   zu fcheyden   11 herticheyt   14 feyn.   D 8 da mit.
E 8 damit   antwortet *so auch* 16, 51, 93   10 zufchreiben   Jefus *so auch* 22, 29, 40,
60, 62, 73, 76, 82, 92, 95, 98 l. *ohne* h   11 Vmb   ewres   hertigkeit   12 creatur   Got   13 20
menlein   frewlein   Darumb   14 wirt   fein *so auch* 58 *zweimal*, 85, 86, 87   15 fleifch 1.
16 Was   gefüget   17 heim   iünger *so auch* 21, 42, 91, *desgl.* iüngern 40   18 Wer   freyet
so auch 20   (19 brich)   20 manne   ybre.
F 8 Was   9 gebotten   zugelaffen   einen *so auch* ein 13, 15 *zweimal*, 25, 45 l., einer
27, 72   10 Jhefus *so immer mit* h   11 herticheit   13 menlin   frewlin   14 wird   15 fleifch 2. 25
16 gefuget   18 weibe *so auch* weib 53.
G 9 gepotten   12 Creatur   17 iunger *so immer, desgl.* iungern 40.
H 8 da mit   9 gepoten   11 hertigkeit   12 creatur   16 gefüget   17 jünger *so immer,*
desgl. jüngern 40   18 freiet *so auch* 20.
I 8 damit   9 Scheidebrieff   10 zu fchreiben   11 ewers   gebot   13 Menliu   Frewlin 30
16 zufamen   17 daheim   Jünger *so immer, desgl.* Jüngern 40.
K 9 geboten   zu gelaffen   11 jn] jnen *so auch* 18, 23, 43, 62, 71, 74, 77, 84   12 Creatur
13 frewlin   17 daffelbige   19 Ehe *so auch* 20.
L 9 zugelaffen   13 Frewlin   14 Vnd 3.   17 das felbig   19 ehe *so auch* 20.
M 8 da mit   11 Gebot   13 Darümb   Menfch *so auch* 16, *desgl.* Menfchen 48   14 35
Vater *so auch* 33, 53   Mutter *so auch* 33, 53, 56   15 nu nicht] nicht   16 zu famen   19 Ehe.
N 8 damit   13 DARumb   15 Zwei 1.   Fleifch *zweimal*   nu nicht   16 zufamen   19
Der   20 Die   Ehe.
O 8 da mit   9 Scheidbrieff   11 Hertzen   hartigkeit   14 vater *so auch* 53   mutter *so*
auch 53   weibe *so auch* weib 19, 53   15 zwei 1.   fleifch 2.   16 Sol   menfch   19 der   20 die. 40
P 14. Vater   Mutter   Weib.e *so auch* Weib 19   15 Fleifch 2.   16 gefügt   Menfch.
Q 8 damit   11 hertzen   12 vom   13 Menfch   15 feifch *zweimal*   nu nicht] nicht
16 gefüget   fol   17 dasfelbige   19 ehe *so auch* 20.
R 8 da mit   11 Hertzen   12 von   15 Zwey   Fleifch *zweimal*   nu nicht   16 gefügt
17 Jüngere   19 ein 1.   Ehe *so auch* 20. 45

Vnd sie brachten kindlin zu yhm, das er sie anruret, die iunger aber furen die an, die sie trugen, da es aber Jhesus sahe, wart er vnwillig, vnd sprach zu yhnen, lasset die kindlin zu myr komen, vnd weret yhn nicht, denn solcher ist das reych gotis, warlich ich sage euch, wer nicht emp fehet das reych gottis, als eyn kindlin, der wirt nicht hyneyn komen, 25 vnd er vmbfieng sie, vnd leget die hend auff sie, vnd segnet sie.

Vnd da er hynaus gangen war auff den weg, lieff eyner forne fur, knyet fur yhn, vnnd fraget yhn, Gutter meyster, was soll ich thun, | das ich das leben ererbe, Aber Jhesus sprach zu yhm, was heyssistu mich gut? Niemant ist gut, denn alleyn der eynige Gott. Du weyssizist 30 yhe die gepott woll, du sollt nicht ehebrechen, du sollt nit todten, du sollt nicht stelen, du sollt nicht falsch zeugnis reden, du sollt niemant teuschen, Ehere deyn vater vnd muter, Er antwortet aber vnd spra= ch zu yhm, Meyster, das hab ich alles gehalten, von meyner iugent auff, vnd Jhesus sahe yhn an, vnd er liebet yhm, vnd sprach zu yhm, 35

A *setzt* , *nach* empfehet 24; *streicht* , *nach* vnwillig 22. B *setzt* , *nach* ererbe 29, mutter 33; *streicht* , *nach* yhn 28 1. C *streicht* , *nach* gut 30.
E *setzt* ? *nach* ererbe 29; *setzt* . *nach* trugen 22, Gottes 24, *mit folg. gr. An-fangsb. nach* komen 25; *setzt* , *nach* yhn 28 1., Got 30; *streicht* , *nach* wol 31, ge-halten 34. F *setzt* , *nach* auff 35; *setzt* , *nach* gut 30.
I *setzt* , *nach* vnwillig 22, Warlich 24. aber 33. K *streicht* , *nach* empfehet 24. L *setzt* , *nach* Gott 30; *setzt* , *nach* empfehet 24.
M *setzt* , *nach* anrürete 21, ehebrechen 31, tödten 31, stelen 32, reden 32, teuschen 33. P *setzt* , *nach* anrürete 21. Q *setzt* . *nach* anrürete 21; *streicht* , *nach* Warlich 24. R *setzt* , *nach* anrürete 21, Warlich 24.

A 24 Gotis wer das reych Gottis nicht empfehet 28 Guter 30 weyssit 31 gepot Du *1.* nit nicht *so auch* 54, 88 32 solt *1., 2.* 33 Ehre vatter mutter *so auch* 56 34 hab 35 er *gestr.*
B 22 Da ward *so auch 38* 24 Warlich 25 hynneyn 31 wol solt *1., 2. so auch 32 3.,* 94 nicht *1. so auch 74, 85* 33 deynen antwortet.
C 21 anrüret 24 Gottis 25 hyneyn 26 vmfieng hende 30 allein Got 31 Du *1., 3. so auch 32* zweimal tödten *so auch 67* 33 antwortet.
C¹ 22 Do 26 vmb fieng. D 21 an rüret 26 vmbfieng 35 Vnd *1.*
E 21 kindlein *so auch 23, 25* anrürete Die 22 Da 23 Lasset mir 24 solcher reich *so auch 41, desgl.* reichen 41, reicher 46, reichtumb 44 Gottes *so auch 25, 41, 44, 46* 25 hineyn 27 hinaus für *so auch 28* 28 kniet 29 (yhn) Was heissestu 30 Niemand *so auch* niemand 32 alleine einige weissest 33 deinen *so auch* deiner 72, dein 101 34 Meister *so auch 70, 100* meiner *so auch 79 2., 3.,* mein 94.
F 21 kindlin *so auch 23, 25* 24 solcher 25 reich *so auch 44, 46* hinein 27 fur *so auch* 28 28 meister 30 Gott.
G 30 alleine der einige] einer, nemlich.
H 26 er vmbfieng hertzete segenet 30 einer, nemlich] der einige 31 yhe] je 32 gezeugnis 34 jugent.
I 24 Reich *so immer* 28 Meister.
K 23 wehret 26 hertzet 31 Gebot 34 habe.
L 21 Kindlin *so auch 23. 25* 23 weret 24 Solcher Ich 26 hertzete 27 für 28 Was 34 hab.
M 24 Denn solcher 26 Hende 29 Leben *so auch 57* 34 Das.
N 23 wehret 30 Denn.
O 23 weret 24 Wer 26 hende 28 meister 30 denn 34 das.
P 23 lasst kindlin 25 hin ein 27 hin aus 29 Leben] ewige Leben 31 Ehe-brechen.
Q (21 Kinlin) 22 fuhren 23 Lasset Kindlin 24 reich *so immer* ich wer 26 hertzet Hende 27 fur 28 Meister 31 ehebrechen 34 Das habe.
R 22 furen 23 Lasst 24 Ich Wer 25 Der 26 hende 27 für 28 meister was 34 das hab Jugent.

Eynes feylet dyr, gang hyn, verkeuff alles was du haft, vnnd gibs
den armen, fo wirſtu eynen ſchatz ym hymel haben, vnd kum, folge
myr nach, vnd nym das creutz auff dich, vnd er wart vnmutts vber der
rede, vnd gieng traurig daruon, denn er hatte viel guter.

40 Vnnd Jheſus ſahe vmb ſich, vnnd ſprach zu ſeynen iungern, wie
ſchwerlich, werden die reychen ynn das reych Gottis komen, die
iungern aber entſatzten ſich vber ſeyner rede, Aber Jheſus antworttet
widderumb vnnd ſprach zu rhn, lieben kynder, wie ſchwerlich iſts,
das die, fo yhr vertrawen auff reychthumb ſetzen yns reych gottis ko=
45 men, Es iſt leydter, das eyn Camel durch eyn nadel ore gehe, denn
das eyn reyder yns reych Gottis kome. Sie entſatzten ſich aber noch
viel mehr, vnnd ſprachen vnternander, wer kan denn ſelig werden?
Jheſus aber ſahe ſie an, vnd ſprach, Bey den menſchen iſts vnmug=
lich, aber nicht bey Gott, denn alle ding ſind müglich bey Gott.

50 Da ſagt Petrus zu yhm, ſihe, wyr haben alles verlaſſen, vnnd
ſind dyr nachgefolget, Jheſus antwort vnnd ſprach, warlich ich ſa=
ge euch, Es iſt niemant, fo er verleſt, haus, oder bruder, oder ſchwe

A *setzt*, *nach* fetzen 44; *streicht*, *noch* rede 39.   B *setzt*, *nach*
rede 42, nachfolget 51. *mit folg. gr. Anfangsb. nach* dich 38; *streicht*, *nach* armen
37, fchwerlich 41, an 48. verlaſſen 50, verleſt 52.   C *streicht*, *nach* hyn 36.
C¹ *setzt*, *nach* Kamel 45.   D *streicht*, *nach* haus 52.
E *setzt*, *nach* komen 41. 44: *setzt*, *nach* hin 36, rede 39, haus 52; *streicht*, *nach*
iüngern 40, yhn 43.   F *setzt*, *nach* armen 37. iüngern 40, yhn 43.
H *setzt*, *nach* verlaſſen 50.   I *setzt*, *nach* widderumb 43, an 48, Warlich 51.
K *setzt*, *nach* antwortet 51.   L *streicht*, *nach* antwortet 51, Warlich 51.
M *setzt*, *nach* antwortet 51, Warlich 51; *streicht*, *nach* fprach 48, Brüder 52.
N *setzt*, *nach* fprach 48, Brüder 52.   O *streicht*, *nach* haus 52.
P *setzt*, *nach* haus 52.   R *streicht*, *nach* widerumb 43.

A 37 kom   38 vnmut;   41 Die ?.   44 Gottis   49 muglich   Got 2.   52 niemand   odder ?.
B 36 gehe *so auch* 101   38 creutze   39 gutter   43 widerumb   kinder   49 Gott ?.
50 Sihe   51 Warlich   52 odder *1.*   oder 2.
C 38 creutz   39 gütter   43 widderumb   45 Kamel   48 vnmüglich   49 müglich
51 nach gefolget.
C¹ 39 gutter   48 vnmuglich   49 muglich.   D 38 mir   39 trawrig   41 yn.
E 36 fehlet   dir *so auch* 51, 97, 99, 101   verkeuffe   38 nim   39 traurig   dauon
dann   güter   41 yun   42 iünger   antwortet   43 Lieben   45 leichter   Kameel
öre   47 vntereinander   48 vnmüglich   49 müglich   Got 2.   50 faget   wir *so auch*
70 *zweimal*, 72, 76   51 nachgefolget   52 oder *1. so auch* 53 3., 4.   brüder *so auch* 55   odder.
F 36 feilet   47 vnternander   Wer   52 odder *1. so auch* 53 3., 4.   bruder.
G 38 Vnd er] Er aber   39 guter   49 muglich   Gott 2.
H 37 himel   39 güter   49 müglich   52 verleſſt.
I 37 jm] im   39 trawrig   (42 Ader)   44 reichthum   45 naddel   46 Reicher.
K 37 Himel   38 Creutz   46 reicher   52 odder *zweimal, so auch* 53 1., 2., 3., 4.   brüder.
L 36 Gehe   37 Vnd   38 creutz   41 Reichen   43 widerumb   Wie   44 jnns *so
auch* 46   45 öhre   49 Denn   51 Ich   52 bruder.
M 37 Armen   So   Schatz 38 Creutz   39 Guter   41 reichen   45 Naddelöhre   46 Reicher
jnns] jns   reich   50 Wir   52 Haus *so auch* Heuſer 55   Brüder *so auch* 55   Schweſter
so auch 56.   N 39 Rede *so auch* 42   Denn   44 Reichthum   45 Kamel   46 ins   50 fagt.
O 39 rede   41 Reichen   43 wie   44 Reichtum   45 Kameel   46 Reich   49 Aber
50 faget   52 (nimand)   haus *so auch* heuſer 55   brüder *so auch* 55   ſchweſter *so auch* 56.
P 36 verkeüſſe   38 Vnd *I.*   42 rede   43 WIE   44 Reichthum   45 DENN.
Q 36 verkeuſſe   38 vnd *I.*   creutz   39 denn   43 Kinder *so auch* 53, 56   44 reichthum
45 Nadelöhre   denn   48 Menſchen   49 aber   52 Haus *so auch* Heuſer 55   Brüder *so
auch* 56.   Schweſter *so auch* 56.
R 37 fo   38 Vnd *I.*   Creutz   39 Denn   43 kinder *so auch* 53, 56   44 Reichthum
45 Naddelöhre   Denn   49 Aber   50 wir   52 haus *so auch* heuſer 55   brüder *so auch*
55   ſchweſter *so auch* 56.

— 51 —

ster, odder vater. odder mutter, odder werb, odder kinder, odder
ecker, vmb meynen willen vnnd vmb des Euangeli willen, der nit
hundertfeltig empfahe itzt vnn diser tzeyt, heuser vnnd bruder vnnd 55
schwester vnd muter vnd kinder vnnd ecker, mit verfolgungen, vnnd
vnn der zukunfftigen welt das ewige leben. Viel aber werden die letz
ten seyn die die ersten sind, vnnd die ersten seyn, die die letzten sind. Sie
waren aber auff dem wege, vnd giengen hyn auff gen Jerusalem, vnd
Jhesus gieng fur yhnen, vnnd sie entsatzten sich, folgeten yhm nach, 60
vnd furchten sich.

Vnnd Jhesus nam aber mal zu sich die zwelffe, vnnd saget yhn,
was yhm widder faren wurde, Sehet, wyr gehen hynauff gen Jerusalem, vnd des menschen son wirt vberantworttet den hohen priestern vnnd schrifftgelerten, vnd sie werden yhn verdamnen zum tode 65
vnnd vbirantworten den heyden, vnnd die werden yhn verspotten,
vnnd geysseln, vnnd verspeyhen, vnnd todten, vnnd am dritten tage
wirt er aufferstehen.

Da giengen zu yhm Jacobus vnnd Johannes die sone Zebedei,
vnd sprachen, Meyster, wyr wollen, das du vns thuest, was wyr dich 70

A *setzt . nach* seyn 58 l.   D *streicht , nach* vater 53, nach 60.
B *setzt , nach* vater 53; *streicht , nach* yhnen 60, Meister 70.
F *setzt . nach* Jerusalem 59.   G *setzt , nach* Meister 70.
H *streicht , nach* Meister 70.   I *setzt , nach* willen 54 l., bruder 55.
: mutter 56, nach 60, tode 65, Meister 70.   M *setzt . nach* würde 63
N *streicht , nach* verspeien 67.   O *setzt . nach* Schrifftgelerten 65;
setzt , nach Jerusalem 59 Hohenpriestern 64, verspeien 67: *streicht , nach* jnen 62, verspotten 66.   P *setzt , nach* empfahe 55, jnen 62, Schrifftgelerten 65; *streicht
, nach* Zebedei 69.   Q *setzt . nach* Jerusalem 59: *setzt , nach* verspotten 66.
10 Zebedei 69; *streicht , nach* Zwelffe 62, Hohenpriestern 64.
R *setzt , nach* Jerusalem 59; *streicht , nach* verspotten 66, Zebedei 69.

A 55 zeyt   59 Jherusalem *so auch 63*   63 wider   64 vbirantworttet   Priestern.
B 55 (hunderfeltig)   yzt   59 Jerusalem *so auch 63*   63 widder   65 todte   67
geysseln.   C 55 itzt   bruder   57 zukünfftigen   63
15 widerfaren   64 wyrd   66 vbirantworten   67 verspeyen.
C¹ 55 bruder   57 zukunfftigen   59 hynauff   64 verantworttet   66 vberantworten   69
sone   70 wöllen *so auch 83*.   D '67 dritte'.
E 55 dieser   heüser   57 yn   zukünfftigen   59 hinauff *so auch 63*   Vnd 2.   63
widderfaren   würde   64 vberantwortet   priestern   65 verdammen   66 vberantworten
20 67 geisseln.
F 54 meinen *so auch* meiner 79 l., mein 95   55 zeit   heuser   57 zukunfftigen   63
wir   66 heiden   67 verspeien   70 wollen *so auch 83*.
G 53 muter   oder 3.   55 bruder   62 abermal   63 wurde   65 verdamnen   tode.
H 53 mutter   odder 3.   54 Euangelj   55 jtzt   brüder   57 zukünfftigen   63 würde
25 64 Hohen   65 verdammen   66 Heiden   vnd die) die   70 wöllen.
I 55 itzt   62 Zwelffe   63 Sehet] Sihe   64 Son *so auch* 87, 93, 95   vberantwortet] vber-
antwortet werden   65 Schrifftgelerten   verdamnen.
K 54 Euangelij   55 jtzt   63 widerfaren   64 Priestern   '65 Schrifft gelerten'.
L 53 oder 5.   64 Hohenpriestern   65 Vnd 2.   67 Vnd 4.   69 Zebedej.
30 M 53 Kinder *so auch 56*   54 Ecker *so auch 56*   63 Wir   69 Zebedei   70 Wir l.
N 54 Meinen   62 sagt   64 Menschen son *so auch* 87.
O 53 kinder *so auch 56*   54 ecker *so auch 56*   meinen   56 mutter   verfolgung
62 saget   63 wir   64 menschen Son *so auch* 87   70 wir l.
P 54 Der   55 Jtzt   56 verfolgungen   Vnd 4.   57 Welt   58 VND   64 VND   65 Tode.
35 Q 53 Vater   Mutter *so auch 56*   Weib   Kinder *so auch 56*   54 Ecker *so auch 56*   der 55
jtzt   56 vnd 4.   58 vnd   59 hin auff *so auch 63*   63 Wir   64 vnd   70 Wir l.   wollen (war.
R 53 vater   mutter   weib   kinder *so auch 56*   54 ecker *so auch 56*   Vmb l.   Der
55 Jtzt   56 mutter   Vnd 4.   58 Vnd   59 hinauff *so auch 63*   63 wir   64 Vnd   65
verdamen   67 vnd 4.   69 Sone   70 wir l.

bitten werden, Er sprach zu vhn, was wollt yhr, das ich euch thu? XXXI
sie sprachen zu vhm, gib vns, das wyr sitzen, eyner zu deyner rechten,
vnd eyner zu deyner lincken yhn deyner herlickeyt, Jhesus aber sprach
zu yhn, yhr wisset nit was vhr bittet, Kund yhr den kilch trincken,
75 den ich trincke, vnd euch teuffen lassen, mit der tauffe, da ich mit tauf=
fet werde? Sie sprachen zu vhm, ia wyr kunden es wol, Jhesus aber
sprach zu yhn, zwar, yhr werdet den kilch trincken, den ich trincke,
vnd tauffet werden mit der tauffe, da ich mit tauffet werde, zu sitzen
aber zu meyner rechten vnd zu meyner lincken, ist nicht meyner macht
80 euch zu geben, sondern den es bereytet ist.

Vnd da das die zehen horeten, wurden sie vnwillig vber Jacoben
vnnd Johannen, Aber Jhesus rieff yhn vnnd sprach zu yhnen, yhr
wisset, das vnter den heyden, die so fur herrn gehalten seyn wollen,
die hirschen, vnd die mechtigen vnter yhn, faren mit gewalt, Aber al
85 so soll es vnter euch nit seyn, sondernn wilcher will gros werden vn=
ter euch, der soll ewr diener seyn, vnd wilcher vnter euch wil der fur=
nemist werden, der soll aller knecht seyn, denn auch des menschen son
ist nit komen, das er yhm dienen lasse, sondern das er diene, vnd ge=
be seyn leben zur bezalung fur viele.

A *streicht, nach* wollen 83. **B** *setzt, nach* herlickeyt 73, wol 76,
Johannen 82, gewalt 84; *setzt, nach* wollen 83; *streicht, nach* lassen 75.
D *streicht, nach* trincke 75. **E** *setzt, nach* trincke 75, Ja 76, gewalt 84;
streicht, nach yhr 71, vns 72, Zwar 77, yhn 84, lasse 88. **F** *setzt, nach*
werde 78; *setzt, nach* lasse 88. **G** *setzt, nach* vns 72, Zwar 77, werde 78. 5
H *setzt, nach* werde 78; *setzt, nach* jn 84; *streicht, nach* Zwar 77.
I *setzt, nach* je 71, lincken 73. Zwar 77, nicht zu 79, jner 82 t. **L** *setzt, nach*
gewalt 84, fein 87. **M** *setzt, mit folg. gr. Anfangs b. nach* trincke 75.
N *setzt, nach* nicht 74; *streicht, nach* jnen 84. **O** *setzt, nach* trincke 75.
jnen 84; *streicht, nach* nicht 74. **P** *streicht, nach* Ja 76, nicht zu 79. 10
Q *setzt? nach* trincke 75; *setzt, nach* nicht zu 79; *streicht, nach* Tauffe 78, Lincken
79, jnen 84. **R** *setzt, nach* trincke 75, Tauffe 78, werde 78, Lincken 79, jnen 84;
streicht, nach Zwar 77, nicht zu 79.

A 71 wolt 73 herligkeyt 82 sprachuz? 84 Die 2. gwalt 85 sondern.
B 72 Sie 73 herlickeyt 81 Jacobon 84 die 2. gewalt 85 wil 89 bezalung. 15
C 81 horeten 86 ewer 89 sein. **C¹** 77 ihr 89 seyn.
D 71 thue 77 yhr So des den es.
E 72 Gib 73 herligkeit 74 kelch *so auch 77* 75 getauffet 76 Ja können 77
Zwar 78 getaufft *zweimal* Zu 80 des *gestr.* den] welchen 81 Jacoben 82 Vbr 83
heiden herzu] 84 herschen 85 welcher *so auch 86* 86 furnemeil 87 Denn 88 dyene. 20
F 71 Was 73 deiner herlickeit 74 Yhr l. Kund kilch *soauch 77*
83 fein 86 furnemeil 88 diene. **G** 74 Kund 75 getaufft 80 wilchen *so auch* wilcher 85, 86.
H 73 herligkeit 74 Künd kelch *so auch 77* 75 getauffet 79 ist nicht meiner
macht] stehet mir nicht zu So welchen *so auch* welcher 85, 86 83 vnter den heiden, die so
fur herrn gehalten fein wollen, die] die weltliche fursten 84 aren mit] haben. 25
I 73 Herrligkeit 74 Kelch 75 getaufft 81 Zehen 82 jn] jnen 83 Fürsten 84
Mechtigen. **K** 77 Kelch 78 Tauffe 83 weltlichen 84 herrschen.
L 75 Tauffe 77 Ich *so auch 78* trincke 78 tauffe 79 Rechten Lincken 83
weldliche 85 Euch 86 Vnd 88 Im 89 Leben.
M 72 Einer Rechten 73 Lincken 77 Jr *so euch 76* 78 Tauffe 80 bereit 30
S3 Das 85 Sondern Gros 86 Diener Furnemeil 87 Knecht 88 jm Sondern.
N 76 konnens 81 Jacobum 82 Johannem 86 Fürnemeil.
O 71 Das einer 74 Künnet 75 vnd 76 können es 77 jr So bereitet 83 das 85
euch 86 vnd. **P** 74 KVnd 81 Jacoben 82 Johannem 85 gros 86 Vnd.
Q 72 das Einer rechten 73 lincken 74 Kund 75 Vnd 77 Jr So Sondern 35
bereit 81 Jacobum 82 Johannem 85 Gros.
R 72 einer Rechten 73 Lincken 74 Kund 75 vnd 77 jr So fondern bereitet
82 Johannen 85 gros 87 ewer aller.

Vnd sie kamen gen Jericho, vnd da er von Jericho gieng, er vnd 90
seyne iunger vnd eyn grosz volck, do sasz eyn blinder Bartimeus Ti
mei son am wege, vnd bettelt, vnd da er horet, das es Jhesus von Na
zareth war, fieng er an zu schreyen, vnd sagen, Jhesu, du son Dauid,
erbarm dich meyn, vnd viel bedraweten vhn, er solt still schweigen,
Er aber schrey viel mer, du son Dauid erbarm dich meyn, vnd Jhe 95
sus stund still, vnd lies yhm ruffen, vnd sie rieffen dem blinden, vnd
sprachen zu yhm, Sey getrost, stand auff, er ruffet dyr, vnd er warff
seyn kleyd von sich, stund auff, vnnd kam zu Jhesu, vnd Jhesus antwort vnd sprach zu yhm, was wiltu, dz ich dyr thun soll? Der blinde
sprach zu yhm, Meyster. das ich sehend werde, Jhesus aber sprach 100
zu yhm, gang hyn, deyn glawbe hat dyr geholffen, vnnd als bald
wart er sehend, vnnd folget yhm nach auff dem wege.

B *setzt* . *nach* werde 100, *mit folg. gr. Anfangsb. nach* meyn 94. 95, dyr 97,
Jhesu 98; *streicht* , *nach* wege 92, schreyen 93, Jhesu 93, still 96, blinden 96.
C *streicht* . *nach* mein 94; *streicht* , *nach* yhm 101.
D *streicht* , *nach* gieng 90.   E *setzt* . *mit folg. gr. Anfangsb. nach*
5 mein 94; *setzt* , *nach* gieng 90, dir 97, yhm 101; *streicht* , *nach* David 93.
F *setzt* . *nach* schweigen 94, ruffen 96, dir 97, geholffen 101.
G *setzt* , *nach* mein 94, 95; *streicht* , *nach* getrost 97.
H *setzt* . *nach* mein 94, 95; *setzt* , *nach* Dauid 93, 95, getrost 97, Jhesu 98, nach 102.
I *setzt* , *nach* Jünger 91, son 92, schreien 93, stille 96, blinden 96, antwortet 98.
10 L *setzt* . *nach* bettelt 92, Jhesu 98, *mit folg. gr. Anfangsb. nach* Jericho 90 l.
M *streicht* , *nach* zuschreien 93.   N *streicht* , *nach* sagen 93.
O *setzt* , *nach* schreien 93, sagen 93.   P *setzt* , *nach* Jericho 90 l.,
geholffen 101; *streicht* , *nach* war 93.   Q *setzt* . *nach* Jericho 90 l.,
geholffen 101; *setzt* , *nach* wege 92, war 93; *streicht* , *nach* son 92, nach 102.
15 R *setzt* , *nach* Jericho 90 l., son 92, geholffen 101, nach 102; *streicht* , *nach* wege
92, sich 98.

A 91 gros   92 bettelt   er] ehr   94 sollt   schweygen   95 mehr   96 styll   99 das.
B 91 da   Barthimeus   96 still   Vnd 2.   97 stehe.   C 92 ehr] er.
C¹ 92 höret   95 Erbarm   97 getröst.   D 94 vnd   95 Du   erbarm   (100 sehen).
20 E 94 erbarme *so auch* 95   stille *so auch* 96   97 getrost   98 kleid   99 Was   101
Gehe   glaube   Vnd   102 war   folgete.
F 92 Vnd 2.   94 schweigen   101 hin   glawbe.
G 91 Bartimeus   100 Meister] Rabboni   102 ward.
H 90 von] ans   91 sas   93 schreien   101 glaube.
25 I 91 sass   94 erbarm.   K 93 son   95 erbarm.
L 91 sas   Timej   93 Son   94 solte   96 Blinden *so auch* Blinde 99   101 Glaube.
M 91 Blinder   Timei   93 zuschreien   97 rüffet   98 Kleid   101 Dein   glaube.
N 91 Volck   sass   93 erbarm   93 zu schreien   101 Glaube.
O 91 sas   94 Er   97 ruffet   101 glaube.
30 P 91 Da   sass   93 son   94 Erbarm *so auch* 95   100 Das.
Q 91 da   Blinder   94 erbarm *so auch* 95   95 son   100 das.
R 91 Da   blinder   94 Erbarm *so auch* 95   95 Son.

Das eylfft Ca pitel.

Vnd da sie nah zu Jerusalem komen, gen Bethphage vnnd Bethanien, an den oleberg, sand er seyner iunger zween, vnnd spzach zu yhnen, gehet hyn, vnn den flecken der fur eu=ch ligt, vnd als bald, wenn yhr hyn eyn kompt, werdet yhr finden eyn fullen angebunden, auff wilchem nie keyn mensch gesessen ist loset es ab, vnd furet es her, vnd so ymant zu euch sagen wirt, warumb thut yhr das? so sprecht, der herr darff seyn, So wirt ers bald her senden, Sie giengen hyn vnd funden das fullen gepunden XXXIIII. an der thur aussen auff der wegescheyd, vnd losetens auff, vnd ettli=ch die da stunden, spzachen zu yhn, was macht yhz, das yhz das ful=len auff loset? sie sagten aber zu yhn, wie yhn Jhesus gepotten hatte, vnnd die liessens zu, vnd sie fureten das fullen zu Jhesu, vnnd legten

B *setzt* . *nach* senden 10.   C *streicht* , *nach* yhn 13 1.
C¹ *streicht* . *nach* Capitel 1 ; *streicht* , *nach* yhr 12 1.   D *setzt* . *nach* Capitel 1.   E *setzt* . *nach* auff 11 2.; *setzt* , *nach* yhr 12 1., löset 13, yhn 13 1.; *streicht* , *nach* hyn 5, bald 5.   F *setzt* ? *nach* aufflöset 13; *setzt* . *mit folg. gr. Anfangsb. nach* zu 14 1.   G *setzt* , *nach* bald 6.
H *setzt* , *nach* thür 11; *streicht* , *nach* Bethanien 4, bald 5.   I *setzt* . *nach* hatte 13; *setzt* , *nach* Flecken 5, hin 10.   L *setzt* . *nach* her 8.   M *setzt* . *nach* hatte 13.   O *setzt* . *nach* hatte 13.   P *setzt* , *nach* hatte 13.   R *streicht* , *nach* sprechet 9.

A 1 eylft   3 kamen   Betphage   4 sandt   7 angepunder   8 yemant   9 so 2.   10
gebunden   11 wegscheyd   etlich *so auch* 16.
B 1 eylfft   4 oleberg   sand   8 wird *so auch* 9, 61, wirds 50   9 Herr   11 Vnd 2.
13 gepoten.
C 7 füllen *so immer*   8 löset *so auch* 13   füret *so auch* fireten 14   yemand   10
sanden   gepunden   11 thür   13 gepotten.
C¹ 8 füret   10 fullen *so auch* 12, 14   11 thur   lösetens.
E 1 Elffte   3 nahe   Bethphage   4 sandte   seiner *so auch* sein 9, seinem 47   iünger
so auch 29   5 yhnen] yhn   Gehet   yn *so auch* 19, 47   fur *so auch* 38, 39, 41 zwei=
mal, 62   6 vnd *gestr.*   hin *so auch* 10. *desgl.* hinzu 20 *zweimal* hinaus *vgl. zu* 23   7 ein
so auch 34, 57, 63, einen 25   welchem   kein *so auch* keine 29   8 füret   9 warumb *so*
auch 61   10 sanden   füllen *so auch* 12, 14   11 thür   der] dem   wegscheid   etliche
so auch Etliche 16   13 Sie   Jesus *so auch* 31, 44, 56, 64, Jesu 64   gepoten.
F 1 Eylffte   5 hin   ynn *so auch* 19, 47   fur *so immer*   6 vnd als   hinein   8 furet
so auch fureten 14   sahen   9 warumb *so auch* 61   10 fullen *so auch* 12. 14   12 Was   13
aufflöset   Jhesus *so auch* 31, 44, 56, 64, Jhesu 64   14 Vnd 1.
G 4 iunger *so auch* 29   5 yhn] yhnen   7 wilchem   9 Der   10 füllen *so auch* 12, 14
11 auff 2.] ab   13 gepotten.
H 1, 2Das Eylffte Capitel.] XI.   4. iünger *so auch* 29   5 yhnen] jn, *so immer* jn z. B. 12,
jn z. B. 25, jm 29, jnen 35, jr z. B. 6. jrs 50, jre 15 *mit* j *statt* yh   ynn] jnn *so immer. desgl.*
jns 46, jm 52 *mit* j *statt* y   7 angebunden *so auch* gebunden .u   welchem   8 füret *so*
auch fureten 14   yemand] jemand *so immer*   9 der   11 weg scheid   13 ablöset gepoten.
I 4 Oleberg   Jünger *so auch* 29   zwen   5 Flecken   9 Warumb   sprechet.
K 3 Betphage   4 zween   5 jn] jnen *so auch* 12, 13 *zweimal* 65   8 Vnd 2.   11 weg=
scheid   13 geboten.   L 3 Bethphage   7 Füllen *so immer*   9 Der.
M 5 jnn] in *so immer, desgl.* ins 46   6 Vnd   7 Mensch *so auch* Menschen 59, 62   9 So
zweimal   10 gebunden 2.   N 8 Löset   10 gebunden den.
O 6 vnd   11 Wegscheid.   P 4 Sandte   6 Vnd   hin ein   13 gebotten   14 vnd 1.
Q 4 sandte   6 vnd   8 wird sagen   11 wegscheid   13 geboten   14 Vnd 1.   die] sie.
R 4 oleberg   Sandte   6 Vnd   8 sagen wird   9 so 2.   11 Wegscheid   13 ge=
botten   14 vnd die.

yhie Kleyder drauff, vnd er fatzte fich drauff, viel aber, breytten vhre 15
Kleyder auff den weg, Etlich hywen meygen von den bewmen, vnd
ftraweten fie auff den weg, vnd die forne fur giengen vnd die herna=
ch folgeten, fchryen vnnd fprachen, Hofianna, gebenedeyet fey,
der da .Kompt, ynn dem namen des herren, gebenedeyet fey das reych
vnfers vaters Dauid, das do kompt ynn dem namen des herrnn, 20
Hofianna ynn der hohe.

Vnd der herre zog eyn zu Hierufalem, vnd gieng vnn den tempel,
vnd er befahe alles, vnd am abent, gieng er hynaus gen Bethanien,
mit den zwelffen, vnd des andern tages, da er von Bethanien gieng
hungerte yhn, vnd fahe eynen feygen bawm von ferne, der bletter 25
hatte, da tratt er hynzu, ob er etwas drauff funde, vnnd da er hyn zu
kam, fand er nichts denn nur bletter, denn es war noch nicht vmb
die zeyt das feygen feyn follten, vnd Jhefus antwort vnnd fprach zu
vhm, Nu effe von dyr niemant keyne frucht ewiglich, vnd die iunger
hoeten das. 30

A *streicht*, *nach* abent 23.   B *setzt* . *nach* drauff 152.; *mit folg. gr.*
Anfang: b. nach zwelffen 24; *streicht*, *nach* aber 15, fey 18, tages 24.
C¹ *streicht* . *nach* höhe 21.   D *setzt* . *nach* höhe 21; *streicht*, *nach*
drauff 15 l.   E *setzt* . *mit folg. gr. Anfangsb. nach* weg 17, alles 23,
folten 28, [ewiglich 29; *setzt*, *nach* drauff 15 l., giengen 17. tages 24; *streicht*, *nach*
kompt 19.   G *streicht*, *nach* Dauid 20.   H *setzt*, *nach* weg 17, Dauid 20.
giengen 24, folten 28; *streicht*, *nach* Jerufalem 22.   I *setzt* . *nach* jn 29:
setzt, *nach* Hofianna 21, Zwelffen 24, zeit 28.   K *setzt*, *nach* nichts 27,
antwortet 28; *streicht*, *nach* Hofiana 21.   L *setzt* . *nach* weg 16, 17.
Zwelffen 24, hatte 26, fünde 26, folten 28; *setzt*, *nach* Hofianna 21, jm 29; *streicht*,
nach nichts 27, antwortet 28.   M *setzt* . *nach* HERRN 19, *mit folg. gr.*
Anfangsb. nach drauff 15 l.; *setzt*, *nach* antwortet 28.   N *streicht*, *nach*
Hofianna 21.   O *setzt* . *nach* jn 25; *setzt*, *nach* drauff 15 l., HERRN 19,
Jerufalem 22; *streicht*, *nach* antwortet 28.   P *setzt* . *nach* Bletter 27;
setzt, *nach* hatte 26, fünde 26.   Q *setzt* . *nach* hatte 26, fünde 26; *setzt*, *nach*
fchrien 18, jn 25, nichts 27, Bletter 27, antwortet 28.   R *setzt* . *nach* jn 25; *setzt*
, *nach* alles 23, hatte 26; *streicht*, *nach* fchrien 18, nichts 27, antwortet 28.

A 15 Viel   16 etlich   20 vatters   22 Jerufalem   25 hungert   26 hyntzu 1.
B 16 hyben   19 Herren   20 vaters Herrn   22 Herre   zoch   26 hynzu 1.   28 folten.
C 16 Etlich   17 für   20 yn *fo auch 19*   21 höhe   23 hyn aus   30 höreten.
C¹ 20 ynn.   D 19 do.
E 15 breyteten   16 kleider   hieben   meyen   17 ftreweten   19 Herrn   reich   22 Herr
ein   23 abend   hinaus *fo auch 41*   25 hungerte   26 trat   hinzu 2.   27 nür *fo*
auch 50   28 zeit   fein   antwortet *fo auch 56, 64*   29 dir *fo auch 56*   niemand.
F 15 kleider   breiteten   17 ftraweten   25 feygenbawm   27 nur *fo auch 50*   28 feigen.
G 22 zoch]   gieng   23 abent   26 hin zu 2.   28 die zeit das feigen fein folten] die feygen
zeit   29 die] feine.
H 16 meien   beumen   18 fchrien   gebenedeyet] gelobet *fo auch 19*   19 da *fo auch*
20   22 gieng 2. *geftr.*   24 er] fie   gieng] giengen   25 Vnd   feigenbaum   26 Da
fünde   hinzu 2.   27 vmb die feygen zeit] zeit das feigen fein folten.
I 16 meyen   19 Reich   22 Tempel *fo immer*   24 Zwelffen.
K 16 meien   17 ftreweten   fur] vor   19 Gelobet   23 abend *fo auch* abends 40
26 Vnd   hin zu 2.   L 16 bewmen   17 vor] für
18 Gelobet   20 Vaters   23 abent *fo auch* abents 40   25 Feigenbawm   26 hinzu 2.
M 15 Kleider *fo auch 16*   16 Meien   Bewmen   17 fnr   19 kümpt *fo auch 20*   Namen
fo auch 20   23 abend *fo auch* abends 40   25 Bletter *fo auch 27*   26 hin zu 1.   Ob 27
Denn 2.   28 Feigen   29 Frucht.   N 16 Beumen   17 für-
giengen   19 kompt *fo auch 20*   21 Höhe   25 Feigenbaum *fo immer*   26 hinzu 1.
O 15 vnd   16 Bewmen   17 für giengen   20 vaters   21 höhe   25 Feigenbawm
26 ob.   P 15 Vnd   17 vor   23 Abend.   Q 17 für   20
Vaters   21 Hifanna)   23 abend   hin aus *fo auch 41, desgl.* hin zu 26 *zweimal*   26 Ob.
R 16 meien   17 vor   18 fchrachen   20 vaters   25 bletter   26 hinzu *zweimal*.

Vnnd sie kamen gen Jerusalem, vnnd Jhesus gieng ynn den tempel, fieng an, vnd treyb aus, die verkauffer vnnd kauffer ynn dem tempel, vnd die tissche der wechszler vnd die stuel der tawben kremer sties er vmb, vnnd lies nicht zu, das yemant eyn gezeug durch den tem-
35 pel truge, vnnd er leret vnd sprach zu yhn, ists nicht geschrieben? meyn haus soll heyssen eyn bet haus allen volckern, yhr aber habt eyn mor der gruben draus gemacht.

Vnnd es kam fur die schrifft gelerten vnd hohen priester, vnnd sie trachten, wie sie yhn vmb brachten, sie furchten sich aber fur yhm, denn
40 alles volck verwunderte sich seyner lere, vnnd des abents, gieng er hynaus fur die stadt, vnnd am morgen, giengen sie fur vber, vnd sahen den seygen bawm, das er verdorret war bis auff die wurtzel, vnnd Petrus gedacht dran, vnnd sprach zu yhm, meyster sihe, der seygenbawm, den du verflucht hast, ist rerdorret, Jhesus ant-

A *setzt*, *nach* Jhesus 31; *streicht*, *nach* morgen 41.   B *setzt*. *nach* lere 40, verdorret 44, *mit folg. gr. Anfangsb. nach* stad 41; *streicht*, *nach* Jhesus 31, aus 32, trachten 39, abents 40, bawm 44.   E *setzt*. *mit folg. gr. Anfangsb. nach* wurtzel 42; *setzt*, *nach* trachten 39, feygenbawm 44.   G *streicht*, *nach* seigen- bawm 42.   H *setzt*, *nach* seigenbawm 42. wurtzel 42.   I *setzt*, *nach* wechsler 33, leret 35, war 42, antwortet 44; *streicht*, *nach* an 32, trachten 39.   K *setzt*, *nach* kremer 33, Rabbi 43.   L *setzt*. *rach* Jerusalem 31, wurtzel 42; *streicht*, *nach* Taubenkremer 33.   M *setzt*. *nach* trüge 35, Hohenpriester 38, *mit folg. gr. Anfangsb. nach* vmb 34; *streicht*, *nach* leret 35, Feigenbawm 44.   N *setzt*, *nach* Feigenbaum 44.   O *setzt*, *nach* vmb 34, leret 35, Hohen- priester 38; *streicht*, *nach* Feigenbaum 42, antwortet 44.   P *setzt*, *nach* Jeru- salem 31, Feigenbaum 42; *streicht*, *nach* Sihe 43.   Q *setzt*. *nach* Jeru- salem 31, Hohenpriester 38, *mit folg. gr. Anfangsb. nach* vmb 34; *streicht*, *nach* leret 35, Feigenbawm 44.   R *setzt*. *nach* geschreiben 35; *setzt*, *nach* Jerusalem 31, Tempel 32, vmb 34, trüge 35. Hohenpriester 38, war 42, Feigenbawm44; *streicht*, *nach* an 32, trachten 39, dran 43, Sihe 43, antwortet 44.

A 32 verkeuffer   33 wechsler   34 yemand   getzeug   35 ists] steht   38 schrifft- gelerten   Priester *so auch* 54   39 vmbbrechten   40 Vnd   41 hyn aus   42 verdurret 44 seygen bawm   antwort.

B 33 wechsler   tauben   34 gezeug   35 yhn] yhnen   stehet   36 sol   bethaus 39 vmbrechten   43 Meyster   44 antwortet.

C 35 trüge   36 völckern   mörder   39 fürchten   42 verdürret.

Cl 39 vmbbrechten   furchten   (40 abent)   42 verdurret.

D 33 tissche   36 volckern   39 vmbrechten.

E 32 kenffer   33 stüle   35 Stehet   Meyn   36 heissen   völckern   38 priester *so auch* 54   39 vmbbrechten   42 feygenbawm *so auch* 44   verdorret   43 gedachte Meister.

F 32 treib   33 stuele   35 Mein   36 ein *zwcimal*   40 seiner   42 feigenbawm verdurret.

G 36 völkern   39 vmbrechten   (42 v. was)   43 Meister] Rabbi.

H 31 Vnd 2.   33 stüle   taubenkremer   34 ein gezeug] etwas   36 bet haus   völckern mördergruben   38 Hohen *so auch* 54   40 verwundert   42 verdorret   44 seigenbawm.

I 33 tauben kremer   36 Haus Bethaus   eine   mörder gruben   38 Schrifftgelerten *so auch* 54   39 vmbrechten   41 Stad   42 feigenbaum *so auch* 44.

K 33 wechsler   35 Vnd 1.   36 Bet haus   38 Priester *so auch* 54   39 vmb brechten.

L 32 Verkeuffer   Kenffer   33 Wechsler   Taubenkremer   36 Bethaus   38 Hohen- priester *vgl. zu* 54   Vnd 3.   39 vmbbrechten   Sie 2.   42 Feigenbarm *so auch* 44.

M 32 Völckern *so auch* Volck 40, 62   Jr   Mördergruben   40 Lere   42 Feigenbawm *so auch* 44   43 Sihe.

N 33 stuele   43 gedacht.

O 34 vnd   36 ein 2.   38 vnd 3.   39 Denn   40 verwunderte lere   43 gedachte sihe.

P 33 stüle   36 eine   38 VNd 3.   40 volck   verwundert   43 Sihe.

Q 31 Jesus   36 ein 2.   39 denn   40 Volck   verwunderte Lere   (abenbs) 42 Feigenbawm.

R 31 vnd 2.   Jhesus   34 vnd   35 geschreiben   36 eine   37 daraus   39 Denn 40 verwundert   lere   44 Feigenbawm.

wortt vnnd fprach zu yhnen, habet glawben an gott, warlich ich fa= 45
ge euch, wer zu difem berge fprech, heb dich vnd wirff dich yns meer,
vnnd zweyffelte nicht yn feynem hertzen, fondernn glewbte, das es
gefchehen wurd, was er fagt, fo wurds yhm gefchehen, was er fagt,
Darumb fage ich euch, alles was yhr bittet ynn ewrem gepet, gleubt
nur, das yhrs empfahen werdet, fo wirts euch werden, vnnd wenn 50
yhr fteht vnnd betet, fo vergebt, wo yhr ettwas widder ymant ha=
bet, auff das auch ewr vatter ym hymel euch vergebe ewr feyle.|

XXXV. Vnd fie kamen aber mal gen Jerufalem, vnnd da er ym tempel gi
eng, kamen zu yhm die hohen priefter vnd fchrifftgelerten, vnd die elti=
ften, vnd fprachen zu yhm, aus wafer macht thuftu das? vnnd wer 55
hat dyr die macht geben, das du folchs thuft? Jhefus aber antwort
vnd fprach zu yhnen, ich will euch auch eyn wortt fragen, antwortet
myr, fo will ich euch fagen, aus wafer macht ich das thue. Die tauffe
Johannis, war fie von hymel odder von menfchen? Antwortet myr.
Vnnd fie dachten bey fich felbs, fagen wyr, Sie war von hymel, fo 60

A *streicht*. *nach* myr 59; *setzt*, *nach* etwas 51, thue 58. B *setzt*. *nach*
myr 59, *mit folg. gr. Anfangsb.* *nach* werden 50; *streicht*, *nach* etwas 51, fchrifftgelerten 54. C *setzt*. *nach* yhnen 57. D *streicht*, *nach* gefchehen 482.
E *setzt*. *nach* fagt 482.; *setzt*, *nach* yhnen 57; *streicht*, *nach* fpreche 46.
5 F *setzt*, *nach* fpreche 46. G *streicht*, *nach* felbs 60; *setzt*, *nach* fprnehen 60.
H *setzt*. *mit folg. gr. Anfangsb.* *nach* Gott 45. I *setzt*, *nach* Warlich 45,
dich 461., gefchehen 432., antwortet 60, himel 59, felbs 60. L *setzt*. *nach* thue 58.
M *streicht*, *nach* fragen 57. N *setzt*, *nach* fragen 57. O *setzt*
. *nach* Jerufalem 53. P *setzt*, *nach* Gott 45, Jerufalem 53. Q *setzt*. *nach*
10 Gott 45, fprachen 60. R *setzt*, *nach* Gott 45, fprachen 60; *streicht*, *nach* dich 461.

A 45 Gott   47 ynn   fondern   glawbte   49 glewbt   51 bettet   etwas   yemand
57 wort   58 die   59 antwortet   60 fie?.
B 47 glewbte   48 wurde   51 ftehet   52 vater   57 wil *fo auch 58*.
C 51 ettwas   wider   yemant   53 ym] yan   54 fchrifft gelerten   Eltiften   59
15 oder   Antwortet.   D 51 etwas.
E 45 Habt   Warlich   46 diefem   fpreche   47 zweyfelte   gleubte   48 würde
wird,   49 ynn   gebet   glewbet   51 betet   vergebet   widder   yemand   habt
52 ewer *zweimal*   fehle   53 abermal   ynn den   54 fchrifftgelerten   55 Aus   56 gegeben   folchs   57 Ich   58 mir *fo auch 59*   Die   59 von I.] vom *fo auch 60*   60
20 gedachten.
F 47 zweifelte   glewbte   51 bettet   52 feyle   56 folchs   59 odder   60 wir *fo
auch 61*, Wir 64.
G 45 warlich   47 zweyffelte   48 wurde   60 gedachten b. f. f.] gedachten b. f. f. vnd
fprachen.
25 H 45 glauben   47 zweifelte   gleubte *fo auch* gleubet 49, geglaubet 61   48 würde   51
betet   52 himel *fo immer*   feile   54 Elteften.
I 46 Heb   47 zweinelte   49 Alles   52 Vater   jm] im   ewre   58 Tauffe   60
Sagen.
K 46 Hebe   51 wider   52 Himel *fo immer*   59 oder.
30 L 45 Glauben   Ich   46 Berge   Heb   jnns   47 Gleubte   48 faget *zweimal*   49
Ich   53 Vnd 2.   54 Hohen priefter.
M 45 glauben   47 zweiuelt   gleubte   48 So   49 Darümb   ich   Gebet   51 So
52 Auff   Feile   54 Hohenpriefter 53 Vnd 2.   53 So   60 Sie 2. *fo auch 62*.
N 45 ich   46 Wer   Meer   47 gleubete   48 fagt *zweimal*   49 Darumb.
35 O 45 Ich   46 meer   47 Vnd   zweiuelte   gleubet   48 faget *zweimal*   51 fo   55
vnd 2.   57 Antwortet   58 fo   thu   60 fie 2. *fo auch 62*   So *fo auch 62*.
P 46 Meer   47 Sondern   gleubte   54 Kamen   58 So.
Q 47 vnd   zweifelt   fondern   50 emphahen   51 So   (52 im mel)   54 kamen   55
Vnd 2.   56 folchs   57 antwortet   58 thue   60 Sie 2. *fo auch 62*   fo.
40 R 47 zweinelte   Sondern   50 emphahen   51 fo   55 vnd 2.   56 folchs   57 Antwortet   58 fo   Aus   thu   tauffe   60 fie 2. *fo auch 62*   So.

58

wurt er fagen, warumb habt yhr denn yhm nicht glawbt? fagen wyr
aber, fie war von menfchen, fo furchten wyr vns fur dem volck, denn
fie hielten alle, das Johannes eyn rechter prophet were, vnnd fie ant
woiten vnd fprachen zu Jhefu, wyr wiffens nicht, vnd Jhefus ant=
65 woitt vnd fprach zu yhn, fo fage ich euch auch nit, aus wafer macht
ich folchs thue.

A *streicht*, *nach* aber 62.   B *setzt* . *mit folg. gr. Anfangsb. nach*
nicht 64.   C *setzt*, *nach* nicht 64.   E *setzt* . *nach* nicht 64,
mit folg. gr. Anfangsb. nach were 63; *setzt*, *nach* aber 52.   I *setzt*, *nach*
antworten 63, antwortet 64.   P *streicht*, *nach* aber 62.
Q *setzt*, *nach* aber 62.

A 61 wirt   glewbt   63 Prophet   antwortten   64 antwort.   B 65 nicht.
C 63 antworten.   E 61 gegleubet   62 Denn   65 fag.
F 61 geglewbet   64 Wir   65 So.   G 65 fage.   H 65 fag.
I 62 furchten   65 fage.   K 61 Sagen 2.   L 61 Warumb.
O 65 Aus.   P (62 vom)   65 aus.   Q 65 Aus.
R 62 fo   volck   65 aus.

Das zwelfft Capitel.

Vnd er fieng an zu yhn durch gleychniffe zu reden, Eyn men
fch pflantzet eynen weynberg, vnd furet eynen zawn drumb,
vnd grub eyne kellter, vnd bawer eynen turn, vnnd thett yhn
aus den weyngartnern, vnd zoch vber land, vnd fandte eynen
knecht, zur zeytt, zu den weyngartnern, das er von den weyngartnern
neme von der frucht des weynberges, fie namen yhn aber vnd fteupten
yhn, vnnd lieffen yhn leer von fich, Aber mal fand er zu yhnen, ey=
nen andern knecht, den felbigen fteynigeten fie, vnd zublaweten yhm

B *setzt* . *nach* reden 2, fich 8; *streicht*, *nach* Abermal 8, yhnen 8.
H *setzt*, *nach* kam 6.   L *setzt* . *nach* land 5, weinberges 7.
M *streicht*, *nach* drümb 3.   N *setzt*, *nach* drumb 3.
O *setzt* . *mit folg. gr. Anfangsb. nach* Knecht 9; *streicht*, *nach* kam 6.
P *setzt*, *nach* Knecht 9.   Q *setzt*, *nach* kam 6, aber 7: *streicht*, *nach*
Weingartnern 5.   R *setzt*, *nach* Weingartnern 5; *streicht*, *nach* kam 6, aber 7.

A 4 eyn *l.* thet   5 vbir   6 zeyt   8 Abermal fandt *fo auch* 10   9 felben zu-
blawbeten.   B 4 eyne *l.* 7 Sie   9 fteynigten fie] fie auch   zu blaweten.
C 4 kelter   8 Aber mal.   C¹ 5 vber   8 fand.   D 9 bleweten.
E 1 zwelffte   2 Ein *fo auch ein 21, 40, 43, 56, 61, 67,* einen 3 *zweimal, 5, 13, 33, 88,* eine
4, 87, einer 57 weinberge *fo auch 19,* weinberges 7, weingartnern 6 *2.,* weingartner *15, 19*
füret zaun   7 frücht   8 Abermal *fo auch 10* fandte *fo auch 10, 13*   9 fteynigeten.
F 2 gleichniffe   3 furet   4 einen *fo auch 8, 11*   5 weingartnern *fo auch 6 l.,* wein-
berg *17,* weinberges *18* Vnd 2.   6 zeit   7 frucht   9 fteinigeten.
G 1 Zwelffte.
H 1 Das Zwelffte Capitel] XII.   2 yhn] jn *fo immer, dergl.* jn *z. B.* 4, jnen *z. B.* 8, jn
z. B. 13, jr *z. B. 33,* jre *32, 92,* jrem *91 zweinal, mit* j *ftatt* yh   3 füret   6 zur zeit] da die
zeit kam   9 den felben fteinigeten fie auch, vnd zu bleweten yhm den kopff] dem felben
zeworffen fie den kopff mit fteinen.
I 4 thurn.   K 2 jn] jnen   4 bawete.
L 2 Gleichniffe *fo auch 24*   3 Weinberg   4 bawet   5 Knecht   Weingartnern *l. fo*
auch Weingartner *15, 19.*
M 3 Zann   drümb   4 Kelter   Thurn   5 Weingartnern *fo auch 6 2.*   7 Frucht   9
Knecht.   N 3 drumb   7 Weinberges *fo auch 18,* Weinberg *17, 19*   8 lere.
O 6 weingartnern 2.   7 weinberges *fo auch 18,* weinberg *19*   8 leer.
P 4 Vnd 3.   5 Land   6 Weingartnern 2.   Q 4 vnd 3.   7 Weinberges (9 den f.)
R 6 Das   7 weinberges *fo auch 18*   9 Dem f.

den kopff, vnnd lieſſen yhn geſchmecht von ſich, Abermal ſand er
eynen andern, den ſelbigen tödten ſie, vnd viel andere, ettlich ſteup=
ten ſie, ettlich tödten ſie.

Da hatt er nach eyn eynigen ſon, der war yhm lieb, den ſand er
auch zu yhnen zum letzten, vnd ſprach, ſie werden ſich fur meynem ſon
ſchewen. Aber die ſelben weyngartner ſprachen vnter eynander, ditz iſt
der erbe, kompt, laſt vns yhn tödten, ſo wirt das erbe vnſer ſeyn, vnd
ſie namen yhn, vnd tödten yhn vnd wurffen yhn eraus fur den weyn=
berg. Was wirt nu der herr des weynberges thun? Er wirt komen
vnd die weyngartner vmbringen, vnd den weynberg andern geben.
Habt yhr auch nitt geleſen diſſe ſchrifft? Der ſteyn, den die bawleut
verweꝛffen haben, der iſt eyn eckſteyn worden, von dem herren iſts ge
ſchehen, vnd es iſt wunderlich ynn vnſern augen. Vnd ſie trachten dar
nach wie ſie yhn griffen, vnd furchten ſich doch fur dem volck, denn ſie
vernamen, das er auff ſie diſe gleychniſſe gerebt hatte, vnd ſie lieſſen
yhn vnd giengen daruon.

A ſetzt , nach yhn 17 2., 25; ſtreicht , nach ſchewen 15, erbe 16 1., yhn 17 1.
B ſetzt . nach ſich 10, ſchewen 15, weinberg 17; ſetzt , nach erbe 16 1., darnach 22.
C ſtreicht? nach ſchewen 15 ſetzt . nach ſchewen 15; ſtreicht , nach
darnach 22. E ſetzt? nach augen 22; ſetzt . nach ſchewen 15; ſetzt , nach
: ſich 10, weynberg 17, geben 19, ſchrifft 20, darnach 22; ſtreicht , nach ſtein 20.
F ſetzt . nach ſich 10, gel en 19. G ſetzt . nach augen 22. H ſetzt? nach
augen 22; ſetzt , nach ſteinen 10, jnen 14. I ſetzt , nach ſchewen 15, komen 18,
ſtein 20. K ſtreicht , nach kompt 16. L ſetzt . nach ſchewen 15, ſein 16,
augen 22, hatte 24, mit folg. gr. Anfangsb. nach ſie 11; ſetzt , nach kompt 16.
M ſetzt . nach worden 21; ſtreicht , nach tödten 16. N ſetzt , nach tödten 16.
O ſetzt . nach volck 23, mit folg. gr. Anfangsb. nach andern 11; ſetzt? nach
Schrifft 20; ſetzt , nach ſie 11, hatte 24; ſtreicht , nach Kompt 16. P ſetzt , nach
andern 11. Q ſetzt . nach hatte 24, mit folg. gr. Anfangsb. nach ſie 11; ſetzt
, nach yhn 17 1., Schrifft 20, Volck 23; ſtreicht , nach haben 21, jn 25. R ſetzt?
15 nach Schrifft 20; ſetzt , nach ſie 11, haben 21, hatte 24, jn 25; ſtreicht , nach jn 17 1.

A 11 etlich ſo auch 12, etliche 26 13 hatte noch 20 nicht ſo auch 29 diſe.
B 10 ſand 15 dis 16 wird ſo auch 18 zweimal, 47 Vud. C 12 tödten ſo auch
16, 17 18 weynbergs 22 yn 23 gryſſen. C1 10 Aber mal 12 todten. D 25 dauon.
E 11 tödten ſo auch 12 etliche ſo auch 12 13 einen einigen 14 für ſo auch
20 17, 23, 59, 60, 93 meinem ſo auch 76, meiner 77 15 vntereinander Dis 16 ſein ſo
auch 47 18 weynberges 19 vmbbringen 20 diſe] die Der] Den ſtein ſo auch eckſtein
21 21 Von Herrn 23 griffen 24 dieſe ſo auch 65, 89, 91 gleichniſſe gered ſo auch 67.
F 14 fur ſo immer 15 vnternander 19 vmbringen 22 ynn ſo auch 46, 81, 82, 86 24 geredt.
G 14 ſone (19 weinber) 20 jhr 21 (verwoffen) herrn.
25 H 14 zum letzten auch zu jnen ſon 15 Dis] Das 16 laſſt 17 heraus 18 Herr
ſo auch Herrn 21 20 jhr] jr die 1.] dieſe Bauleut 21 iſts] iſt dis 22 wünderlich
ynn] fur 24 gleichnis.
I 11 ſelben ſo auch 44, 84 14 Sie 15 Dis 18 herr 19 vmbbringen 20 dieſe] die
Schrifft ſo auch 49 bawleute 21 Eckſtein 22 wunderlich 23 Denn 24 gleichniſſe.
30 K 16 laſt 17 worffen 18 Herr 19 vmb bringen 20 dieſe Stein Bawleute
24 Vnd 25 Vnd. L 13 Son 16 Erbe 1. laſſt 17
wurffen eraus 19 vmbbringen 20 die Der 23 Vnd 25 vnd da vor.
M 10 Kopff Aber mal 11 Etliche 14 Son 16 Erbe 2. 18 weinbergs 19 vmb
bringen 20 ſchrifft 22 wunderlich] wünderbarlich 23 Volck ſo auch 86, Volcks 79.
35 N 10 Abermal 18 Weinberges 19 vmbbringen 20 Schrifft 22 wunderbarlich 24 gered ſo
auch 67 25 dauon. O 11 vnd etliche 13 Den 15 Das 16 Kompt 17 heraus
20 dieſe 22 wünderlich 23 grieſſen vnd volck ſo auch 86 24 geredt ſo auch 67.
P 11 Etliche 15 Dis 16 So 19 Weinberg 20 ſtein 22 wunderlich 23 griffen
Volck (24 lieſen.
40 Q 11 den ſelben 13 den 16 kompt laſſet ſo 17 eraus 18 Weinbergs 20
die Stein 22 wunderbarlich 23 Vnd.
R 11 Denſelben vnd 13 Den 14 ſon 16 Kompt laſſt 17 her aus 18 weinberges 20 dieſe ſtein 21 dis] das 23 grieſſen vnd.

Vnd sie sandten zu yhm ettliche von den pharifeer vnnd hero=
dis diener, das sie yhn fiengen ynn woitten, vnd sie kamen vnd spra=
chen zu yhm, Meyster, wyr wissen das du warhafftig bist, vnnd du
fragist nach niemant, denn du achtist nit das ansehen der menschen,
sondern du lerest den weg gottis recht, Ists recht, das man dem
keyser zinsze gebe odder nicht? sollen wyrn geben, odder nicht
geben? Er aber merckt yhr heucheley, vnd sprach zu yhnen, was ver=
sucht yhr mich? Bringt myr eynen pfennig, das ich yhn sehe, vnnd sie XXXV[a].
brachten yhm, da sprach er, wes ist das bild vnd vbirschrifft? sie spra=
chen zu yhm, des keysers, da antwoit Jhesus vnnd sprach zu yhnen,
so gebt dem keyser, was des keysers ist, vnd gotte, was gottis ist, vnd
sie verwunderten sich seyn.

Da tratten die Sadduceer zu yhm, die da halten, es sey keyn aufferste
hung, die fragten yhn vnd sprachen, meyster, Moses hat vns geschrie
ben, wenn ymands bruder stirbt, vnd lessit eyn weyb, vnd lessit keyn

B *setzt . mit folg. gr. Anfangsb. nach* (sehe 33. yhm 34 ist 362.; *streicht , nach*
geben 31. C¹ *setzt , nach* vberschrifft 34; *streicht , nach* Gotte 36.
E *setzt ? nach* vberschrifft 34; *setzt , nach* wissen 28, (sehe 33, ist 362., keyne 38,
yhn 39. F *setzt . nach* worten 27, sehe 33, Keisers 35, ist 362.; *streicht ,*
nach keine 38. G *setzt , nach* ist 362.; *streicht , nach* wissen 28.
H *setzt . nach* ist 362.; *setzt , nach* wissen 28; *streicht , nach* Keiser 36.
I *setzt , nach* gebe 31, nicht 31 I., geben 31, Keiser 36, Gotte 36; *streicht , nach*
halten 38. K *setzt , nach* Jhesus 35, halten 38. L *streicht ,*
nach Jhesus 35. M *setzt , nach* Jhesus 35; *streicht , nach* Weib 40.
O *setzt . nach* recht 30 I.; *setzt , nach* Weib 40; *streicht , nach* Jhesus 35, jn 39.
P *setzt , nach* Jhesus 35, jn 39; *streicht , nach* Meister 28. Q *setzt . nach*
niemand 29; *setzt , nach* kamen 27, Meister 28, recht 30 I.; *streicht , nach* wissen 28.
R *setzt , nach* wissen 28, niemand 29; *streicht , nach* kamen 27, Meister 28.

A 26 Pharifeer 30 lerilt Gottis *so immer, desgl.* Gotte 32, Gott *immer, ausgenommen*
61 I. 31 zinfe oder *zweimal* nit I. 33 bringt 40 yemands.
B 31 odder *zweimal* nicht I. 34 Sie 35 Da 39 Meyster.
C 31 Keyfer *so auch* Keyfers 35. C¹ 31 wyrn] wyr yhm oder 34 vberfchrifft.
D 28 wir 37 verwundertten.
E 26 Pharifeern 27 Vnd I. 28 Meiller *so auch* 66 29 fragest niemand *so auch* 72
achtest 30 lereft Gottes *so immer* 31 (Kryfer) oder I. follen wir 32 mercket
yhre Was verfüchet 33 bringet mir 34 bilde vnd die 35 Des Keifers
antwortet *so auch* 60 Jefus *so auch* 48, 70, 74, 85 36 So gebet Keyfer Keyfers
37 verwundern fein *so auch* 41, 79, feinem 42, feinem 69, 78, feine 88 38 traten keyne
40 Wenn flirbt leffet *zweimal* weib *so auch* 41, 43, 46, 48 keine *so auch* keinen 43,
kein 65, 67.
F 31 Keifer *so auch* 36, *desgl.* Keifers 36 odder *zweimal* follen 32 verfuchet 34
Wes 35 Jhefus *so immer* 38 keine *so auch* kein 55 39 Meister. G 35 Keyfers.
H 27 dienern ynnl jnn *so immer, desgl.* jm z.B. 52 *mit* j *statt* y 28 du 2. *gestr.* 33
pfennig] groffchen 35 Keifers 35 tratten 40 yemands] jemands.
I 27 diener 31 oder 2. 39 fragten 40 flirbt lefft I.
K 27 dienern 31 oder I. 32 verfucht 40 flirbet leset I.
L 27 diener 29 Denn 31 Sollen 32 verfuchet 33 Eringet 36 gebt 38 Auff
erftehung *so auch* 46 39 fragten 40 flirbt lefit *zweimal.*
M 26 Herodes 27 jnn] jn *so immer* 28 Wir 29 Menschen 30 Das 32 (heucheliy
verfüchet 33 Groffchen 36 Vnd I. 38 kein 40 Bruder *so auch* 41, Brüder 42 Weib 35
so auch 43. N 32 Heucheley verfuchet 34 Bilde Vberfchrifft 36 gebet.
O 26 Herodis 27 dienern 28 wir 31 Zinfe 32 heucheley 33 ein 34 vber
fchrifft 36 vnd I. 38 Es keine aufferftehung *so auch* 46.
P 31 zinfe 33 einen 36 Vnd I.
Q 26 Herodes 28 Wir 30 das (31 gehen) 32 merckte 33 Grofchen 34
Vberfchrifft 36 gebt 38 es kein Aufferftehung.
R 26 Herodis 28 wir 30 Das 31 follen 32 merckct 33 Groffchen 34 vber
fchrifft 36 gebet keifers 38 Es keine.

kinder, so soll seyn bruder desselbigen weyb nemen, vnd eynen samen er
wecken seynem bruder, Nu sind gewesen sieben bruder, der erst nam
eyn weyb, der starb, vnd lies keynen samen, vnd der ander nam sie,
vnd starb, vnd lies auch nicht samen, der dritt des selben gleychen,
vnd namen sie alle sieben, vnd liessen nicht samen, zu letzt starb nach 45
allen das weyb auch, Nu ynn der aufferstehung, wenn sie aufferste=
hen, wilchs weyb wirtt sie seyn vnter yhnen? denn sieben haben sie
zum weybe gehabt. Da antwortet Jhesus vnd sprach zu yhnen, ists ni
cht also? yhr yrret, darumb das yhr nichts wisset von der schrifft no
ch von der krafft gottis? wenn sie von den todten aufferstehen wer= 50
den, so werden sie nicht freyen noch sich freyen lassen, sondern sie
sind, wie die Engel ym hymel, Aber von den todten, das sie auffer=
stehen werden, habt yhr nicht gelesen ym buch Mosi, bey dem pusch
wie gott zu yhm saget vnd sprach, Jch bynn der gott Abraham, vnd
der gott Jsaac, vnnd der gott Jacob? Es ist keynn gott der todten, 55
sondern es ist eyn gott der lebendigen, darumb yrret yhr seer.

A *setzt*, *nach* erwecken 41, gewesen 42, darumb 49, freyen 51 l.; *streicht*, *nach*
bruder 42 l., 2.   B *setzt*. *nach* hymel 52.   D *setzt*, *nach* yhnen 47; *streicht*
, *nach* sieben 45, werden 50.   E *setzt*. *nach* Gottes 50; *setzt*, *nach* brüdere 42,
sieben 45, werden 50, pusch 53; *streicht*, *nach* Isaac 55.   F *setzt*. *mit folg*.
5 *gr*. *Anfangsb*. *nach* samen 45; *setzt*, *nach* Isaac 55.   H *setzt*, *nach* Gott 56.
I *setzt*, *nach* allen 46, saget 54; *streicht*, *nach* darumb 49, sind 52.
K *setzt*. *nach* Jacob 55; *setzt*, *nach* Jhesus 48, darumb 49.   L *setzt*? *nach*
Jacob 55; *setzt*. *nach* erwecken 41, Gott 56; *streicht*, *nach* Jhesus 48.
M *setzt*. *nach* auch 46, *mit folg*. *gr*. *Anfangsb*. *nach* samen 43, 44; *setzt*, *nach*
10 Jhesus 48.   N *setzt*, *nach* Gott 56.   O *setzt*. *nach* Gott 56.
P *setzt*. *nach* sprach 54; *streicht*, *nach* Todten 52, pusch 53, Isaac 55.
Q *setzt*, *nach* Todten 52, Busch 53, sprach 54, Isaac 55; *streicht*, *nach* allen 46,
saget 54.   R *setzt*, *nach* allen 46, saget 54; *streicht*, *nach* Jhesus 48, pusch 53.

A 41 des selbigen   seynem bruder eynen samen erwecken   42 sieben bruder gewesen
15 erste   45 nach allen starb   47 wirt   siben   48 ist   49 schrift   51 sondern   52 von
den] von   54 byn   55 keyn.
B 41 sol   48 ists   49 schrifft   54 Got l.   C 44 drit.
C¹ 46 weih.   D 46 weyb.
E 41 eynen samen] samen   42 brüdere   44 dritte   gleichen *so auch* gleich 64   46
20 yn *so auch 81, 82, 86*   47 welches   48 weib   Ists   49 yr l.   50 Wenn   52 von den
54 bin   Got 2. *so auch 61 l.*, 67.
F 42 brüder   47 weib   48 weibe   49 yhr l.   54 Gott *zweimal, so auch 61 l.*, 67.
G 41 samen] einen samen   47 wilches.
H 41 einen *gestr*.   44 selbigen   47 welches   49 jrret *so auch 56*   51 freien *zweimal*
25 52 himel   55 Es ist kein Gott der todten, sondern es ist ein Gott der lebendigen] Gott aber
ist nicht der todten, sondern der lebendigen Gott   56 Darumb.
I 52 jm] im *so immer*.   K 41 desselbigen   44 desselben   52 Himel   53 Buch.
L 41 des selbigen   44 des selben   53 buch   Busch.
M 41 Kinder   So   42 Der   (44 gleichenn, vd)   47 Welchs   49 Jr   darumb *so*
30 *auch* Darümb 56   51 Sondern   52 Todten.
N 41 desselbigen   46 Weib   47 Welches   49 darumb *so auch* Darumb 56   54 sagt
55 Todten   56 Lebendigen.
O 43 weib *so auch 46*   Samen   44 desselbigen   47 welchs   Denn   50 Todten 51
sondern   53 Habt   Pusch   54 saget.
35 P 41 des selbigen   47 Welchs   53 pusch   55 todten   56 lebendigen.
Q 41 kinder   42 Bruder   43 Weib *so auch 46, 47, 48*   samen   44 desselben   47
welchs   denn   48 Weib   (50 denn)   51 Sondern   53 habt   Busch   55 Todten
56 Lebendigen.
R 41 Kinder   desselbigen   42 bruder   43 weib *so auch 47*   Samen   44 Vnd l.
40 desselbigen   46 Aufferstehung   47 Denn   48 weibe   49 Darumb   51 sondern
53 Habt   pusch.

Vnd es tratt zu yhm der schrifftgelerten eyner, der ynen zu gehoret
hatte, wie sie sich miteynander befragten, vnd sahe das er yhnen seyn
geantwortet hatt, vnd fragt yhn, wilchs ist das furnemst gepott fur
60 allen? Jhesus aber antwort yhm, das furnemst gepot fur allen ge=
poten ist das, Hore Jsrael, gott vnser herr, ist eyner, vnd du sollt lie=
ben gott deynen herrn, von gantzem hertzen, von gantzer seele, von
gantzem gemuet, vnnd von allen krefften, Das ist das furnemst ge=
pott, vnnd das ander ist yhm gleych, du sollt lieben deynen nehisten
65 als dich selbs, Es ist keyn ander grosser gepott denn dise.

Vnd der schrifftgelerter sprach zu yhm, meyster du hast warlich re=
cht geredt, denn es ist eyn gott, vnd ist keyn anderer ausser yhm, vnnd
den selben lieben von gantzem hertzen, von gantzem gemuete, von
gantzer seel, vnnd von allen krefften, vnnd lieben seynen nehisten
70 als sich selbs, das ist mehr denn brandopffer vnd alle opffer, da Jhe=
sus aber sahe, das er vernunfftiglich antwortt. sprach er zu yhm, du
bist nicht ferne von dem reych gottis, vnnd es thurst yhn niemant
weytter fragen.

Vnd Jhesus antwortet vnd sprach, da er leret ym tempel, Wie sa

A setzt, nach sahe 58, lieben 61; str., nach herrn 62.   B setzt. mit folg. gr.
Anfangsb. nach opffer 70, Gottis 72.   C streicht, nach das 61.   D setzt, nach
das 61.   E setzt. nach selbs 65, mit folg. gr. Anfangsb. nach gepot 63; setzt,
nach Meister 66.   H setzt, nach Gott 61 2., gebot 63.   I setzt, nach geboten 60, lieben 64. nehesten 69.   K setzt, nach antwortet 74.   L streicht, nach
sahe 71, antwortet 74.   N setzt, nach sahe 71.   O setzt. nach jm 67,
krefften 69; streicht, nach sahe 58, geboten 60.   P setzt, nach jm 67. krefften 69.
Q setzt. nach jm 67; setzt, nach sahe 58, geboten 6c, Gott 61 1.
R setzt, nach jm 67; streicht, nach sahe 58, geboten 60, Gott 61 1., Gemüte 63.

A 57 zugehoret   59 hatte   gepot so auch 63, 65   61 Got 1.   Gott deynen hern
lieben   62 hertzem   63 das   64 deynen nehisten lieben   65 es   71 antworte.
B 57 trat   61 Gott 1.   Herr desgl. Herrn 62, 77, 78, Herre 76   folt so auch 64   65 Es
66 Meyster   68 gemute   69 ganzer   71 antwortet   74 antworttet.
C 61 Höre   62 hertzen   65 kein   67 Got   69 gantzer   74 antwortet.
C¹ 57 zu gehöret   62 deinen   65 keyn   grösser   68 gemüte   72 niemand   73 weyter.
D 62 deynen   63 gemut   67 Gott   71 vernunfftiglich   72 niemant   73 weytter.
E 58 miteinander   59 fraget   Welchs   fürnemest so auch 60, 63   gepott so auch
gepotten 60   60 Das   61 eyner] ein herr   62 deinen so auch 64, deine 77, deiner 78
63 gemüte   64 Du   66 schriftgelerter   69 seele   71 vernunfftiglich   Du   72 reich
thurste   73 weyter.   F 58 fein   59 furnemest
so auch 60, 63   gepot   61 Herr 2.   71 vernunfftiglich   72 thürtle   73 weiter.
G 57 zugehöret   59 Wilchs   60 gepoten   61 ein Herr' einer   67 geredt   72 thurtle.
H 57 zu gehöret   59 Welchs   gebot so auch 60, 63, 65, desgl. geboten 60   61 Gott
vnser Herr] der HERR vnser Gott   einer] ein einiger Gott   63 allen] allen deinen   67
gered   71 vernünfftiglich   72 thürtle.
I 57 Schrifftgelerten so auch 75, 80. desgl. Schrifftgelerter 66   58 mit einander   64
neheesten so auch 69   67 geredt   72 Reich   thurtle   74 Tempel.
K 57 zugehöret   59 fragt   Gebot so auch 60, 63, 65   61 Got 2.   63 fürnemest   67 Denn
70 Brandopffer.   L 57 zu gehöret   59 fragt   fürnemest so auch 60   61 Gott 2.
Vnd 63 Das furnemest   64 Neheesten   67 Jm   Vnd 2.   59 Vnd 2.   70 Opffer   72 vom.
M 60 gebot   63 fürnemest   67 jm   69 Neheesten.
N 57 zugehört   60 HORE   61 HORE gepoten   72 fürnemest   Seele   63 Gemüte   72 reich.
O 57 zugehöret   58 befrageten   59 furnemest so auch 60   61 Höre   vnd   62
hertzen   seele   63 gemüte   furnemeste   68 denselben   72 von dem   Reich.
P 58 Vnd   61 Der   Vnd   62 Hertzen   Seele   63 Gemüte   Krefften.
Q 58 befragten   vnd   59 Welches   62 gantzem   hertzen   seelen   63 gemüte
kreften   furnemest   68 den selben   72 vom   reich.
R 58 befrageten   59 Welchs   61 töst   62 Seele   63 Gemüte   Krefften   furnemeste   68 denselbigen   72 von dem.

— 63 —

gen die schrifftgelerten, Chriſtus ſey Dauids ſon? Er aber Dauid, 75
ſpricht durch den heyligen geyſt, Der herr hat geſagt zu meynem
herrnn, ſetze dich zu meyner rechten, bis das ich lege deyne feynde,
XXXVI. zum ſchemel deyner fuſſe. Da heyſt yhn iah Dauid ſeynen herrn, wo
her iſt er denn ſeyn ſon? vnd viel volcks horet yhn gern.

Vnd er leret ſie vnd ſpꝛach zu vhnen, habt acht auff die ſchꝛifft ge= 80
lerten, die gehen gern ynn langen kleydern, vnd laſſen ſich gern gruſſen
auff dem marckt, vnd ſitzen gern oben an ynn den ſchulen, vnd vber
tiſch, ſie freſſen der wittwen heuſer, vnd wenden langes gepett fur,
die ſelbigen werden deſte mehꝛ verdamnis empfahen.

Vnd Jheſus ſetzt ſich gegen den gottis kaſten, vnd ſchawet, wie 85
das volck gellt eynlegt ynn den gottis kaſten, vnd viel reychen legten
viel eyn, vnd es kam eyn arme witwe, vnd legte eyn zwey ſcherfflin,
die machen eynen heller, vnd er rieff ſeyne iunger zu ſich, vnd ſpꝛach
zu yhn, warlich ich ſage euch, diſe arme witwe hatt mehꝛ ynn den

A *setzt* , *nach* gruſſen 81, an 82, eyn 87 3.; *streicht* , *nach* ſeynde 77.
B *setzt* . *mit folg. gr. Anfangsb. nach* eyn 87 1.; *streicht* , *nach* an 82.
C¹ *streicht* , *nach* kaſten 86.   E *setzt* . *mit folg. gr. Anfangsb. nach*
heller 88; *setzt* , *nach* kaſten 86 ; *streicht* , *nach* Dauid 75, widwe 87.   F *setet* , *nach*
5 widwe 87, heller 88.   G *setzt* . *nach* heller 88 ; *setzt* , *nach* Dauid 75 ; *streicht* ,
nach tiſch 83.   H *setzt* , *nach* mal 83, heller 88 ; *streicht* , *nach* Dauid 75.
I *setzt* , *nach* for 80 1., Warlich 89.   K *setzt* , *nach* ſie 80. ſprach 88.
L *setzt* . *nach* heller 88, *mit folg. gr. Anfangsb. nach* abentmal 83; *streicht* ,
nach ſie 80, kaſten 85.   M *setzt* . *nach* rechten 77; *setzt* , *nach* Feinde 77, Schuler.
10 82, Gotteskaſten 85.   N *setzt* , *nach* ſie 80.   O *setst* . *mit folg. gr.*
Anfangsb. nach Gotteskaſten 86 ; *setzt* , *nach* Rechten 77; *streicht* , *nach* Feinde 77.
P *setzt* , *nach* gerne 79.   Q *setzt* . *nach* gerne 79; *setzt* , *nach* Gotteskaſten 86.   R *setzt* , *nach* ſpricht 76, Abendmal 83; *streicht* , *nach* Schrifftgelerten 80, Warlich 89.

15 A 76 herre   77 herrn   81 auff dem marckt gruſſen   82 ynn den ſchulen oben an
83 witwen   gepet   87 vil   zwey ſcherfflin eyn   89 hat *so auch* 92.
B 78 ia   82 marck   86 gelt   89 yhn] yhnen   Warlich.
C (75 ſchrifftgelerten)   78 fuſſe   79 höret   80 ſchrifftgelerten   83 tiſch.
C¹ 78 fuſſe   86 eyn legt   87 viel.   D 76 Herr.
20 E 76 heiligen geiſt   77 hern feinde 78 fuſſe heiſſet Hern Wo 79 Vnd gerne
so auch 81 *zweimal*, 82   81 kleidern   82 marckte   gruſſen⌐   83 widwen *so auch* widwe
87,89 gebet 86 einlegt *so auch* eingelegt 90, 91,92, *desgl.* ein 87 *zweimal* reichen 87 eine
ſcherfflein 88 iünger.   F 77 Hern *so auch* 78 78 fuſſe 86 einlegte 87 ſcherfflin.
G (76 Derr) 83 ſie) ym abent mall ſie 85 gegen] entgegen 86 einlegete 87
25 ſcherflin 88 iunger.
H 78 fuſſe 80 habt acht auff die) Sehet euch fur fur den 81 jnn langen kleidern
gehen 82 oben an jnn den ſchulen 83 abend mal 85 entgegen] gegen 86 einlegt
Vnd reiche 87 ſcherfflin 88 jünger.
I 76 Geiſt 78 heiſſt 82 Schulen 83 abentmal Widwen 85 ſetzet 86 ein-
30 legte vnd reichen 87 ein 88 Jünger.
K 75 Son *so auch* 79 76 Heiligen geiſt 78 heiſt 79 volck 85 dem 86 geld.
L 75 ſon *so auch* 79 77 Bis 78 faſſe heiſſet 79 volcks 80 für 1. 84 Die
85 den 86 gelt Vnd 87 Widwe *so auch* 89 89 Ich.
M 76 heiligen Geiſt 77 Feinde 78 fuſſe 79 Son 81 Kleidern 82 Marckte
35 83 Tiſch abendmal Gebet 85 Gotteskaſten *so auch* 86, 90 86 vnd Reichen 87
Scherfflin 88 ſeinen Jüngern.   N 77 Rechten 78 heiſſt
Woher 80 für 2. *so auch* 83 83 tiſch Abendmal 86 einlegt 88 Heller.
O 78 ja Wo her 80 fur *zweimal, so auch* 83 83 Tiſch abendmal 86 Geld
einlegte 88 ſeine Jünger.   P 77 Setze 80 für 2. 83 Abendmal.
40 Q 77 ſetze rechten 78 Füſſe Woher 80 für fur 83 abendmal 85 dem
86 Volck gelt vnd 88 ſeinen Jüngern.
R 77 Setze Rechten 78 füſſe 78 wo her 80 fur 1. 83 tiſch Abendmal
Dieſelben 85 den 86 volck Geld Vnd 87 eine 88 ſeine Jünger.

90 gottis kasten gelegt, denn alle die eyn gelegt haben, denn sie haben al=
le von yhrem vbrigen eyn gelegt, dise aber hatt von yhrer darbe alles
was sie hatt, yhre gantz narung eyngelegt.

B *setzt*, *nach* darbe 91.
L *setzt*. *nach* haben 90.
O *streicht*, *nach* narung 92.

E *streicht*, *nach* darbe 91.
N *setzt*, *nach* narung 92.

A 90 eyngelegt *so auch* 91.
H 91 yhrer darbe; jrem armut.
L 91 Diese.
P 92 Narung.
B 91 eingelegt 92 Narung.

B 91 hat 92 gantze.
I 90 Denn *zweimal*.
M 90 ein gelegt.
Q 91 ein gelegt 92 narung.
K 90 denn I.
O 90 eingelegt.

Das dreytzehend Capitel.

Vnd da er aus dem tempel gieng, sprach zu yhm seyner iun=
ger eyner, meyster, sihe wilche steyne, vnd wilch eyn baw ist
das? vnnd Jhesus antwortet, vnd sprach zu yhm, sihestu
wol all disen grossen baw? nicht eyn steyn wirt auff dem an
dern gelassen werden, der nicht zu brochen werde.

Vnd da er auff dem oleberge sass gegen dem tempel, fragten yhn
besonders, Petrus vnnd Jacobus vnd Johannes vnd Andreas, sage
vns, wenn wirt das alles geschehen? vnd was wirt das zeychen seyn,
wenn das alles soll vollendet werden? Jhesus antwort yhn, vnd fieng
an zu sagen, sehet zu, das euch nicht yemand verfure, denn es werden

B *str.*, *nach* Meyster 3, antwortet 4. C¹ *str.*, *nach* zu 112. D *str.*, *nach* gieng 2.
E *setzt*, *nach* gieng 2, Meister 3, zu 112. H *setzt*, *nach* sihe 3. K *setzt*, *nach*
antwortet 4, fass 7. L *streicht*, *nach* Sihe 3, antwortet 4, fass 7. M *setzt*, *nach*
Sihe 3, antwortet 4. N *streicht*, *nach* sein 9. O *setzt*, *nach* sein 9;
streicht, *nach* antwortet 4. P *setzt*, *nach* antwortet 4. R *setzt*, *nach* sihe 3.
Q *streicht*, *nach* Sihe 3, besonders 8.

A 4 antwortet 9 wirt I. *so auch* 31, 41, 53 I., 59, 60 11 zusagen.
B 1 dreyzehend 3 Meyster 4 Vnd I. 5 wird *so auch* 9 *zweimal*, 16, 18, 26, 27, 31,
41, 44, 53 *zweimal*, 60) 7 fass 10 sol *so auch* 33 yhn] yhnen 11 zu sagen.
C 4 antworttet 7 öleberge 11 yemant. C¹ 11 yemand *so auch* 44.
D 7 öleberg 11 anzu.
E 2 feiner *so auch* feine 53, 54, 56, fein 65, 66, feinen 66 iünger 3 einer *so auch* ein 3,
5, 16 *zweimal*, 56, 65, einem 66 Meifter welche welch 4 Jefus *so immer ohne* h antwortet
Siheftu 5 diefen *so auch* 39, diefe 43, diefem 49 ftein 8 Sage 9 zeichen *so auch* 46
fein *so auch* 18, 39 10 antwortet 11 an zu Sehet verfure *so auch* verfuren 13, 47.
F 1 Dreyzehend 3 fteine 4 Jhefus *so immer mit* h 7 öleberge 11 verfure *so
auch* verfuren 13, 47.
G 1 .XIII. 2 iunger 3 wilche wilch (5 aff).
H 1 Das .XIII. Capitel.] XIII. 2 yhm] jm *so auch* jn 7, jaen 10, jr z. B. 14, jren 50 *mit* j
statt yh jünger 5 welche welch 5 allen Nicht 6 gelaffen werden] bleiben 7
öleberge fas 11 jemand *so auch* 44 verfure *so auch* verfuren 13, 47.
I 2 Tempel *so auch* 7 Jünger 5 alle 6 zubrochen 7 Oleberge fas 10 volendet.
L 3 Sihe Wenn Vnd. M 9 Zeichen *so auch* 46 10 vollendet 11 Denn.
N 3 Baw *so auch* 5 5 allen.
O 3 fihe baw 5 Stein 6 zu brochen 7 fas 10 volendet.
P 3 Baw 5 baw 6 zubrochen. Q 3 Sihe Steine 5 alle ftein 7 fafs
11 jmand. R 3 fihe fteine 5 allen Stein 11 jemand.

viel komen vnter meynem namen, vnd sagen, ich byn Chriſtus, vnd
werden viel verfuren.

Wenn yhr aber horen werdet von kriegen vnd von kriegs geſchrey,
ſo furcht euch nicht, denn es mus alſo geſchehen, aber das ende iſt 15
noch nit da, Es wirt ſich emporen eyn volck vber das ander, vnd eyn
konigreich vber das ander, vnd werden geſchehen erdbeben hyn vnd wi
der, vnd wirt ſeyn thewertzeyt vnd ſchrecken, Das iſt der nodt anfang.

Sehet aber yhr auff euch ſelbs, denn ſie werden euch vbirantworten
fur die radtheuſer vnd ſchulen vnd yhr muſſet geſteupt werden, vnnd 20
fur furſten vnd konige muſt yhr gefuret werden vmb meynes namen
willen, zu eynem zeugnis vbir ſie, vnd das Euangelion mus zuuor pre
digt werden vnter alle volcker.

Wenn ſie euch nu furen vnd vbirantwortten werden, ſo ſorget nit
was yhr reden ſolt, vnd bedenckt auch nichts zuuor, ſondern was eu 25
ch zu der ſelbigen ſtunde geben wirt, das redet, denn yhr ſeyts nit die da
reden, ſondern der heylige geyſt, Es wirt aber vberantwortten eyn
bruder den andern zum todt, vnnd der vater den ſon, vnnd die kinder

---

A *setzt , nach* ſchulen 20; *streicht , nach* geſchrey 14. B *setzt . nach*
da 16, geyſt 27; *setzt , nach* geſchrey 14. C *setzt . nach* werden 20.
C[1] *streicht . nach* werden 20. E *setzt , nach* werden 20, nicht 24.
H *setzt , nach* fur 19, werden 21, 23. L *setzt . nach* ſie 22, redet 26.
5 O *setzt . nach* Schulen 20, *mit folg. gr. Anfangsb. nach* ander 17.
P *setzt . nach* geſchrey 14. Q *setzt ; nach* Kriegsgeſchrey 14, ander 17,
Schulen 20, füren 24. R *setzt . mit folg. gr. Anfangsb. nach*
ander 17; *setzt , nach* redet 26; *streicht , nach* füren 24, nicht 24.

A 16 nicht *so auch* 24, 26, 37, 38, 41, 59, 67   eyn volck v. d. a. emporen   17 erd-
10 beden   25 ſollt   27 ſundern   heylig   vberantworten   28 vatter.
B 17 konigreych   erdbeben   widder   18 thewerzeyt   20 radheuſer   21 namens
22 Vnd   24 vbirantworten   niecht   25 ſolt   27 ſondern   heylige   (Er)   28 vater.
C 14 hören   19 vbirantworten   21 könige   24 vberantworten nicht   27 heylige   geiſt.
C[1] 17 königreych   18 thewer zeyt   24 vberantworten *so auch* 27   26 ſtund.
15 D 27 heylige   geyſt   28 tod.
E 12 meinem *so auch* meines 21, meine 61   bin   14 krieges   15 fürchtet   16 empören
so auch 29   17 königreich   hin   wider   18 theure   19 vberantworten   20 für *so auch*
21, 59   müſſet *so auch* 21   geſteupet   21 gefüret *so auch* füren 24   namen   22 vber
geprediget   23 völcker   24 vberantworten *so auch* 27   25 bedencket   nichts] nicht
20 26 ſtunde   gegeben   ſeids   27 heilige   geiſt   28 tode *so auch* 29.
F 15 furchtet   17 widder   18 thewre   zeit *so auch* 44, 49   not   20 fur *so auch*
21, 59   21 gefuret *so auch* furen 24   22 einem *so auch* ein 27   23 volcker.
G (19 ſelbs)   20 muſſet *so auch* 21   23 völcker.
H 12 Ich   15 fürchtet   18 tewre   19 Sehet . . . ſelbs] Ir aber ſehet euch fur   20
25 ratheuſer   müſſet *so auch* 21   21 fürſten   gefüret *so auch* füren 24   meines namen] meinen.
I 17 Königreich   18 thewre   20 Ratheuſer   Schulen   21 Furſten   Könige   ge-
fürt   26 Denn   27 Geiſt.
K 17 wider   21 Fürſten   27 Heilige geiſt.
L 14 Kriegen   15 Aber   17 Erdbeben   18 Thewre   20 Vnd 2.   23 volcker.
30 M 12 Namen *so auch* Namens 30   14 kriegs   16 Volck   18 Thewrezeit   19 Denn
23 Völcker   25 auch] euch   Sondern   27 heilige Geiſt   28 Bruder   Vater   Son   Kinder.
N 14 Kriegsgeſchrey   18 Not   22 Zeugnis   Euangelinm   geprediget   24 So.
O 14 krieges geſchrey   15 So   18 Schrecken   not   22 zeugnis   geprediget
25 euch 1.] auch.
35 P 12 VND 2.   18 Not   19 für   21 gefüret   23 völcker.
Q 12 vnd 2.   14 Kriegsgeſchrey   17 vnd 1.   18 ſchrecken   not   19 fur   21 ge-
furt   23 Völcker   25 auch] euch   28 Vnd 2.
R 12 Vnd 2.   14 kriegs geſchrey   18 Not   21 gefüret   25 euch 1.] auch   26 derſelbigen   28 vnd 2.

Reifferscheid, Luthers Marcus Euangelion.   5

werden ſich empeien widder die eltern, vnnd werden yhn zum todt
helffen, vnd werdet gehaſſet ſeyn von yderman, vmb meynes namen
willen, wer aber beharret bis an das ende, der wirtt ſelig.|

Wenn yhr aber ſehen werdet den wuſten grewel (von dem geſagt XXXVIa.
hatt der propher Daniel) das er ſtehet, da er nicht ſoll (wer es lieſet,
der vernem es) als dann, wer ynn Judea iſt der fliche auff die berge,
vnd wer auff dem dach iſt, der ſteyge nicht ernyder yns haus, vnd ko=
me nicht dreyn, ettwas zu holen aus dem hauſe, vnnd wer auff dem
feld iſt, der wend ſich nitt vmb ſeyne kleyder zu holen, weh aber den
ſchwangern vnd ſeugern zu der zeyt. Bittet aber, das ewere flucht nit
geſchehe ym wynter. Denn ynn diſen tagen werden ſolche trubſall ſeyn,
als ſie nie geweſen ſind von anfang der Creaturn, die gott geſchaffen
hat biſz her, vnd als auch nitt werden wirtt, vnd ſo der herr diſe tage
nicht verkurtzet hette, wurde keyn menſch ſelig, aber vmb der auſer=
weleten willen, die er aufz erwelet hatt, hatt er diſe tage verkurtzt.

A ſetzt , nach iſt 34, vmb 37, zeyt 38.   B ſetzt . mit folg. gr. Anfangsb.
nach holen 37.   C ſetzt . nach berge 34.   D ſtreicht , nach dann 34, iſt 35.
E ſtr. () um von ... hat 32 fg.; ſetzt , noch grewel 32, hat 33, iſt 35; ſtreicht
, nach hat 43 l.   F ſetzt . mit folg. gr. Anfangsb. nach zeit 38,
wird 41; ſetzt , nach berge 34, hat 43 l.   G ſetzt , nach verwüſtung 32.
H ſetzt , nach hat 41.   I ſetzt , nach her 40.   L ſetzt . nach willen 31.
M ſetzt . nach tödten 29, Berge 34, hauſe 36; ſetzt ? nach willen 31; ſtreicht ,
nach Creaturen 40.   N ſetzt , nach willen 31.   O ſetzt . nach willen 31; ſetzt ,
nach Creaturen 40; ſtreicht , nach aber 38.   P ſetzt , nach willen 31, aber 38;
ſtreicht , nach dreiu 36.   Q ſetzt . nach willen 31; ſetzt , nach ſol 33, drein 36;
ſtreicht , nach vmb 37. Creaturen 40.   R ſetzt , nach vmb 37, Creaturen 40;
ſtreicht , nach ſol 33. drein 36.

A 32 der Prophet D. geſagt hat   35 'nich)   ernydder   ynn)   36 etwas   38 bittet
39 wynter   40 vom   Got   41 bis   43 aus   hat zweimal.
B 29 eltern   31 Wer   34 Als   35 Vnd l.   36 Vnd   37 felde   wende   39
wynter.
C 33 lieſet   39 winter   trubſal ſo auch 49   42 auserwele en ſo auch 47, 54.
D 30 yederman   34 fliche   39 wintter   42 auſſerweleten.
E 29 wider   32 wüſten   33 Wer   34 verneme   35 anf   ſteige   ernider   36 drein
38 zeit ſo auch 64   ewre   39 winter   ſölche   trübſal ſa auch 49   41 Herr   42
verkürtzet vgl. zu 43   würde   kein   auserweleten   43 auserwelet   verkürtzet.
F 29 widder   30 ſein   meines   34 fliehe   35 dache   37 ſeine   kleider   39
ſolche   40 Creaturen   Gott   43 verkürzt.
G 30 yderman   32 wüſten grewel) grewel der verwüſtung   34 flihe   35 ernidder   36
dreyn   42 verkurtzet   wurde   aus erweleten   43 verkurzt.
H 29 yhn zum tode helffen] ſie helffen tödten   30 jederman   33 lieſet   34 denn
ynn] jnn ſo immer, desgl. jns 35, jm 39, 62 mit j ſtatt y   fliehe   35 vnd l.   36 drein
dem l. ſeinem   40 vom] bis her vom   41 hat bis her] hat   42 verkürtzet   würde
auserweleten   43 verkürzt.
I 29 Eltern   30 namens   32 Grewel   35 Vnd l.   38 ſeugerin   39 im ſo auch 62   40 von.
K 29 wider   30 jderman   42 verkürzt   43 auſſerwelet.
L 30 Vnd   jederman   35 jnns   42 Aber   Auſſerweleten ſo auch 47.
M 34 jnn] in ſo immer, desgl. ins 35   Berge   35 Dach   ernider   Haus ſo auch 65
37 Felde   Kleider   zuholen   38 Schwangern   Seugern   39 Trübſel   40 bisher
42 Menſchen auch 65.
N 36 Hauſe   37 zu holen   38 Flucht   39 Winter   42 Auserweleten ſo auch 47, 54
43 auserwelet.
O 35 Dache   36 haufe   37 felde   38 flucht   40 bis her vom   42 Auſſerweleten ſo
auch 47, 54   43 auſſerwelet.   P 30 werden   37 Felde   38 Flucht   39 winter.
Q 30 werdet   Namen   35 Dach   ſteig   36 Hauſe   38 flucht   39 Winter   40
von   42 Auserweleten ſo auch 47, 54   43 auserwelet.
R 30 Namens   35 Dache   ſteige   36 haufe   38 Flucht   39 winter   40 vom   42
Auſſerweleten ſo auch 47, 54   43 auſſerwelet.

Wenn nu yemant zu der zeyt wirt zu euch sagen, sihe, hie ist Chri=
stus, sihe, da ist er, so glawbt nicht, denn es werden sich erheben fal= 45
sche Christi vnd falsche propheten, zeychen vnd wunder thun, das sie
auch die außerwelten verfüren, so es muglich were, sehet yhr aber zu,
sehet, ich habs euch alles zuuor gesagt.

Aber zu der zeyt, nach disem trubsall, werden sonn vnnd mond,
yhren scheyn verlieren, vnd es werden die stern vom hymel fallenn, vnd 50
die Kreffte der hymel werden sich bewegen, vnnd denn, werden sie
sehen des menschen son komen, ynn den wolcken mitt grosser krafft
vnd herlickeyt, vnd denn wirtt er seyn engell senden, vnnd wirt ver=
samlen seyne auser weleten von den vier winden, von eynem end der
erden bis ans ander. 55

An dem feygen barwm lernet eyn gleychnis, wenn itzt seyne zwey=
ge safftig werden, vnd bletter gewynnet, so wisset yhr, das der somer
nahe ist, Also auch wenn yhr sehet, das solchs geschicht, so wisset, 63
es nah fur der thur ist, warlich ich sage euch, dis geschlecht wirtt nit

---

B *setzt* . *nach* ist 58; *str.* , *nach* mond 49, denn 51, komen 52.   C *setzt* , *nach*
auserweleten 47.   E *setzt* . *nach* bewegen 51; *str.* , *nach* ausserweleten 47, ist 59.
F *setzt* . *nach* ist 59.   G *streicht* , *nach* wisset 59.
H *setzt* , *nach* Christi 46, fur 47, wolcken 52, erden 55, auch 58, wisset 58.
I *setzt* , *nach* Warlich 59; *streicht* , *nach* erden 55, auch 58.   K *setzt* , *nach*
auch 58.   L *setzt* . *nach* nicht 45, were 47, herrligkeit 53; *setzt* , *nach* jemand
44, zeit 44.   N *setzt* , *nach* Erden 55; *streicht* , *nach* jemand 44.
O *streicht* , *nach* zeit 44.   P *setzt* . *nach* er 45.
Q *setzt* , *nach* er 45; *streicht* , *nach* verfüren 47, verlieren 50. Gleichuis 56, ge-
schicht 58.   R *setzt* , *nach* verfüren 47, verlieren 50, Gleichnis 56, geschicht 58.

A 46 Propheten 47 auferweleten 50 die stern werden fallen 52 mit 53 herlig-
keyt engel 54 auferweleten 56 ytzt 58 szo das.
B 45 er] der glewbet 51 Vnd 53 feyne 57 gewinnet 58 so 59 Warlich
(wir nicht).
C 53 herlickeyt.   C¹ 56 itzt.
D 47 auserwelten 53 Engel (54 aus erweleten).
E 45 der] er gleubet Denn 46 die zeichen 47 ausferweleten müglich Sehet
49 sonne 50 schein sterne 52 sonn yn 54 von dem ende der erden bis zum ende
der hymel 56 gleichnis zweige 58 sölchs 59 nahe thür.
F 52 son ynn 53 herlickeit (55 yhmel) 56 feygenbawm 58 folchs.
G 45 glewbet 47 auserweleten muglich 50 himel 51 vnd 54 anserwelten
end 56 feygen bawm 57 fommer 59 nab.
H 44 Sihe 45 gleubt 47 auserwelten müglich Sehet ... zu] Ir aber fehet euch
fur 48 fehet] Sihe 51 himel *so auch* 55, 62, Himel 60 Vnd 53 herligkeit Vnd 2. 54
'vierwinden) ende 56 feigenbawm jtzt 57 somer 59 nahe.
I 45 gleubet 52 Son *so auch* 62 53 Herrligkeit 54 auserweleten 56 feigenbaum itzt.
K 47 ausferweleten *so auch* 54 49 Sonne Mond 50 Himel *so auch* 51, 55, 62 56 jtzt.
L 48 Ich *so auch* 59 50 Sterne 53 herrligkeit 56 Feigenbawm Gleichnis 57
Somer.
M 44 Hie 46 Wunder 47 für 51 Kreffte *so auch* Krafft 52 53 Herrligkeit 54
Auferweleten 55 Erden *so auch* 60 56 Wenn 59 Geschlecht.
N 49 Trübfal 52 Menfchen fon Wolcken 54 Winden 56 Feigenbaum Zweige
57 Bletter 58 So 59 Dis.
O 45 So 49 trübfal 52 menfchen Son wolcken 56 Feigenbawm zweige 57
bletter So.
P 46 Das 56 Zweige 57 Bletter.
Q 45 fo 46 das 49 Trübfal 51 kreffte 57 bletter fo 58 folches.
R 45 So 46 Das 49 trübfal 51 Kreffte 57 Bletter So Sommer 58
folchs.

60 vergehen, bis das ditz alles geschehe, hymel vnd erden wirtt vergehen, meyne weitt aber werden nicht vergehen, von dem tage aber, vnd der stunde weys niemant, auch die engel nicht ym hymel, auch der son nicht, sondern alleyn der vater.

65 Sehet zu, wachet, vnd bettet, denn yhr wisset nicht, wenn es zeyt ist, gleych als ein mensch, der vber land zoch, vnd lies seyn haus, vnd gab seynen knechten macht, eynem iglichen seyn werck, vnd gepot dem thurhutter, er sollt wachen. So wachet nu, denn yhr wisset nit, wenn der herr des haus kompt, ob er kompt, am abent, odder zu mitter-nacht, odder vmb des hanenschrey oder des morgens, auff das er ja nicht schnell kome, vnd finde euch schlaffend, was ich aber euch sa-ge, das sage ich allen, wachett.

A *setzt* , *nach* hanenschrey 69.   B *setzt* . *nach* ist 65, *mit folg. gr.*
Anfangsb. nach vergehen 61, schlaffend 70; *streicht , nach* aber 61 2., wachet 64.
C *setzt* ? *nach* ist 65.   D *streicht , nach* mensch 65.   E *setzt* . *mit folg. gr. Anfangsb. nach* ist 65; *streicht , nach* zoch 65.   F *setzt* , *nach* zoch 65.   H *streicht , nach* kompt 68 2.   I *setzt* , *nach* mensch 65.   5
I, *setzt* . *nach* geschehe 60; *streicht , nach* nicht 64.   N *setzt* , *nach* nicht 64.   O *setzt* , *nach* WAS 70.   P *streicht , nach* WAS 70.   R *setzt* , *nach* nicht 64,
Q *streicht , nach* nicht 64, Mensch 65.
Menſch 65; *streicht , nach* Mitternacht 68.

A. 61 wort   62 engell   65 eyn   66 yglichen   gepott   67 solt   68 herre   oder *so*   10
auch 69 1.   69 odder 2.   71 wachet.
B 60 dis   62 engel   68 odder   zumitternaucht   71 Wachet.
C 66 gepot   69 oder 2.   70 schnel   schlaffendt.
C! 62 nieman 1   68 zu muternacht.   D 64 nich)   69 odder 1.
E 60 hymel   vird werden   62 weis   Engel   64 betet   65 Gleich   66 iglichen   15
67 thurhutter   67 herr   haufes   kompt *zweimal*   oder *so auch* 69 1.   69 des 1.] den
70 schnelle   böse   schlaffend.
F 62 odder   64 bettet   68 kompt *zweimal*   69 odder *zweimal*   70 kome.
G 60 werden wird   62 weys   67 thurhuter   68 odder   69 oder 2.
H 60 wird werden   62 weis   64 betet   66 iglicher   67 thurhüter   69 odder 2.   20
70 schlafen.
I 61 Vater   66 iglichen   gebot   67 thür huter   68 Herr   69 hanen schrey   70
schlaffend.
K 66 iglichen   67 Thurhuter   68 abend   oder *so auch* 69 *zweimal*.
L 67 thurhuter   68 abent.   25
M 61 Meine   Tage   62 Stunde   66 knechten   67 Thürhüter   solte   Denn   68
kompt *zweimal*   Ob   abend   69 Hanenschrey   Auff.
N 65 Land   67 folt   68 Hacies   kompt *zweimal*.
O 61 meine   Wort   62 stunde   64 Denn   67 Thurhüter   68 haufes
P 61 Meine   65 land.   30
Q 61 wort   tage   64 denn   67 Thürhüter   solte   denn   68 Haufes   70 schnell.
R 61 Tage   64 Denn   65 Land   67 Thürhüter   soll   Denn   68 haufes   Abend
Mitternacht   69 Morgens   70 schnelle.

Das viertzehend Capitel.

Vnd nach zweyen tagen war ostern vnd die tage der suſſen brott, vnd die hohen prieſter vnd ſchrifftgelerten ſuchten, wie ſie yhn mitt liſten griffen, vnd todten, ſie ſprachen aber, lah nicht auff das feſt, das nicht eyn auffruhr werde ym volck.| 5

XXXVII. Vnd da er zu Bethanien war ynn Simonis des auſſetzigen hau ſze, vnd ſaſſz zu tiſch, da kam eyn weyb, die hatte eyn glaſſz mitt vn= geſellſchtem vnd koſtlichem narden waſſer, vnd ſie zu brach das glas vnd gos es auff ſeyn hewbt, da waren ettlich, die wurden entruſtet, vnd ſprachen, was ſoll doch diſer vnradt? man kund das waſſer mehr 10

A *setzt* . *nach* werde 5. B *streicht* . *nach* werde 5; *streicht* , *nach* griffen 4, etlich 9. C *setzt* . *nach* werde 5; *streicht* , *nach* ſuchten 3. E *setzt* . *nach* heubt 9, *mit folg. gr. Anfangsb. nach* tödten 4; *setzt* , *nach* Oſtern 2, ſuchten 3; *streicht* , *nach* waſſer 8. F *setzt* , *nach* waſſer 8. 5 G *streicht* , *nach* oſtern 2, ſuchten 3. H *setzt* , *nach* ſuchten 3, glas 8. I *setzt* , *nach* griffen 4. L *setzt* . *nach* Süſſenbrod 2; *setzt* , *nach* Oſtern 2, etliche 9. M *streicht* , *nach* etliche 9. N *setzt* , *nach* etliche 9. Q *streicht* , *nach* etliche 9. R *setzt* , *nach* etliche 9.

A 2 zween 3 brod Hohenpriefter *so auch* 98, 103, Hohenprieſtern 21, 83, Hohen-
10 priefters 69, 123, Hohepriefter 111, 113, 117 4 mit *so auch* 7, 13, 30 5 nit *zweimal* ym volck werde 7 tiſch 8 koſtlichen 9 etlich *so auch* 106.
B 3 Hohen priefter *so auch* 103, Hohen prieſtern 21, Hohe prieſter 111, 113 5 nicht *zweimal, so auch* 126 2. 6 ansſetzigen 7 faſs tiſch glaſs vngeſelſchtem 9 Da
10 ſol vnrad.
15 C 1 vierzehend 4 tödten ia 5 auffrhur 7 fas *so auch* 101 glas 8 zubrach.
C[1] 1 vierzehend 3 Vnd 1. 8 köſtlichen.
D (4 tödtten) 8 zu brach.
E 1 vierzehend 2 ſüſſen *so auch* 24 3 hohen 5 ein *so auch* 7 *zweimal*, 28, 66, 84,
89, 94, 131, *vgl. zu* 110, einer 20, 36, 38, 129 1., Einer 88, einen 24, 31, 109, eine 72, 82, 124,
20 einem 91 6 yn *so auch* 27, 40, 44, 50, 53, 56, 58, 62, 100, 108, 127 auſſetzigen 7 faſs
Da weib 9 ſein *so auch* 88, 121, ſeine 25, ſeiner 26, ſeinen 63, 117 heubt etliche
so auch 106, 120 entrüſtet 10 dieſer *so auch* 53, 58, dieſes 69 künd.
F 1 Vierzehend 2 ſuſſen *so auch* 24 3 Hohen *so auch* Hohe 99 6 ynn *so immer*.
G 1 XLIII. Capittel 2 ſüſſen 5 auffrur (7 vngefelſchtem) 8 zubrach 9 hewbt
25 worden.
H Das XIIII. Capittel.] XIIII. 2 ſuſſen 4 yhn] jn *so immer, desgl. immer* jr *z.* B. 13,
jn *dat. pl. z.* B. 15, jrem 19, jm *z.* B. 22, jnen *z.* B. 27, jrc *z.* B. 76, jr *z.* B. 105 *mit* j *statt* yh
ja 5 auffrhur ym] jm *so auch* 92, 123, *desgl. immer* jun *z.* B. 6, jns 122 *mit* j *statt* y 7 fas
8 zu brach 9 heubt wurden entrüſtet] vnwillig 10 Was vnrat.
30 I 2 Oſtern ſüſſen *so auch* 24 3 Schriftgelerten *so immer* 4 ia 5 Feſt im *so auch* 92, 123 7 faſs *so auch* 101 vngefelſchetem 8 köſtlichem zubrach.
K 3 Prieſter *so auch* 98, Prieſtern 21, 83, Prieſters 89 4 ja 5 auffrur.
L 2 Süſſenbrod *so auch* 24 3 Hohenprieſter *so auch* 98, 103, Hohenprieſtern 21, Hohen-
priefters 89, 100, 123, Hohepriefter 99, 111, 113, 117 4 In *so auch* Er 6, Ich 17, 56, 63, Ichs
35 50 5 auffrhur 6 ausſetzigen 7 Weib vngefelſchtem 8 Narden Vnd 10 Man.
M 4 jn *so auch* er 6, ich 17, 56, 63, ichs 50 ja 5 Volck 6 jnn] in *so immer, desgl.*
ins 122 Ausfetzigen 7 Glas *so auch* 8 8 Nardenwaſſer vnd 9 Heubt 10 Waſſer.
N 2 Süſſenbrot *so auch* 24 5 Auffrhur 6 Simones Auſſetzigen.
O 5 auffrhur volck 6 Simonis auſſetzigen hauſſe 7 fas *so auch* 101 8 glas.
40 P 3 Wie 5 Das 2. Auffrhur Volck 6 Auſſetzigen hauſe 8 Glas.
Q 2 zweien 3 wie 5 auffrhur 6 ausſetzigen Hauſe 7 faſs *so auch* 101.
R 2 zween Süſſen brot 4 grieffen *so auch* 87 5 Auffrhur 6 Auſſetzigen hauſe
7 fas *so auch* 101 glas *so auch* 8.

denn vmb hundert pfennige verkaufft haben, vnd daſſelb den armen
geben, vnnd murreten vber ſie.

Jheſus aber ſprach, laſt ſie mitt friden, was bekummert yb: ſie?
Sie hatt eyn gutt werck an myr gethan, yhr habt alltzeytt armen bey
15 euch, vnd wenn yh: wollt, kundt yhr yhn gutt hun, mich aber habt yh:
nit alltzeyt, Sie hatt than was ſie kund, ſie iſt zuuo: komen, meynen
leychnam zu ſalben, zu meynem begrebnis, Warlich ich ſage euch,
wo dis Euangelion predigt wirtt yn aller welltt, da wirtt man auch
das ſagen, zu yhrem gedechtnis, das ſie itzt than hat.

20   Vnd Judas Jſcharioth, eyner von den zwelffen, gieng hyn zu den
hohen prieſtern, das er yhn verrihete, da ſie das horeten, wurden ſie
fro, vnd verhieſſen yhm das gelt zu geben, vnnd er ſuchte, wie er yhn
fuglich verrhiete.

Vnd am erſten tag der ſuſſz b:od, da man das oſterlamp opffer=
25 te, ſprachen ſeyne iunger zu yhm, wo wiltu das wyr hyn geben, vnnd

B _ſetzt_. _nach_ verrhiet 21; _ſtreicht_, _nach_ ſalben 17, ſagen 19, ſuchte 22.
C _ſtreicht_, _nach_ komen 16.   D _ſtreicht_, _nach_ höreten 21.
E _ſetzt_ ? _nach_ prieſtern 21; _ſetzt_, _nach_ höreten 21, ſuchete 22, wiltu 25; _ſtreicht_
, _nach_ gehen 25.   F _ſetzt_, _nach_ prieſtern 21.   G _ſtreicht_, _nach_   5
höreten 21, ſuchete 22.   H _ſetzt_, _nach_ höreten 21, ſuchete 22.
I _ſetzt_, _nach_ Warlich 17.   L _ſetzt_. _nach_ geben 12, gethan 14, zeit 16,
begrebnis 17, geben 22; _ſetzt_, _nach_ gethan 16, wird 18; _ſtreicht_, _nach_ Warlich 17.
M _ſetzt_, _nach_ Warlich 17; _ſtreicht_, _nach_ fro 22.   N _ſetzt_ ? _nach_ be-.
grebnis 17; _ſetzt_, _nach_ fro 22.   O _ſetzt_. _nach_ begrebnis 17; _ſtreicht_, _nach_
komen 16, Warlich 17, wird 18.   P _ſtreicht_, _nach_ wolt 15.   10
Q _ſetzt_, _nach_ wolt 15, Warlich 17, gehen 25.   R _ſtreicht_, _nach_ wolt 15,
Warlich 17, gehen 25.

A 11 drey hundert   14 hat _ſo auch_ 16   gut   alltzeyt   15 kund   gutt thun   16
nicht _ſo auch_ 57, 61, 69, 76, 93, 109, 126 I., 133   18 wirt _zweimal_, _ſo auch_ 31, 79   ynn   welt
19 (yhren)   ytzt   thon   20 Iſcarioth   21 verrhiet   Da   25 hyngehen.   15
B 14 allezeyt   15 wolt   gut   16 alle zeyt   18 wird _zweimal_, _ſo auch_ 27, 37, 42, 48,
79   20 Iſcharioth   24 ſuſſen.   C 14 ein   mir   19 than   21 hohenprieſtern   höreten.
C¹ 21 hohen prieſtern _ſo auch_ hohe prieſter 117   (verhiet)   25 hyn gehen.
E 13 Jeſus _xo immer ohne_ h   laſſet   bekümmert   14 alle zeit   15 kundt   guts
16 zeit   gethan _ſo auch_ 19   meinen _ſo auch_ 31, meinem 17, mein 46, 47, 68, Meine 65   17 20
leichnam   18 Wo   gepredigt   20 Iſcarioth   bin _ſo auch_ 25, 27, 56, 74   21 verrhiete
22 Vnd 2.   ſuchete   23 fuglich   24 oſterlamb _ſo auch_ 26, 30, 34   25 iünger _ſo auch_ 26,
32, iüngern 31, 63, 94   Wo   wir _ſo auch_ 118.
F 13 Jheſus _ſo immer mit_ h   Laſſet   15 kund   (17 begrebnis,   23 fuglich.
G 13 bekummert   (20 Iſchariotch   (21 priſtern)   (22 verhiſſen   24 tage   25 iunger 25
ſo auch 26, 32, 63, 94, iungern 31.
H 11 dreyhundert   pfennige] groſchen   12 Vnd   13 bekümmert   18 wo   21 Hohen
ſo auch 123   22 zugeben   23 fuglich   24 tag   25 iünger _ſo auch_ 26, 32, 94, iüngern 31, 63.
I 11 drey hundert   groſſchen   das ſelb   13 frieden   14 Jr   15 künd   20 Zwelffen
ſo immer   22 zu geben   24 tage   Oſterlamb _ſo immer_   25 Jünger _ſo immer_, desgl. Jüngern 30
31, 63.
K 11 daſſelb   13 friden   15 jn] jnen _ſo auch_ 33, 45, 46   19 jtzt   22 geld   25 hingehen.
L 11 das ſelb   14 Armen   15 könnet   Mich   22 gelt   25 hin gehen.
M 11 Groſchen   Armen   13 frieden   14 allezeit   16 Sie 2.   17 Leichnam   18
Da   22 Gelt.   35
N 11 dasſelb   13 Was   14 Werck   alletzeit   16 allezeit   17 Ich   18 Euangelium
22 ſuchte   25 hingehen.
O 13 was   14 werck   alle zeit _ſo auch_ 16   17 ich   22 Geld   ſuchete   25 hin geben.
P 11 das ſelb   18 Welt   19 Gedechtnis.
Q 11 Groſchen   14 allzeit   16 allezeit   17 Ich   18 Wo   19 gedechtnis   22 Gelt   ſuchte. 40
R 11 Groſſchen   dasſelb   14 alle zeit   17 zuſalben   ich   18 wo   19 Gedechtnis
22 Geld   ſuchete.

berevtten, das du das ofterlamp effift? Vnnd er fandte feyner iun=
ger zween, vnd fpзach зu yhn, gehet hyn ynn die ftadt, vnd es wirt euch
eyn menfch begegen, der tregt eyn Ƙrug mit waffer, folget yhm na=
ch, vnd wo er eyngehet, da fpзecht зu dem haufзwirt, der meyfter left
dyr fagen, wo ift das gafthaus, darynn ich das ofterlamb effe mitt 30
meynen iungern? vnd er wirtt euch eynen groffen faal зeygen, der ge=
pflaftert vnd bereyttet ift, da felbs richtet fur vns зu, vnd die iungern
giengen aus, vnd Ƙamen ynn die ftadt, vnd fundens, wie er yhn gefagt
hatte, vnd berevtten das ofterlamb.

Am abent aber, Ƙam er mit den зwelffen, vnd als fie зu tifch faffen 35
vnnd affen, fpзach Jhefus, warlich ich fage euch, Eyner vnter euch
der mit myr iffet, wirt mich verrhaten, vnd fie wurden trawrig vnd
fagten зu yhm, eyner nach dem andern, Byn ichs? vnnd der ander,
bynn ichs? Er antwoitt vnnd fpзach зu yhnen, Eyner aus den зwelf
fen, der mit myr ynn die fchuffell tauchett, зwar des menfchen fon 40
gehet hynn, wie von yhm gefchzieben ftehet, weh aber dem menfchen,

A *streicht* , *nach* ftadt 33, aber 35.　　　　　　　B *setzt* . *nach* tauchet 40;
setzt , *nach* ftad 33; *streicht* , *nach* bereytten 26, gafthaus 30, fundens 33.
D *streicht* , *nach* nach 28.　　　　　　　E *setzt* . *nach* zu 32, verrhaten 37;
setzt , *nach* bereiten 26, nach 28, gafthaus 30; *streicht* , *nach* euch 36 1.
5　F *setzt* , *nach* euch 36 1.　　　　　　　G *streicht* , *nach* bereitten 26, waffer 28,
zwelfen 39.　　　　　　　H *setzt* , *nach* bereiten 26, waffer 28, zwelffen 39.
I *setzt* , *nach* fundens 33, Warlich 36, euch 36 2., trawrig 37.
K *setzt* , *nach* antwortet 39.　　　　　　　L *streicht* , *nach* antwortet 39.
M *setzt* . *nach* Zwelffen 35, *mit folg. gr. Anfangsb. nach* nach 28; *setzt* , *nach*
10 antwortet 39.　　　　　O *setzt* . *nach* ftehet 41, *mit folg. gr. Anfangsb. nach*
hatte 34; *setzt* , *nach* nach 28　　　P *setzt* . *nach* nach 28; *setzt* , *nach* hatte 34;
streicht , *nach* iffet 37.　　　Q *setzt* . *nach* andern 38; *setzt* , *nach* iffet 37, ftehet 41.
R *setzt* . *nach* ftehet 41; *setzt* , *nach* nach 28, andern 38.

A 29 eyn gehet　　　32 Vnnd 2.　　36 eyner *so auch 39*　　37 Vnd 1.　　38 byn　　39 byn
15　antwort　　40 tauchet　　Zwar　　41 hyn.
B 27 yhn] yhnen　　ftad *so auch 33*　　28 eynen　　29 hauswirt　　Meyfter　　30 ofterlamp *so auch 34*　　36 Warlich　　40 fchuffel.
C 29 eyngehet　　31 wird　　40 tawchet.　　　　　　C1 29 eingehet.
E 26 bereiten　　effeft　　27 Gehet　　29 hauswirte　　Meifter　　leffet　　30 dir *so auch*
20 *58, 60, 68*　　darynne　　31 Vnd　　zeigen　　32 bereittet　　für *so auch 48, 58*　　iungern] iiinger　　34
bereiteten　　35 tifche　　37 mir *so auch 40, 54*　　traurig　　38 bin *so auch 39, 92*　　39 ant-
wortet *so auch 90*　　Eyner　　40 fchüffel　　tauchet.
F 30 darinne　　32 fur *so auch 48, 56*　　39 Einer *so auch einer 81, 129 2., 131.*
G (28 menchf)　　(31 geflpaftert)　　32 bereitet　　(39 zwelfen).
25　H 32 bereitet] bereit.
I 27 Stad *so auch 33*　　29 fprechet　　Der　　32 dafelbs　　38 Bin　　40 Son *so auch 42,*
78, 114, 116　　41 Weh.
K 29 Hauswirte　　35 abend.
L 28 Krug　　30 Wo　　32 Dafelbs　　34 Vnd　　35 abent　　Vnd　　36 Ich　　38 Vnd
30　39 Bin.
M 27 Vnd 2.　　28 Menfch *so auch* Menfchen *11, 43, 133*　　29 meifter　　30 Gafthaus　　31
Saal　　32 Da felbs　　34 vnd　　35 abend　　36 Einer　　40 täuchet.
N 27 vnd 2.　　29 Meifter　　leſt　　32 für　　35 tifch　　40 Schüffel　　tauchet　　Menfchen
so auch 42, vgl. zu 78.
35　O 29 leffet　　(31 re wird)　　32 Dafelbs　　fur　　35 tifche　　40 menfchen *so auch 41,*
42, vgl. zu 78.
P 41 Menfchen.
Q (26 Ofterlam)　　27 Vnd 2.　　29 fprecht　　leſt　　32 Da felbs　　34 vnd　　40
fchüffel.
40　R 27 vnd 2.　　29 fprechet　　leffet　　32 Dafelbs　　34 Vnd　　40 Schüffel.

durch welchen des menschen son verrhaten wirt, es were dem selben menschen besser, das er nie gepoin were.

Vnd ynn dem sie assen, nam Jhesus das brod, vnd sprach den se=gen, vnd brachs, vnd gabs yhn, vnnd sprach, Nemet, Esset, das ist meyn leychnam, vnd nam den kylch, vnd dancket, vnd gabe yhn den, vnd sie truncken alle draus, vnd er sprach zu yhnen, das ist meyn blut, des newen testaments, das fur viele vergossen wirt, Warlich ich sage eu ch, das ich hynfurt nicht trincken werde, von dem gewechsze des| weynstocks, bis auff den tag, da ichs newe trincke ynn dem reych XXXVIIᵃ. Gottis, vnd da sie den lobesang gesprochen hatten, giengen sie an den oleberg.

Vnd Jhesus sprach zu yhnen, yhr werdet euch ynn diser nacht al le an myr ergern, denn es stehet geschrieben, Ich werd den hirtten schla gen, vnd die schaff werden sich zu strewen, Aber nach dem ich auffer= stehe, will ich fur euch hyn ynn Gallilean gehen, Petrus aber saget zu yhm, vnd wenn sie sich alle ergerten, so wolt doch ich mich nit ergern, Vnd Jhesus sprach zu yhm, warlich ich sage dyr, heutte ynn diser na cht, ehe denn der han zweymal krehet, wirstu mich drey mal verleug=

B *setzt* . nach gehen 56, ergern 57, verleugnen 59, *mit folg. gr. Anfangsb. nach* drans 47, Gottis 51; *setzt* , *nach* heutte 58; *streicht* , *nach* werde 49.
C *streicht* . *nach* draus 47; *streicht* , *nach* segen 44.   C¹ *setzt* , *nach* segen 44.   E *setzt* . *nach* drans 47, wird 48, Galilean 56; *setzt* , *nach* dancket 44.
G *setzt* . *nach* yhnen 47; *streicht* , *nach* brod 44, yhn 45.   H *setzt* , *nach* brod 44. jn 45, juen 47; *streicht* , *nach* Heute 58.   I *setzt* , *nach* Warlich 48, 58, Heute 58.   L *setzt* . *nach* leib 46.   M *setzt* . *nach* zustrewen 55; *streicht* , *nach* Brod 44. jnen 47, Warlich 58, Heute 58.   N *setzt* , *nach* jnen 47, hinaus 51, Warlich 58.   O *setzt* . *nach* ergern 54; *setzt* , *nach* Heute 58; *streicht* , *nach* hinaus 51, Warlich 58.   P *setzt* , *nach* draus 47; *streicht* , *nach* Weinstocks 50.   Q *setzt* . *nach* wird 42; *streicht* . *nach* Leib 46; *setzt* , *nach* Weinstocks 50, ergern 54, Warlich 58; *streicht* , *nach* Heute 58.   R *setzt* . *nach* Leib 46; *setzt* , *nach* wird 42, Heute 58; *streicht* , *nach* Warlich 58.

A 42 verrhatten 46 kilch 49 vom dem 54 hyrten 55 auffer lehe 57 wollt 58 heutte.
B 42 verrhaten 46 Vnd l. gab 49 gewechse 50 da] das 52 öleberg 54 werde hirten 56 wil *so auch 69, 107* 57 wolt 59 dreymal *so auch 135.*
C 49 von 54 hirtten 55 aufferstehe.   C¹ 42 wilchen 54 birten 55 auff erstehe 59 zwey mal *so auch 135.*   D 54 (geschriben) hyrten 55 aufferstehe (59 verleugen).
E 42 welchen Es 44 vnd sprach den segen) dancket 46 leychnam] leib kelch *so auch* kelchs 69 47 Das (49 trinchen) 50 weinstocks reich 51 Gottes *so auch* 116 lobgesang 53 Yhr 54 Denn hirten 55 schaffe 56 hin gehen yn Galilean 57 Vnd wolte 58 heute 59 drey mal *so auch 135.*
F 46 kilch *so auch* kilchs 69 Vnd l. 49 hinfurt 55 zustrewen 58 Warlich Heute.
G 42 wilchen verrathen 50 das] da 51 an] hinaus an 54 schlahen 56 hingehen 59 hane (dry).   H 42 welchen *so auch* Welchen 84 verrhaten 46 kelch *so auch* kelchs 69 49 von dem] vom 55 zurstrewen 56 hin gehen 59 han.
I 43 geborn 48 Testaments 50 Reich 51 Lobgesang 52 Oleberg 54 Hirten 55 schafe.
K 45 Das 46 Kelch *so auch* Kelchs 69 49 hin furt 55 Schafe 59 hane *so auch* 127, 133, 135.   L 45 (spach) das 46 kelch *so auch* kelchs 69 48 Ich 49 hinfurt 55 schafe 57 wolt 58 Ich.
M 44 Nam Brod 45 esset 46 Leib Kelch *so auch* Kelchs 69 50 Weinstocks new 55 Schafe zustrewen 57 wolte 59 Hane *so auch 127, 133, 135.*
N 44 Brot (48 newe) 56 sagt.
O 45 Esset 48 viel 49 Gewechse 50 newe 55 zurstrewen 56 saget 57 wolt 58 ich.   P 45 esset Das 48 viele 51 hin aus 57 So.
Q 44 nam 45 das 48 vnd l. 48 viel 49 gewechse 50 new reich 51 hinaus *so auch 127* 55 zustrewen 56 hingehen Galileam 57 so wolte 58 Ich.
R 44 Nam 45 Das 46 Vnd l. 48 viele 50 newe 51 hin aus *so auch 127* 55 zurstrewen 56 hin gehen Galiean 57 So 58 ich 59 zweymal.

—— 73 ——

nen, **Er** aber reöte noch weytter, ia wenn ich mit öyr auch sterben mu 60
ste, wolte ich öich nit verleugnen, öes selbigen gleychen sagten sie alle.

Vnnö sie kamen ynn öas felöt, mit namen, **Gethsemane,** vnnö
er spiach zu seynen iungern, setzt euch hie, bis ich hyn gehe vnö bete,
vnö nam zu sich, **Petron** vnö **Jacoben** vnö **Johannen,** vnö sieng an
zu ertzittern, vnö zu engsten, vnnö spiach zu yhnen, **Meyne** feel ist be= 65
trubt bis an öen toö, enthalt euch hie, vnö wachet, vnö gieng eyn we=
nig furbas, siel auff öie eröen vnö bettet, öas, so es muglich were, öie
stunö fur vber gienge, vnö spiach, **Abba** meyn vatter, **Es** ist öyr al=
les muglich, vbirhebe mich öises kilchs, öoch nit was ich will, son=
öern was öu wilt. 70

Vnö kam vnö fanö sie schlaffenö, vnnö spiach zu **Petro, Simon**
schleffistu? vermochtistu nicht eyne stunöe wachen? wachet vnö bettet,
öas yhr nicht ynn verfuchung fallet, **Der** geyst ist willig, aber öas fley=
sch ist schwach, **Vnö** gieng wiööer hyn vnö bettet, vnö spiach öie sel

---

B *setzt* . *nach* verleugnen 61, schwach 74; *streicht* , *nach* sich 64, erzitern 65.
D *streicht* , *nach* Gethsemen 62, furbas 67.   **E** *setzt* . *nach* bete 63,
wachet 66, *mit folg. gr. Anfangsb.* nach Gethsemane 62; *setzt* , *nach* furbas 67,
wachen 72; *streicht* , *nach* kelchs 69.   **G** *streicht* , *nach* namen 62, willig 73.
5 **H** *setzt* , *nach* namen 62, betrübet 65, willig 73.   **I** *setzt* . *nach* fallet 73;
setzt , *nach* gehe 63. erden 67, Abba 68, hin 74; *streicht* , *nach* namen 62.
K *setzt* , *nach* Ja 60.   **L** *setzt* . *mit folg. gr. Anfangsb. nach*
schlaffend 71; *streicht* , *nach* Ja 60.   **M** *streicht* , *nach* betrübet 65, hin 74.
O *setzt* . *nach* Kelchs 69, *mit folg. gr. Anfangsb. nach* vbergienge 68; *setzt* ,
10 *nach* betrübt 65, hin 74.   **P** *streicht* . *nach* schwach 74; *streicht* ,
nach betet 72.   **Q** *setzt* . *nach* schwach 74; *setzt* , *nach* Petrum 64,
Jacobum 64, gienge 68, Kelchs 69, betet 72; *streicht* , *nach* betrübet 65.
R *setzt* . *nach* Kelchs 69; *setzt* , *nach* Gethsemane 62, betrübt 65: *streicht* , *nach*
hie 63, Petrum 64, Jacobum 64, hie 66.

15 **A** 61 wolt   Des   65 meyn   66 todt   68 es   73 der.
B 62 feld   64 Vnd *1.*   Jacobon   65 erzitern   meyne   66 Vnd *2.*   68 vater
73 Der.   **C** 60 dir   67 betet *so auch 72*   72 vermöchtistu.
C[1] 60 dyr   69 vberhebe.   **D** (62 Gethsemen)   65 zuerzittern   74 selbige.
E 60 weiter *so auch 118*   Ja   müste   61 gleichen   62 selt   63 (iügern) Setzt
20 (hi)   64 Jacoben   65 zuerzittern   Meine   feele   betrübet   66 tod   enthaltet
67 furbas   bettet *so auch 72*   müglich *so auch 89*   68 stunde *so auch 78*   für   gieng
72 schleffestu   vermöchtestu   wachen] zu wachen   73 geist.
F 62 feld   63 hin   67 furbas   68 fur   gienge   73 fleisch.
G 60 auch mit dir   nuste   62 Getsemane   63 iüngern] iunger   64 Jacobon   67
25 betet *so auch 72, 74*   muglich *so auch 89.*
H 60 mit dir auch   müste   62 ynn das feld] zu dem hofe   Gethsemane   63 jüngern
64 Jacoben   65 zuerzittern] zu zittern   engsten] zagen   Mein   fele   67 müglich *so*
auch 69   69 vber hebe   72 vermochtestu.
I 60 redete   61 Desselbigen   65 Meine   feele   68 für   Vater   69 vberhebe   72
30 vermöchtestu   Wachet.
K 61 Desselbigen   62 Hofe   68 fur   71 vnd *2. gestr.*   72 vermochtestu   73 Geist
74 wider *so auch 75.*
L 61 Des selbigen   65 Vnd *2.*   69 Doch   71 vnd fand   72 Vermöchtestu   73 geist.
M 65 Seele   66 Enthaltet   68 Es   73 Geist   Fleisch.
35 **N** (62 Bethsemane)   63 Setzet   64 Petrum *so auch 124*   Jacobum   Johannem   65
betrübt   67 Das   68 vbergieng.
O 63 Setzt   65 vnd *2.*   66 enthaltet   68 vbergienge   73 geist   fleisch.
P 63 Setzet   64 Vnd *4.*   66 Enthaltet   73 Geist   Aber.
Q 60 redet   64 vnd *4.*   65 betrübet   67 Erden   68 vber gienge   vud   72 schleffstu
40 73 aber   Fleisch   74 selbigen.
R 60 redete   61 Desselbigen   63 setzet   hingehe   64 Vnd *1.*   65 betrübt   67
erden   68 vbergienge   72 schleffestu   73 Aber   fleisch.

75 bigen woꝛt, vnd kam wider, vnd fand ſie abermal ſchlaffend, Denn
yhꝛ augen waren voll ſchlaffs, vnd wuſten nit was ſie yhm antwoꝛt=
ten, Vnd er kam zum dꝛitten mal vnd ſpꝛach zu yhnen, ia ſchlafft nu
vnd ruget, Es iſt gnug, die ſtund iſt komen, ſehet, des menſchen ſon
wirtt vbirantwoꝛttet ynn der ſunder hende, ſtehet auff, laſt vns ge=
80 hen, Sehet, der mich verrhedt iſt er bey komen.

Vnnd als bald, da er noch redet, kam erzu Judas eyner von den
zwelffen, vnd eyn groſſe ſchar mit yhm, mit ſchwerten vnd mit ſtan=
gen, von den hohen pꝛieſtern vnd ſchꝛifftgelerten vnd Eltiſten, vnnd
der verrehter hatte yhnen eyn zeychen geben vrnd geſagt, welchen ich
85 kuſſen werde, der iſts, den greyfft, vnd furet yhn gewiſſz, vnd da er kam,
tratt er bald zu yhm, vnd ſpꝛach zu yhm, lieber meyſter, lieber meyſter,
vnd kuſſet yhn, Die aber legten yhꝛe hende an yhn, vnd griffen yhn,
Eyner aber von denen, die da bey ſtunden, zoch ſeyn ſchwerd aus,
vnd ſchlug des hohen pꝛieſters knecht, vnd hyꝛeb yhm eyn ohr ab.

90 Vnnd Jheſus antwoꝛt vnd ſpꝛach zu yhnen, yhꝛ ſeyt aufzgangen,

A ſetzt , nach verrhedt 80. B ſetzt . nach antwortten 76, eltiſten 83,
yhn 87 l., mit folg. gr. Anfangsh. nach gewiſs 85; ſtreicht , nach kam 85.
C ſetzt , nach gewiſs 85; ſtreicht , nach wort 75. D ſetzt . nach
ſchlaffend 75. E ſetzt . nach nahe 80, gewis 85, yhꝛ 87 3.; ſetzt , nach wort 75,
ſchlaffend 75, nicht 76, mal 77, kam 85. G ſtreicht . nach gewis 85; s
ſetzt , nach yhn 87 l.; ſtreicht , nach ſehet 78, bald 81. H ſetzt l nach
rugen 78; ſetzt . nach gewis 85, jn 87 l.; ſetzt , nach ſehet 78, bald 81, einer 81.
I ſetzt , nach gegeben 84, antwortet 90. K ſetzt , nach Ah 77.
L ſetzt . nach wort 75; ſtreicht , nach Ah 77. M ſtreicht , nach
Sihe 80. N ſetzt , nach rugen 78, Sihe 80. O ſetzt l nach rugen 78; 10
ſetzt . nach hende 79, gehen 79, mit folg. gr. Anfangsb. nach gnug 78; ſetzt , nach
Ab 77; ſtreicht , nach bald 81. P ſetzt , nach hende 79; ſtreicht , nach
AH 77, komen 78, Rabbi 86 l. Q ſetzt , nach gnug 78, komen 78, gehen 79,
bald 81, Rabbi 86 l. R ſetzt . nach gehen 79, mit folg. gr. Anfangsb. nach
gnng 78; ſtreicht , nach ſchlaffs 76. 15

A 75 wort ſo auch 134 widder denn 78 es 79 vber antwortet 80 ſehet her=
bey 83 Vnd 3. 84 wilchen 88 ſchwert 90 aufsgangen.
B 79 vbir antwortet 80 verrhett 82 ſchwerdten 83 eltiſten 85 gewiſs 86 trat
88 ſchwerd 89 hieb 90 ausgangen. C 76 vol antworten
79 vberantwortet 80 verrhet 82 ſchwerten ſo auch 91 84 verrheter. 20
C1 83 Hohen prieſtern ſo auch Hohen prieſtern 89. 123. Hohen prieſter 98 86 tratt.
D 76 antwortten 77 drittenmal 79 vberantwort (80 verrettet) 86 trat.
E 75 Denn 76 yhre antworten 77 dritten mal Ja ſchlaffet 78 Es 79
vberantwortet ſünder 80 herbey komen) nahe 82 eine ſchwerdten 83 Eltiſten 84
zeichen gegeben Welchen 85 küſſen greiffet füret ſo auch füreten 98 gewis 25
86 Lieber l. meiſter l. 89 nbe 90 ſeyd ausgegangen.
F 79 ſunder (81 erzu) 85 furet ſo auch fureten 98 86 meiſter 2. 87 küſſet 90 Yhr ſeid.
G 78 ſtund 82 ſchwerten 84 Wilchen 85 küſſen füret do 86 Lieber meiſter,
l. m.] Rabbi, Rabbi 88 bei ſo auch 101 89 Prieſters ſo auch Prieſter 117.
H 75 Vnd l. denn 77 Ja ſchlaffet nu vnd ruget] Ach wolt jr nu ſchlaffen vnd rugen 30
78 ſtnnde 80 ſehet] ſihe 81 der zwelffen einer 83 Elteſten ſo auch 99 85 küſſen da
88 bey ſo auch 101 89 prieſters ſo auch prieſter 117.
I 77 Ach] Ab 78 ſehet] Sihe 79 laſſt 80 Sihe 82 Schar 84 Verrheter 89 obre ab.
K 75 aber mal 79 Sünder 83 (von) vnd l.
L 75 abermal 79 ſunder Stehet 83 prieſtern 87 Vnd l. 35
M 75 Denn 78 Sihe] Sehet Des 79 Sünder 84 Zeichen 88 Schwerd 89 Ohre.
N 78 Sihe Menſchen ſon ſo auch 115 79 laſſet 88 dabey vgl. zu 128 Schwert 89 abe.
O 78 des menſchen Son ſo auch 115 79 laſt 81 da geſtr. 82 ein 87 vnd l. 88 da
bey vgl. zu 128. 89 ab. P 81 da er 82 eine 89 Knecht (90 ausgegange).
Q 76 Augen 78 die Sihe] Sehet Des 79 laſſet 89 knecht. 40
R 76 jr augen 78 Sihe des 79 laſſt.

als zu eynem mozber, mit schwertten vnd mit stangen, mich zu fahen,
ich byn teglich bey euch ym tempel gewesen, vnd hab geleret, vnd vb=
habt. mich nit griffen, Aber auff das die schzifft erfullet werde.
Vnd die iungern verlieszen ybn alle, vnd flohen, vnd es war eyn iungling,
der folget ybm nach, der war mit lynwadt bekleydet auff der bles= 95
sen haurt, vnd die iunglinge griffen ybn, Er aber lies faren den lyn=
wadt, vnd floch blos von yhnen.

XVIII. Vnd sie fureten Jhesum zu dem hohen pziester, dahyn zu sammen
komen waren alle hohe pziester, vnd Elltisten vnd schrifftgelerten,
Petrus aber folget ybm nach von fernen, bis byneyn ynn des ho= 100
hen pziesters pallatz, vnd er war da vnnd saffz bey den knechten, vnd
wermet sich.

Aber die hohen pziester vnd der gantze radt, suchten zeugnis wid=
der Jhesum, auff das sie ybn zum tod bzechten, vnd funden nichts.
viel gaben falsch zeugnis widder vhn, vnd yhre zeugnis stympt nicht 105

A *setzt*, *nach* faren 96.   B *setzt*. *nach* griffen 93, flohen 94, yhn 96;
streicht, *nach* haut 96, faren 96, priefler 99.   C *streicht*, *nach* geleret 92.
E *setzt*. *nach* schrifftgelerten 99; *setzt*, *nach* gegriffen 93, haut 96, faern 96; *streicht*
, *nach* fernen 100, brechten 104.   F *setzt*, *nach* fernen 100. brechten 104.
5   G *setzt*. *nach* liecht 102; *streicht*, *nach* mörder 91, alle 94.
H *setzt*, *nach* mörder 91, alle 94.   I *setzt*, *nach* da 101, priefler 103.
K *streicht*, *nach* priefler 103.   L *setzt*. *nach* gegriffen 93, pallaft 101,
nichts 104, *mit folg. gr. Anfangsb. nach* haut 96; *setzt*, *nach* jn 96; *streicht*,
nach Jüngling 94.   M *setzt*. *nach* jn 96; *streicht*. *nach* liecht 102.
10   N *setzt*. *nach* liecht 102; *streicht*, *nach* Rat 103.   O *setzt*. *nach*
fahen 91; *setzt*, *nach* Jüngling 94, haut 96, Rat 103; *streicht*, *nach* faren 96.
P *setzt*, *nach* gegriffen 93, jn 96, faren 96, Pallaft 101.
Q *setzt*. *nach* jn 96, Pallaft 101, *mit folg. gr. Anfangsb. nach* fahen
, *nach* fahen 91; *streicht*, *nach* Rat 103.   R *setzt*, *nach* flohen 94,
15 haut 96, Pallaft 101, Rat 103.

A 91 fchwerdten   94 verliessen   Vnd 2.   96 haut   den lyndwad faren   98 zufammen   99 hohepriefler   101 palatz   fafs.
B 95 lynwad   98 zu fammen   99 hohe priefler   Eltisten   101 palaft *so auch 123*
103 rad.   C 91 mörder.
20   C¹ (94 iungen)   (101 priefter).   D 96 linwad.
E 93 gegriffen   (fchrift)   erfüllet   94 iünglig *so auch* iünglinge 96   95 folgete
leinwad *so auch 96*   bekleidet   96 faern   98 famen   100 hinein   Hohen *so auch*
Hohe 117   101 pallaft *so auch 123*   Vnd 1.   102 wermete   103 Rad   wider *so auch 106*,
112   104 tode   105 Viel   gezeugnis   vnd) aber   yhr *so auch 109*   flimmete.
25   F 93 erfüllet   94 iüngern) iünger   Jüngling   95 linwad *so auch 96*   98 dahin   105
zeugnis   wider *so auch 106*.
G 93 wurde   94 iungling *so auch* iunglinge 96   95 linwat   102 fich) fich bey dem
liecht   103 rad   fuchten) fuchte   widder.
H 93 erfüllet   werde   94 jüngling *so auch* jünglinge 96   95 linwad   98 füreten
30   da hin   zufamen   101 Prieflers   103 Rat   fuchten   105 widder.
I 91 Ich   Tempel *so auch 107*   93 Schrifft   96 Jünglinge   98 dahin   101 prieflers.
K 94 Jüngling   99 Hohen   103 wider *so auch 105, 106, 112*.
L 92 habe   96 jünglinge   99 Hohepriefler   104 Vnd.
M 91 Mörder   95 folget   Linwad *so auch 96*   101 Pallaft *so auch 123*   Knechten
35 *so auch* Knechte 122   105 Aber.
N 96 Jünglinge   grieffen   100 ferne   105 jre *so auch 109*.
O 95 folgete   96 vnd   griffen   98 da hin   100 fernen   103 Zeugnis *so auch 105 1.*,
106, 118   105 yr *so auch 109*.   P 98 Da   100 hin ein   104 Tode *so auch* Todes 120.
Q 95 folget   96 grieffen   faren) fallen   98 fürten   dahin   101 vnd 1.   102 Liecht
40 104 tode *so auch* todes 120   vnd   105 zeugnis 1. *so auch 106*.
R 95 folgete   96 vnd   faren   97 flohe   98 füreten   da hin   101 Vnd 1.   102
liecht   104 Tode *so auch* Todes 120   Vnd   105 Zeugnis *zweimal, so auch 106*.

vber eyn, vnd ettlich stunden auff, vnd gaben falsch zeugnis wydder
yhn, vnd sprachen, wyr haben gehort, das er saget, ich will den tem
pel, der mit henden gemacht ist, abbrechen, vnd ynn dreyen tagen,
eynen andern bawen, der nit mit henden gemacht sey, vnd yhre zeug
110 nis stympt noch nicht vber eyn.

Vnnd der hohe priester stund auff vnter sie, vnnd fraget Jhesum
vnnd sprach, Antwortestu nichts? was zeugen disse widder dich?
Er aber schweyg stille vnd antwortet nichts. Da fraget yhn der hohe
priester abermal, vnd sprach zu yhm, Bistu Christus der son des gebe=
115 nedeyten? Jhesus aber sprach, ich byns, vnd yhr werdet sehen des men
schen son, sitzen zur rechten hand der krafft, vnnd komen mit des hy=
mels wolcken. Da zu reys der hohe priester seynen rock, vnd sprach,
was durffen wyr weytter zeugen? yhr habt gehoret die Gottis leste=
rung, was dunckt euch? sie aber verdampten yhn alle, das er des
120 tods schuldig were, Da fiengen an etlich yhn zu verspeyen, vnd verdec
ken seyn angesicht, vnnd mit feusten schlagen, vnd sagen zu yhm, lie=
ber weyssage vns, vnd die knechte schlugen yhn yns angesicht.

A *streicht*, *nach* tagen 108.　　　　B *setzt*. *nach* were 120; *streicht*, *nach*
yhn 107, son 116.　　　　　　　D *streicht*? *nach* gebenedeyten 114.
E *setzt*? *nach* gebenedeyten 114; *setzt*. *nach* ein 106, *mit folg. gr. Anfangsb.*
nach vns 122; *setzt*, *nach* yhn 107, Jesum 111; *streicht*, *nach* rock 117.
F *setzt*, *nach* rock 117.　　　　H *setzt*? *nach* zeugen 112; *setzt*, *nach* nichts 112, 5
sagen 121.　　　I *setzt*, *nach* dem 112, stille 113.　　　L *setzt*. *nach* sey 109, Gotteslesterung 118; *streicht*, *nach* nichts 112.　　　M *setzt*. *nach* bins 115.
N *setzt*, *nach* Zeugen 118.　　　　O *setzt*? *nach* Zeugnis 118; *setzt*. *nach*
jn 107; *streicht*, *nach* Jhesum 111.　　　　　P *setzt*, *nach* jn 107, Jhesum 111,
bins 115; *streicht*, *nach* gehört 107, abermal 114.　　　Q *setzt*. *nach* bins 115; 10
setzt, *nach* gehört 107, abermal 114; *streicht*, *nach* dem 112.　　　R *setzt*, *nach*
dem 112, bins 115, vns 122; *streicht*, *nach* gehöret 107, sprach 112, 115, Rock 117.

A 106 vbereyn *so auch* 110　　widder　　113 stylle　　114 (Bistu du)　　gebenedeyeten
117 zureys　　118 weyter　　119 Sie.
B 106 vber eyn Vnd *l.* wider 110 vbireyn 112 dise 116 hymel 120 todts 122 Vnd. 15
C 106 widder　　107 gehört　　110 vbereyn　　118 weytter　　gehöret　　121 sein.
C¹ (109 ander)　　110 vber eyn　　113 stille　　120 tods　　121 seyn.
D 112 antwortestu　　113 stylle　　114 gebenedeyten　　116 hymelwolcken　　122 vnd.
E 106 ein *so auch* 110　107 Wir　　gehöret　　sagte Ich　　109 vnd] Aber　　110 stimpte
111 fragete *so auch* 113　112 Antwortestu　　113 schweig　　stille　　114 gebenedeyeten 20
115 Ich　　bins　　116 hymels wolcken　　118 Was　　durffet　　habet　　119 düncket　　120
todtes　　121 angesichte *so auch* 122　　Lieber　　122 weissage.
F 112 vidder　　114 gebenedeyten　　119 duncket　　120 todes.
G 107 gehört *so auch* 118 (110 stimyte)　114 presser)　120 verspeien (verdeckten).
H 107 gehöret *so auch* 118　117 sagt　　108 dreien (109 zeugnnis)　112 was zeugen 25
diese widder dich] zu dem das diese widder dich zeugen　124 gebenedeyten] hochgelobten
116 himels　117 zu reis　119 Was　120 zuuerspeien　121 schlaten　zu jm sagen Lieber *gestr.*
I 107 gehört *so auch* 118　saget　110 vberein　114 Hochgelobten　117 zureis　118
habt　119 duncket　120 zu verspeien　122 Weissage.
K 110 vber ein　116 Himels　117 zu reis　119 düncket　120 schüldig. 30
L 110 stimmete　115 Vnd　117 zureis　118 Gottes esterung　119 düncket　120
schuldig　zuuerspeien　122 jnns.
M 106 falsche　107 sagete　116 Krafft　117 Rock　118 Zeugen gehöret　120 schüldig
121 Angesichte *to auch* 122.　N 110 vberein　118 gehört　120 zu verspeien (verdeckten).
O 106 falsch　107 gehöret *so auch* 118　saget　110 noch *gestr.*　118 was　Zeugen] Zeugnis 35
Jr　120 etlich　121 Feusten.
P 110 noch nicht　113 abe　114 abermalr]　116 Hand　118 Zeugen　120 etliche.
Q 106 vberein　falsche　107 gehört　sagete　114 son　116 hand　118 Was
Zeugnis　120 schuldig　zuuerspeien　121 feusten.
R 106 vber ein　falsch　107 gehöret　saget　114 Son　116 Hand　118 was 40
Zeugen　120 schüldig　zu verspeien.

Vnd Petrus war da nyden ym palatz, da kam des hohen priesters
megde eyne, vnnd da sie sahe Petron sich wermen, schawet sie yhn
an, vnd sprach, vnd du warest auch mit Jhesu von Nazareth, Er leug 125
net aber vnd sprach, ich kenne yhn nit, weys auch nit was du sagist,
Vnd er gieng hynaus ynn den vorhoff, vnd der han krehet, Vnd die magd
sahe yhn, vnnd hub aber mal an, zu sagen denen die da bey stunden,
diser ist der eyner, vnnd er leugnet aber mal, Vnd nach eyner kleynen
weyl sprachen aber mal zu yhm, die da bey stunden, warlich du bist 130
der eyner, denn du bist eyn Gallileer vnnd deyne sprache lautt gleych
also, Er aber fieng an sich zu verfluchen vnd schweren, ich kenne den
menschen nitt von dem yhr saget. Vnd der han krehet zum andern mal,
Da gedacht Petrus an das wort, das Jhesus zu yhm saget, ehe
der han zweymal krehet, wirstu mich drey mal verleucken, vnd er hub 135
denn an zu weynenn.

A *setzt*, *nach* hynaus 127, denen 128, nicht 133; *streicht*, *nach* an 128.
B *setzt*. *nach* abermal 129, also 132; *streicht*, *nach* hynaus 127, verleucken 135.
C *setzt*. *nach* mal 133. E *setzt*. *nach* sagest 126, krehet 127, einer
129 l., *mit folg. gr. Anfangs b. nach* verleugnen 135; *setzt*, *nach* Galileer 131, an 132;
5 *streickt*, *nach* denen 128. F *setzt*. *nach* Nazareth 125; *setzt*, *nach*
aber 126. G *setzt*, *nach* sagen 128, einer 129 l., verleugnen 135; *streicht*, *nach*
aber 126, an 132. H *setzt*. *nach* einer 129 l., verleugnen 135; *setzt*, *nach*
aber 126, an 132; *streicht*, *nach* sagen 128. I *streicht*, *nach* an 132.
K *setzt*, *nach* denen 128, Warlich 130. L *setzt*. *mit folg. gr.*
10 *Anfang s b. nach* pallast 123; *streicht*, *nach* denen 128, Warlich 130.
Q *streicht*. *nach* Nazareth 125, sagest 126, abermal 129; *setzt*, *nach* nicht 126 2.,
denen 128. R *setzt*. *nach* Nazareth 125, sagest 126, abermal 129, andern 133;
setzt, *nach* Pallast 123, mal 133; *streicht*, *nach* aber 126, nicht 126 2., denen 128.

A 129 Vnd *l*. 131 laut 136 denn *gestr.* weynen.
15 B 128 abermal *so auch* 129 132 zuuerfluchen.
C 129 aber mal 130 abermal. C¹ 124 Vnd 132 zu verfluchen.
E 123 niden 125 Vnd 2. 126 Ich sagest 127 hinaus 129 Dieser abermal
kleinen 130 weile Warlich 131 Galileer deine lautet 132 Ich den] des
134 gedachte Ehe 135 verleucken] verleugnen 136 weinen.
20 F 131 gleich.
G 123 hohen 125 Jesu *so auch* Jesus 134 132 zuuerfluchen ich 135 drei.
H 125 Jhesu *so auch* Jhesus 134 126 weis (sahest) 127 Vnd 2. 130 yhm] Petro
131 lautet 132 Ich 135 drey.
I 123 nidden 131 lautet 132 zu verfluchen 134 sagte.
25 K 123 danidden 127 Vorhoff 128 dabey.
L 123 da nidden 124 Megde *so auch* Magd 127 127 vorhoff Han *so auch* 133, 135
128 da bey.
M 123 nidde 127 Vorhoff vnd 2. 131 Denn Sprache 132 zuuerfluchen.
N 123 danidden (125 Ih) 128 dabey *so auch* 130 132 zu verfluchen.
30 O 123 da nidden 124 vnd 127 hin aus Han *so auch* 133 128 da bey *so auch* 134.
P 130 aber mal.
Q 124 Vnd 127 Hane *so auch* 133 128 sahe jn] sahe jn an dabey *so auch* 130 130
abermal 131 sprache 132 zuuerfluchen 133 andernmal.
R 124 vnd 127 Han *so auch* 133 128 jn an] ja aber mal da bey *so auch* 130
35 131 Sprache 132 zu verfluchen 133 andernmal] andern. mal 135 zweimal.

Das funfftzehend Capitel.

Vnd bald am morgen, hielten die hohen priester eynen rad mit den Elltisten vnd schrifftgelerten, datzu der gantze rad, vnd bunden Jhesum, vnd fureten yhn hyn, vnd vbirantwoz ten yhn Pilato, vnnd Pilatus fraget yhn, Bistu eyn konig der Juden? Er antwozt aber vnd spzach zu yhm. Du sagists, vnnd XXXVIIIᵃ. die hohen priester beschuldigeten yhn hartt, Pilatus aber fraget yhn aber mal vnd spzach, Antwoztistu nichts? Sihe, wie hartt sie dich verklagenn, Jhesus aber antwoztet nichts mehr, also, das sich auch Pilatus verwundert.

Er pflegt aber yhnen auff das osterfest eynen gefangen los zu geben, wilchen sie begereten, Es war aber eyner, genant Barabbas, gefangen mitt den auffrurischen, die ym auffruhr eynen mozd began

B *setzt* . *nach* Pilato 5, begerten 12, *mit folg. gr. Anfunzsh. nach* sagißs 6.
C *setzt* . *nach* hart 7; *streicht* , *nach* also 9. D *setzt* , *nach* also 9, begerten 12. E *setzt* . *nach* verklagen 9. G *setzt* , *nach* hart 7; *streicht* , *nach* Sihe 8. H *setzt* . *nach* jm 6, hart 7; *setzt* , *nach* Sihe 8.
I *setzt* , *nach* aber 6, abermal 8. L *setzt* . *nach* begerten 12.
N *setzt* ? *nach* verklagen 9. O *setzt* . *nach* verklagen 9.
P *setzt* , *nach* hart 7; *streicht* , *nach* abermal 8. Q *setzt* . *nach* hart 7; *setzt* , *nach* abermal 8. R *streicht* , *nach* mehr 9.

A 2 Priester *so auch* 7, 16, 17 5 Vnd bistu 6 du 7 hart *so auch* 8 8 antwortistu sihe 9 verklagen antwortet 11 zugeben 12 begerten Barabbas *so auch* Barrabban 18 13 mit *so auch* 34, 60.
B 2 Hohen priester *so auch* 7 3 Eltisten schrifft gelerten dazu 4 vbirantwortten 8 Sihe 9 antwortet 13 yhm.
C 1 Fnnfftzehend 3 schrifftgelerten da zu 4 vberantwortten 5 könig 8 antwortistu 13 ym.
C¹ 1 funfftzehend 11 zu geben. D 8 antwortistu.
E 2 einen *so auch* 34, 59, 60 *zweimal*, ein 5, 20, 35, 54, 60, 73, 80, Ein 42. eine 27, 28, 78, einer 59 4 Jesum *so immer ohne* h *ausgen.* 24 fureten *so auch* 26, 33 hin *so auch* 82, *desgl.* hinauff 14, 70, *vgl. zu* 26, 74 vberantworten 5 Bistu 6 antwortet *so auch* 15, 19
Du sagests 7 fragete 8 abermal *so auch* 21 Antwortestu 9 antwortet 10 verwunderte 11 pflegte 12 welchen *so auch* 67, welcher 40, 72, 73 Barrabas *so auch* Barraban 18, 24 13 auffrurischen auffrhur.
F 1 Funfftzehend 4 Jhesum *so immer mit* h fureten *so auch* 26, 33 11 Osterfest einen *so auch* 13, 43, einer 12.
G 1 XV. Capittel 3 Eltisten 6 saget 7 beschulcigten 11 osterfest 12 wilchen *so auch* 67, wilcher 40, 72, 73 13 auffrhurischen.
H 1 Das XV. Capittel.] XV. 2 rat 3 Eltesten Rat 4 fureten *so auch* 33 yhn] jn *so immer, desgl.* jn z. B. 6, jnen z. B. 11, jn *dat. pl.* z. B. 15, jr z. B. 15, jre 46 mit j *statt* yh 6 sagels 7 beschuldigeten fraget 11 pfleger Osterfest 12 welchen *so auch* 67, welcher 40, 72, 73 13 auffrhurischen ym] jm *so auch* 63, *desgl.* jun 26 mit j *statt* y.
I (2 prister) 3 Schrifftgelerten *so auch* 49 dazu 5 König *so immer* 6 Jüden *so auch* 16, 21, 29 7 beschüldigeten fragte 11 pflegte.
K 10 verwundert 13 auffrurischen auffrur. L 2 Hohenpriester *so auch* 7, 17, 49 7 beschüldigten 9 Also 10 verwunderte 13 auffrurischen Auffrhur.
M 2 Rat 3 da zu 11 Gefangen 13 Auffrhurischen auffrhur Mord.
N 3 dazu 8 aber mal 13 Auffrhur.
O 7 beschüldigeten 8 abermal 9 also 13 Auffrurischen auffrhur.
P 3 da zu 8 Wie 13 Auffrhürischen.
Q 3 dazu 5 Konig 7 beschuldigten 8 wie 9 Also 11 pfleget 13 Auffrürischen.
R 3 da zu 4 Vnd l. 5 König 6 beschüldigeten 8 Wie 9 allo 11 pflegte
13 Auffrhürischen.

— 79 —

gen hatten, vnd das volck gieng hyn auff vnd batt, das er thett, wie
er pfleget, Pilatus aber antwortt yhn, wollt yhr, das ich euch den 15
Fenig der Juden los gebe? denn er wuste, das yhn die hohen priester,
aus neyd vbir antwortt hatten, Aber die hohen priester reytzten das
volck, das er yhn viel lieber den Barabban los gebe.

Pilatus aber antwortt widderumb, vnnd sprach zu yhnen, was
wollt yhr denn, das ich thue, dem, den yhr schuldiget, er sey eyn Ko- 20
nige der Juden? sie schryen aber mal, Creutzig yhn, Pilatus aber
sprach zu yhn, was hat er vbels than? Aber sie schryen noch viel mehr,
Creutzige yhn, Pilatus aber gedacht dem volcke gnug zu thun, vnd
gab yhn Barabbam los, vnd geysselte Jhesum, vnd vber antwortet
yhn, das er creutzigt wurde.   25

Die kriegs knecht aber fureten yhn hyneyn ynn das richthaus, vnd
rieffen zu sammen die gantze rotte, vnd zogen yhm eyne purpur an, vnd
flochten eyn dorne krone, vnnd setzten sie yhm auff, vnd fiengen an yhn

B *setzt* . *nach* pfleget 15. hatten 17, yhn 21, 23; *streicht* , *nach* Priester 16.
C *streicht* , *nach* thet 14.   D *setzt* , *nach* yhn 23.
E *setzt* . *nach* hatten 14, yhn 23; *setzt* , *nach* hinauff 14.   G *streicht* .
nach hatten 17; *streicht* , *nach* auff 28.   H *setzt* . *nach* haiten 17; *setzt* ,
5 *nach* auff 28.   I *setzt* , *nach* thet 14, gedachte 23.   M *streicht* , *nach*
Jhesum 24.   N *setzt* , *nach* Jhesum 24.   O *setzt* . *mit folg.*
gr. Anfangsb. nach Schar 27; *streicht* . *nach* würde 25; *streicht* , *nach* gedachte 23.
P *setzt* . *nach* würde 25.   Q *setzt* , *nach* Schar 27; *streicht* , *nach* Richthaus 26.
R *setzt* . *mit folg. gr. Anfangsb. nach* Schar 27; *setzt* , *nach* Richthaus 26.

10   A 14 hynauff   thet   15 antwort *so auch* 19   16 Denn   17 vbirantwort   reytz en
19 widerumb   21 Sie   creutzig   22 thon   23 creutzige   zuthun   24 Babrrabam
vberantwortet   27 zusamen   eyn.   ·
B 14 Vnd *l.* .   15 wolt *so auch* 20   17 reytzten   19 widderumb   21 creutzigt   23
volck   24 Barrabbam   geysselte   vberantworttet   27 ganze   eyne.
15   C 16 kunig   priester   17 vberantwort   21 creutzige   24 geyselte   27 gantze.
C¹ 16 könig *so auch* 29, 42. königs 51   20 könige   21 schrien   26 rich thaus   27
zu samen.
D 21 schryen   23 zu thun   24 Barrabam   26 hynein   richt haus   28 dörne.
E 14 bat   15 Wolt   16 Jüden   Hohen *so auch* 17, 19   17 neid   vberantwortet
20 priester   reitzten   20 könig   21 schrien *so auch* 22   Creutzige *so auch* 23   22 Was
gethan   23 gedachte   volcke   24 Barraban   vberantwortet   25 gecreutziget würde
26 knechte   hineyn   yn *so auch* 48, 69, 80   richthaus   28 eine   dorne · (auf).
F 16 Juden *se auch* 29   19 Was   20 schüldiget   26 hin ein   ynn *so auch* 48, 69, 80.
G 14 ging   15 pflegt   20 schuldiget   21 creutzige   23 volck   24 geisselte   25
25 wurde   (26 keiegs)   27 riffen   rotte) schar   ein   28 dorneu.
H 14 gieng   15 pfleget   17 reitzeten   18 Barrabam *so auch* 24   20 schuldiget   21
Creutzige   24 geisselte Jhesum, vnd vberantwortet yhn, das er gecreutziget würde) vber-
antwortet jn Jhesum, das er gegeisselt vnd gecreutziget würde   26 hinein   27 rieffen zusamen   purper *so auch* 32   28 dorne.
30   I 23 volcke   26 kriegsknechte   fureten   Richthaus   27 Schar   vberantwort *so auch* 32
28 dörne.   K 15 jn) jnen *so auch* 18, 22, 24, 25   19 widerumb   23 volck   28 satzten.
L 23 volcke   26 Kriegsknechte   27 Purpur *so auch* 32   28 Dörnekrone   fetzten.
M 14 Volck *so auch* 18, Volcke 23   16 Hohenpriefter.   ·
N 16 Juden   17 reitzten   20 schuldiget.
35   O 14 bin auff   16 Jüden   17 Neid   reitzeten   18 volck *so auch* volcke 23   Das
20 schüldiget   26 hin ein   28 dörne krone.
P 20 Er   21 aber mal   23 Volck   27 Purper.
Q 17 neid   18 Volck   das   20 schuldiget   *er*   21 abermal   22 er denn   27
vnd *l.*   einen   Purpur   28 Kröne.
40   R 17 Neid   18 volck   Das   20 schüldige)   Er   22 denn *gestr.*   24 Vnd 2.   27
zu samen   ein   28 Krone.

—— 80 ——

zu gruſſen, Gott grus dich, lieber konig der Juden, vnd ſchlugen yhm
30 das heubt mit dem rhor, vnd verſpeyten yhn, vnd fielen auff die knye,
vnd beteten yhn an.

Vnd da ſie yhn verſpottet hatten, zogen ſie yhm die purpur aus, vnd
zogen yhm ſeyne eygen kleyder an, vnnd fureten yhn aus, das ſie yhn
Creutzigeten, vnd zwungen eynen, der fur vber gieng, mitt namen Si-
35 mon von Cyrene der vom feld kam, der eyn vater war Alexandri vnd
Ruffi, das er yhm das creutze truge, vnd ſie brachten yhn an die ſtett,
Golgatha, das iſt verdolmatſcht, ſcheddelſtet, vnd ſie gaben yhm
vermyrrheten weyn zu trincken, vnd er nams nicht zu ſich.

Vnd da ſie yhn creutzigt hatten, teyleten ſie ſeyne kleyder, vnd worf
40 fen das los drumb, wilcher was vbirkeme, Vnd es ware vmb die drit
te ſtund, vnd ſie creutzigeten yhn, Vnd es war die vbirſchrifft ſeyner vr
ſach oben vbir yhn geſchrieben, nemlich, Eyn konnig der Juden,
vnd ſie creutzigten mit yhm tzween moråer, eynen zu ſeyner rechten vnd

A *setzt*, *nach* Cyrene 35.   B *setzt*. *nach* vbirkeme 40, yhn 41, *mit*
folg. gr. Anfangsb. nach Judenn 42.   O *streicht*. *nach* Juden 42.
C¹ *streicht*, *nach* an 33, ſtett 36.   D *setzt*, *nach* vberkeme 40.
E *setzt*. *nack* trüge 36, Juden 42, *mit folg. gr. Anfangsb. nach* Jüden 29,
ſcheddelſted 37; *setzt*, *nach* an 33, rechten 43; *ſtreicht*, *nack* einen 34, Kyrene 35, 5
Ruffi 36.   F *setzt*, *nach* vberkeme 40; *setzt*, *nach* einen 34, Kyrene 35. Ruffi 36.
H *setzt*. *nach* könig 29, creutzigeten 41; *setzt*, *nach* gab 42; *streicht*, *nach*
ſtunde 41.   I *setzt*, *nach* ſtunde 41.   L *setzt*. *nach* creutzigten 34, *mit folg.
gr. Anfangsb. nach* trincken 38.   M *streicht*, *nach* Golgatha 37.   N *setzt*,
nach Golgatha 37.   O *streicht*, *nach* kam 35, Ruffi 36; *setzt* () *um* Der ... 10
Ruffi 35 fg.   Q *setzt*, *nach* kam 35, Ruffi 36; *streicat* () *um* der ... Ruffi 35 fg.
R *setzt*, *nach* ſcheddelſtet 37, trincken 38; *streicht*, *nach* kam 35, Ruffi 36; *setzt*
() *um* der ... Ruffi 35 fg.

A 30 heubt   33 zohen   34 creutzigeten   35 vatter   Allexandri   37 verdolmetſcht
so auch 57   42 konig   43 zween.   15
B 30 rohr   verſpeyeten   33 zogen   34 Vnd   (derfor) 35 felde   vater Alexandri
36 Vnd   38 vermyrrethen   39 gecreutzigt   40 war   41 ſtunde *so auch* 51, 552. 42 Judenn.
C 29 iuden   33 ſeine   35 Cirene   38 vermyrrheten   40 vberkeme   42 vber   Juden.
C¹ 41 vberſchrifft   43 mörder.
D 29 grüſſen   33 ſeyne   (37 verdolmeſcht)   38 vermyrrethen   42 geſchriben.   20
E 29 Got   grüſſe   Jüden   30 rhor   knie   31 betten   33 ſeine *so auch* ſeiner 41
eigene   kleider *so auch* 39   34 (creützigeten)   für *so auch* 46   35 Kyrene   36 trüge
ſtet   37 Golgata   ſcheddelſted   38 vermirrheten   39 gecreutziget   teileten   40
darumb   42 geſchrieben   43 creutzigeten.
F 29 Gott   31 betteten   34 fur *so auch* 46   37 ſcheddelſtet   38 wein   39 ſeine 25
so auch ſeiner 43   40 drumb.   G 29 Got   31 beteten.
H 29 Got grüſſe dich, lieber könig der Juden] Gegrüſſet ſeiſtu der Juden könig   30
heubt *so auch* heubte 46, henbtman 64, 76, 78   verſpeleten   31 betteten   33 eigen   37
Golgatha   verdolmetſchet   38 vermirrheten] mirrhe jm   40 vber keme   41 vnd ſie
creutzigeten yhn] da ſie jn creutzigeten   die vberſchrift ſeiner vrſach *gestr.*   42 geſchrie- 30
ben] geſchrieben, was man jm ſchuld gab   Jüden.
I 29 feiſtu   33 eigene   34 creutzigten *so auch* 41   für   37 verdolmetſcht   Scheddelſtet
38 myrrhe   40 vberkeme.   K 34 fur   36 creutz   42 jm.
L 36 creutze   37 verdolmetſchet   38 Myrrhe   41 Jn   42 jn   43 Mörder.
M 30 Heubt   Rhor *so auch* 60   33 Kleider *so auch* 39   35 Vater   36 Creutze *so* 35
auch 52   Stet   38 Myrrhen   Wein   40 Los   41 jn   (creützigten]   43 Einen.
N 31 beteten   34 vbergieng   35 Felde   36 Creutz   ſtet   43 creutzigten   Rechten.
O 29 feiſtu   35 felde   Der   vater   36 Creutze   43 creutzigeten   einen rechten.
P 29 feieſtu   30 Knie.   Q 29 feiſtu   30 knie
34 creutzigeten   vber gieng   35 der 2.   Vater   36 Creutz   37 verdolmeſchet   38 40
wein   42 ein   43 creutzigten   Einen.
R 29 zugrüſſen   feieſtu   30 Knie   34 creutzigten   vbergieng   35 vater   36
Creutze   37 verdolmetſcht   38 Wein   vnd   er *gestr.*   42 Ein   43 creutzigeten einen.

— 81 —

eynen zur lincken, vnnd die schrifft ist erfullet, die da sagt. Er ist vn=
ter die vbeltheter gerechnet.   45

Vnd sie giengen fur vber, vnd lesterten yhn, vnd schuttelten yhre bewbt,
vnd sprachen, Pfu dich, wie fern zu brichstu den tempel, vnd bawist yhn
vnndreyen tagen,hilff dyr nu selber vnd steyger ab vomcreutz,Desselbengley
chen, die hohen Priester verspotten yhn vnternander, sampt den schrifft=
XXXIX. gelerten vnd sprachen, Er hatt andern geholffen, kan yhm selber nit 50
helffen, Ach des Christus vnd des königs von Jsrael, Er steyge nu
von dem creutze, das wyr sehen vnd glewben. Vnd die mit yhm creu
tziget waren, schollten yhn auch.

Vnd da es vmb die sechste stund kam, wart eyn finsternis vber das
gantze land, bis vmb die neunde stund, vnd vmb die neunde stund, 55
rieff Jhesus lautt, vnnd sprach, Eli Eli lamma asabthani? das ist
verdolmatscht, meyn Gott, meyn Gott warumb hastu mich ver=
lassen? Vnd ettlich die da bey stunden, da sie das horeten, sprachen sie,
sihe, Er rufft dem Elias, da lieff eyner vnnd fullet eynen schwam

A *streicht* ? *nach* verlassen 57; *setzt*, *nach* Gott 572.   B *setzt*. *nach*
creutz 48, *mit folg. gr. Anfangsb. nach* stund 55 1.; *setzt* ? *nach* verlassen 57, Elias 59;
streicht, *nach* laut 56.   C *setzt*. *nach* gleichen 51; *setzt*, *nach* glawben
52, asabthani 56.   E *setzt*. *nach* lincken 44, gleuben 52, Elias 59; *setzt*
5, *nach* schrifftgelerten 49, laut 56, Eli 56 1.; *streicht*, *nach* gleichen 48, stunde 55 2.
G *streicht*! *nach* Eli 562.   H *setzt*, *nach* stunde 54, Eli 56 1..?.
verlassen 57; *streicht*, *nach* laut 56.   I *setzt* ? *nach* asabthani 56, verlassen 57;
setzt, *nach* Christus 51, stunde 552.. laut 56. einer 59; *streicht*, *nach* Eli 562.
K *setzt*, *nach* Eli 562.   N *streicht*, *nach* Christus 51.   O *setzt*, *nach*
10 tagen 48; *setzt*, *nach* Christus 51; *streicht*, *nach* Heubte 46.   P *setzt*, *nach*
Heubte 46; *streicht*, *nach* Land 55.   Q *setzt*, *nach* tagen 48, Land 55; *streicht*
, *nach* stunde 552.. Gott 572.   R *setzt*. *nach* tagen 48; *setzt*, *nach* stunde 55 2.,
Gott 572.; *streicht*, *nach* erfüllet 44. Schrifftgelerten 49, Land 55.

A 45 vbelteter   46 lestern   46 erab   49 Hohenpriester   50 hat   nicht   51 ge-
15 helffen   52 glawben   56 laut   58 etlich   59 er   Da.
B 44 Vnd   (dasagt?   (45 vbel teter)   46 lesterten   49 hohen Priester   (vnter-
ternander)   53 scholten   54 ward *so auch* 82.   C 44 gesagt   58 höreten.
C¹ 44 sagt   47 zubrichstu   49 priester   54 stund.   D 44 gesagt   (57 ver dolmetscht).
E 44 erfullet   saget   45 vbeltheter   46 schüttelten   heubte   47 sein zubrichestu
20 bawest   48 dir   steig *so auch* steige 51   creutze   selbigen   gleichen   49 verspotteten
vntereinander   50 vnd kan   51 helffen   königes   52 wir   gleuben   gecreutziget
53 scholten   54 stunde *so auch* 55 1.   57 Mein   mein   58 etliche   bei   59 Sihe
raffet   fullet.
F 44 erfullet   46 schuttelten   hewbte   49 vnternander   52 glewben   53 scholten
25 58 bey   59 fullet.   G 49 verspoteten.
H 44 Vnd die schrifft ist] Da ward die schrifft   erfullet   46 sie giengen fur vber,
vnd l.] die fur vber gangen, l.   schüttelten   47 zubrichstu   48 dreien   49 verspotteten   51 Ach des Christus vnd des königes] Ist er Christus vnd könig   von] jnn   Er
steige] so steige er   52 von dem] vom   gleuben   53 scholten] schmeheten   54 da es
30 vmb die sechste stunde kam] nach der sechste stunde   59 fullet.
I 44 Schrifft   47 zubrichestu   Tempel. · *auch* 63   56 lama.
K (54 sechste.)   L 45 Vbeltheter   48 Hilff   54 Finsternis   56 Das.
M 46 Heubte   47 Wie   48 jnn] in *so immer*   55 Land   59 Er   Schwam.
N 44 Lincken   sagt   48 Creutze   Desselbigen   (55 neude 2.)   57 verdolmetschet
35 58 dabey *so auch* 84.
O 44 lincken   saget   47 wie   48 creutze *so auch* 52   DES selbigen   57 ver-
dolmetscht   58 da bey *so auch* 64   59 er.
P 46 vbergiengen   48 er ab   51 ein Künig   52 Creutze   57 Warumb.
Q 46 vber giengen   47 Wie   48 Creutze   Desselbigen   49 verspotten   51 vber
40 ein] vnd   55 verdolmescht   57 warumb   59 Er.   R 44 sagt   46 vber
giengen   47 wie   48 steige   creutze   49 verspotteten   55 verdolmetscht   59 er

Reifferscheid, Luthers Marcus Euangelion.   6

do mitt essig, vnnd steckt yhn auff eyn thor, vnd trenckt yhn, vnd sprach,
Halt, laß sehen, ob Elias kome vnd nehm yhn abe.

Aber Jhesus schrey laut, vnnd gab den geyst auff, vnnd der vor=
hang ym tempel zu reyß yn zwey stuck, von oben ann bis vnden
aus. Der hawbtman aber der da bey stund gegen yhm vber, vnd sa=
65 he, das er mit solchem schrey den geyst auff gab, sprach er, warlich
diser mensch ist Gottis son gewesen. Vnnd es waren auch weyber
da, die von ferne solchs schaweten, vnter wilchen war Maria Mag
dalena, vnd Maria des kleynen Jacobs vnd Joses mutter, vnd Salo
me, die yhm auch nach gefolget hatten, do er yn Gallilea war, vnd
70 gedienet, vnnd viel andere, die mit yhm hynauff gen Jerusalem gan
gen waren.

Vnd am abent, die weyl es der rust tag war, wilcher ist, der vor=
sabbath, kam Joseph von Arimathia, eyn erbarer Rads herr, wil
cher auch warttet auff das reych gottis, der gieng thurstig hyneyn zu
75 Pilato, und batt vmb den leychnam Jhesu, Pilatus aber verwun=

A *setzt* . *nach* neme 61; *setzt* , *nach* kome 61, wartet 74; *streicht* , *nach* hallt 61.
B *setzt* . *nach* verschied 62, Jhesu 75; *setzt* , *nach* halt 61; *streicht* , *nach* ist 72.
C *setzt* , *nach* aus 64; *streicht* , *nach* essig 60.   C¹ *setzt* , *nach* essig 60;
streicht , *nach* halt 61.   E *setzt* . *nach* aus 64; *setzt* , *nach* Halt 61;
streicht , *nach* verschied 65, Salome 68.   F *setzt* , *nach* verschied 65,   5
Salome 68.   G *streicht* , *nach* Halt 61.   H *setzt* , *nach* Halt 61,
aber 64, hatten 70; *streicht* , *nach* jn 60?.   I *setzt* , *nach* jn 602., an 63,
wagts 74; *streicht* , *nach* aber 64.   K *setzt* , *nach* Warlich 65.
L *streicht* , *nach* Warlich 65.   M *streicht* , *nach* stück 63, verschied 65,
war 72.   N *setzt* , *nach* stücke 63, verschied 65, war 72; *streicht* , *nach* sahe 64.   10
O *setzt* . *nach* schaweten 67, wartet 74; *setzt* , *nach* sahe 64.
P *setzt* , *nach* neme 61. schaweten 67; *streicht* , *nach* hatten 70.
Q *setzt* . *nach* abneme 61; *setzt* , *nach* hatten 70, wartet 74; *streicht* , *nach* Halt
61. an 63.   R *setzt* . *nach* schaweten 67, wartet 74; *setzt* , *nach* Halt 61,
neme 61, an 63.   15

A 61 hallt   yhn herab neme   62 gab den geyst auff] verschied   Vnd   63 reys   an
64 hawptman   65 den geyst auff gab] verschyed   70 Jherusalem   72 weyll   rustag   73
Rads   74 auff das reych Gottis wartet   75 bat.
B 61 halt   62 furhang   64 hewptman   do   59 ynn   7c Jerusalem   72 weyl   rust tag.
C 60 rohr   73 Rads.   C¹ 63 zureys   73 erbarer.   20
D 73 her   75 bad.
E 60 flecket   rhor   trencket   61 Halt   erab   62 Furhang   63 stück   64 henbt=
man   da so auch 69   stundt   65 sölchem   geschrey   verschied   Warlich   66
dieser   Gottis so auch 74   67 sölches   68 kleinen   69 nachgefolget   Galilea   70 ge=
gangen   72 rüst   73 herr   74 reich   thürstig   hincin   75 bat.   25
F 62 furhang   63 stuck   64 hewbtman   stund   65 sölchem so auck solches 67   66
weiber   72 weil   73 Radsherr   75 leichnam.   G 74 thurstig.
H 61 lasst   62 zureis   vnten   67 solchs   69 hatten gestr.   70 gedienet hatten   73
Ratsher   74 gieng thurstig] wagts vnd gieng.
I 63 stück   64 Heubtman so auch 76, 78   66 Son   72 Rüstag   73 Ratsherr   74   30
Reich.   K 69 nachfolget   72 abend.
L 62 Furhang   66 Weiber   67 Vnter   69 nachgefolget   72 abent.
M 60 Essig   61 Lasst   66 Mensch   72 abend   75 Leichnam so auch 78.
N 62 Fürhang   63 stücke   73 Ratsher   74 Der.
O 61 last   Ob   herab   62 Furhang   63 stück   66 mensch   67 solches   69 Die   35
72 Vorsabbath   73 Ratsherr.
P 61 lasst   er ab   66 Mensch   70 hin auff   73 Kam   74 hin ein.
Q 61 Lasst   ob   abneme   62 Fürhang   63 stuck   66 mensch   son   67 solchs
69 die   nach gefolget   70 hinauff   73 kam   74 reich   hinein   75 leichnam.
R 61 lasst   Ob   ab neme   62 Furhang   63 zu reis   stück   66 Mensch   Son   40
67 solches   69 Die   nachgefolget   70 hin auff   72 dieweil   74 hin ein.

— 83 —

derte ſich, das er ſchon todt war, vnnd rieff dem hewbtman, vnnd
fragt yhn, ob er langiſt geſtorben were, vnd als ers erkundet von dem
hewbtman, gab er Joſeph den leychnam, vnd er kaufft eyn linwad,
vnd nam yhn ab, vnd wickelt yhn ynn die linwad, vnnd legt yhn ynn
eyn grab, das war ynn eynen fels gehawen, vnd welltzet eynen ſteyn 30
fur des grabis thur, aber Maria Magdalena vnnd Maria Joſes
ſchaweten zu, wo er hyn gelegt wart.

B *ſetzt . mit folg. gr. Anfangsb. nach* leychnam 78, thur 81.
D *ſtreicht , nach* gehawen 80, zu 82.　　　　E *ſetzt . mit folg. gr.
Anfangsb. nach* were 77; *ſetzt , nach* gehawen 80, zu 82.　　　M *ſetzt . nach*
war 76.　　　　　　O *ſetzt . mit folg. gr. Anfangsb. nach* Linwad 79.
5　　P *ſetzt , nach* war 76, Linwad 79.　　　　　Q *ſetzt . nach* war 76.

A 76 hewptman *ſo auch* 78　　77 fraget　　78 kauffte　　lynwad　　80 weltzet.
B 78 hewbtman　　eyne　　79 lynwad.　　　　　C 81 magdalena.
D 81 Magdalena.
E 76 tod　　hawbtman　　77 langeſt　　78 leichnam　　leinwad *ſo auch* 79　　79 abe
10　legte　　80 ſtein　81 grabes　　thür.　　　F 76 hewbtman　　78 linwad *ſo auch* 79.
I 77 lengeſt.　　　　　　　L 76 Vnd *I*.　　79 Vnd *I*.
M 77 Ob　　78 Linwad *ſo auch* 79　　79 vnd *I*.　　80 Grab *ſo auch* Grabes 81　　Fels.
N 76 Heuptman *ſo auch* 78　　78 gabe　　80 Stein.
O 76 Heubtman *ſo auch* 78　　78 gab　　81 Grabs.　　　　P 77 ersj er　　80 Vnd.
15　Q 79 vnd *3*.　　80 vnd　　ſtein　　81 Grabes.
R 77 ers　　80 Vnd　　Stein　　81 grabs.

Das Sechtzehend Capitel.

Vnd da der Sabbath vergangen war, kaufften Maria
Magdalena vnd Maria Jacobi vnnd Salome ſpecery auff
das ſie kemen, vnd ſalbeten yhn, vnnd ſie kamen zum grabe
an eynem ſabbather ſeer frue, da die ſonne auff gieng, vnd 5
ſie ſprachen vnternander, wer walltzet vns den ſteyn von des grabis

B *ſetzt . mit folg. gr. Anfangsb. nach* yhn 4.　　　　　C¹ *ſtreicht . nach*
yhn 4.　　　　　E *ſetzt . nach* yhn 4, *mit folg. gr. Anfangsb. nach* auffgieng 5;
ſetzt , nach ſpecery 3.　　　　H *ſetzt , nach* Magdalena 3, grabe 4.
I *ſtreicht . nach* grabe 4.　　　　P *ſetzt , nach* auffgieng 5.
5　Q *ſetzt . nach* auffgieng 5; *ſtreicht , nach* ſpecery 3.
R *ſetzt , nach* ſpecery 3.

A 3 ſpecerey　{5 eynen}　6 waltzet.　　　　　　B 1 ſechtzehnd.
C 1 ſechtzehend.　　　　C¹ (1 ſechtzehend)　　(6 ſteys).
E 1 Sechzehend　5 einem *ſo auch* einen 9, ein 9, einer 24　da] das　auffgieng　6 vnter-
10　einander　Wer　ſtein　grabes.　　　　　F da　　6 vnternander.
G 1 .XVI.
H 1 Das .XVI. Capitel.] XVI.　　4 yhn] jn *ſo immer, desgl.* jnen *c. B.* 11, jm 21, jr 22,
jren 28, jres 28, jn *dat. pl. z. B.* 36 *mit* j *ſtatt* yh　5 auff gieng.　　　　I 5 auffgieng.
K 5 Sonne.　　　　M 4 Grabe *ſo auch* 16, Grabes 6, Grab 9　　6 Stein *ſo auch* 7.
15　N *Vor 2*: Euang. auff den Oſtertag.　5 früe *ſo auch* 18.
O *Die Bemerkung vor* 2, *desgl. vor* 27 *geſtr.*　6 ſtein *ſo auch* 7　Grabs.
Q 2 *am Rande*: Euan auff den Oſtertag　6 vnter nander　Grabes.
R *Randbemerkung zu* 2 *und* 27 *geſtr.*　6 vnternander　Grabs.

6 *

thur? vnd sie sahen da hyn, vnd wurden gewar, das der steyn abgewel
tzet war, denn er war seer gros, vnnd sie giengen hyneyn, ynn das
grab, vnd sahen eynen iungling zur rechten hand sitzen, der hatte eyn
10 lang weyß kleyd an, vnd entsatzten sich.

Er aber spiach zu yhnen, Entsetzt euch nicht, yhr sucht Jhesum
von Nazareth den gecreutzigten, Er ist aufferstanden, vnd ist nicht hie,|
Sihe da, die stete, da sie yhn legten, gehet aber hyn, vnd saget sey XXXIXᵃ.
nen iungern, vnd Petro, das er fur euch hyn ynn Gallilean gehen
15 wirt, da werdet yhr yhn sehen, wie er euch gesagt hat. Vnd sie giengen
schnell eraus, vnd flohen von dem grabe, denn es war sie zittern vnnd
entsetzen an komen, vnd sagten niemant nichts, denn sie waren furchtig.

Jhesus aber, da er aufferstanden war frue am ersten tag der Sab
bather, erscheyn er am ersten der Maria Magdalene, von welcher er
20 sieben geyster aus trieben hatte, vnd sie gieng hyn vnd verkundigts de
nen, die mit yhm gewesen waren, die da leyde trugen vnd weyneten,
vnd die selbigen, da sie horeten, das er lebet vnd were yhr erschynen,

A *setzt* , *nach* war 18. hyn 20.   B *streicht* , *nach* byneyn 8, iungern 14, war 18.
D *streicht* , *nach* sitzen 9.   E *setzt* . *nach* hatte 20, *mit folg. gr.*
Anfangsb. nach gros 8; *setzt* . *nach* sitzen 9.   G *setzt* . *nach* yhnen 11; *setzt* ,
nach gros 8; *streicht* , *nach* nicht 11.   H *setzt* . *nach* gros 8, gecreutzigeten 12,
sich 17; *setzt* , *nach* jnen 11. nicht 11.   I *setzt* , *nach* gros 8, ge- 5
creutzigten 12, war 18.   K *streicht* , *nach* war 18.   L *setzt* . *nach*
gros 8, *mit folg. gr. Anfangsb. nach* legten 13; *setzt* , *nach* war 18.
M *setzt* . *nach* weineten 21; *setzt* , *nach* Jüngern 14.
N *setzt*, *nach* lebete 22.   O *setzt* . *nach* nicht 11; *streicht* , *nach* lebete 22.
|P *setzt* , *nach* lebete 22; *streicht* , *nach* Sabbather 18.   10
Q *setzt* , *nach* nich 11, Sabbather 18; *streicht* , *nach* da 131., Jüngern 14.
R *setzt* . *nach* nicht 11; *setzt* , *nach* da 131., Jüngern 14.

A 10 weys vnd ñe 13 stedte (15 yhn yhr) 17 ankomen 19 magdalene 20 getrieben.
B 7 Vnd 1.   12 Nazaret   13 stette   sagets   15 wird *so auch 31 zweimal, 32.* wirds
36, 37 (17 entsetzten) 20 Vnd 2.   C 8 yn 17 niemand 22 höreten.   15
C¹ 17 an komen 18 auff erstanden 19 wilcher.   D 18 aufferstanden 20 Vnd vnd.
E 7 thür dahin 8 hinein ynn 9 iüngling 10 weis 11 Entsetzet süchet Jesum *so immer*
ohne h 12 Nazareth auff erstanden 13 stete hin *zweimal, so auch 14, 20, 26, 30* saget
es 14 iüngern für gehen wird yn Galilea 16 schnelle 18 tage 19 Magdalene welcher 20 geyster] teuffel ausgetrieben verkündigets 21 leide weineten 22 erschienen. 20
F 7 llein 10 kleid 11 suchet Jhesum *so immer mit* h 12 aufferstanden 13 sagets
seinen 14 fur ynn *so auch 30* 17 niemand 19 erscheim.
G 7 da hin 9 iungling 10 weys 14 iungern 18 tag 19 wilcher 20 teuffel]
geister aus getrieben *so auch* aus treiben 34 verkundigets *so auch* verkundigeten 25.
H 7 dahin 8 ynn] jnn *so immer* 9 jüngling 10 weis 12 gecreutzigeten 14 25
jüngern 17 waren furchtig] fürchten sich 18 tage 19 welcher 20 geister] teuffel
ausgetrieben *so auch* austreiben 34 *so auch* verkündigets *so auch* verkündigeten 25.
I 7 abgewaltzet 9 Jüngling 12 gecreutzigten 14 Jüngern 17 ankomen furchten
22 lebete.   K 7 abgeweltzet 22 Vnd 1.
L 9 Jüngeling 11 Entsetzt 15 Da 16 Denn 20 Teufel.   30
M 10 Kleid 11 Entsetzet yr 13 Stete 14 jnn] in *so immer*.
N 9 Jünglin 17 sageten (19 Madalene)
O 7 da hin abgewaltzet 8 Denn 9 Jünglig 13 Stedte sagts 14 hingehen
17 Vnd sagten Denn 18 frue 19 Von 22 dieselbigen *so auch 25*.
P 7 Stein abgewltzet 8 hin ein 11 Entsetzt 13 Stete 14 Das hin geben 35
16 er aus 18 frue 22 die selbigen *so auch* 25.
Q 7 dahin 8 denn (9 Jünling) 11 Entsetzet (nich) 13 sagets 14 das hin-
gehen Galileen 16 eraus 17 vnd denn 18 frü 19 von 20 Teuffel *so auch 34*
(22 erschiennen].
R 8 Denn 13 sagts 14 Das Galilea 17 Vnd Denn 18 frue 19 Von 20 40
Teufel *so auch 34* 22 dieselbigen.

— 85 —

glewbten fie nicht, Darnach, da zween aus yhnen wandelten, offen
bart er fich, vnter eyner andern geftallt, da fie auffs feld giengen, vnd
die felbigen giengen auch hyn, vnnd verkundigeten das den andern, 25
den glewbten fie auch nicht.

Zu letzt, da die eylffe zu tifch faffen, offenbart er fich, vnnd fchallt
yhren vnglawben, vnd yhres hertzen hertickeyt, das fie nit glewbt hatten,
denen, die yhn gefehen hatten aufferftanden, vnd fprach zu yhnen, ge
het hyn, ynn alle wellt, vnnd predigt das Euangelion, aller Crea= 30
turn, wer do glawbt vnnd taufft wirt, der wirt felig werden, wer
aber nicht glewbt, der wirtt verdampt werden.

Die zeychen aber, die do folgen werden, denen, die do glawben,
find die, ynn meynem namen werden fie teuffel aus treyben, mitt
newen zungen reden, fchlangen vertreyben, vnnd fo fie etwas todt= 35
lichs trinken, wirts yhn nicht fchaden, auff die francken werden fie
die hende legen, fo wirts beffer mit yhnwerden.

A *streicht*, *nach* hyn 30.　　　B *streicht*, *nach* fich 24, vnglawben 28,
Euangelion 30.　　　D *streicht*, *nach* wandelten 23.
E *setzt*. *nach* nicht 23; *setzt*, *nach* wandelten 23; *streicht*, *nach* werden 33.
G *setzt*. *nach* treiben 34; *setzt*, *nach* werden 33; *streicht*, *nach* Darnach 23.
5　H *setzt*. *nach* aufferftanden 29, die 34; *setzt*, *nach* Darnach 23, austreiben 34;
streicht, *nach* werden 33.　　　I *setzt*, *nach* aufferftanden 29, werden 33.
K *setzt*. *nach* aufferftanden 29; *streicht*. *nach* werden 32.
L *setzt*. *nach* giengen 24, werden 32.　　　M *setzt*, *nach* werden 31, aus-
treiben 34, reden 35. vertreiben 35, fchaden 36.　　　O *setzt*. *nach* Creaturen 30:
10　*streicht*, *nach* gleuben 33.　　　Q *setzt*, *nach* aufferftanden 29,
Creaturn 30, gleuben 33; *streicht*, *nach* DArnach 23, denen 29.
R *setzt*. *nach* aufferftanden 29, Creaturn 30; *setzt*, *nach* Darnach 23, denen 29.
werden 31, die 34.

A 23 wandellten　　　28 hertigkeyt　　　nicht　　　32 wirt　　　34 teuffel　　　mit　　　37 yhn
15 werden.
B 23 wandelten　　　24 geftalt　　　27 fchalt　　　30 welt　　　31 glewbt　　　36 trincken.
C[1] 23 offinbaret *so auch* 27.
E 23 gleubten *so auch* 26, gleubt 31, 32, *vgl. zu* 28　　　offenbart *so auch* 27　　　24 Vnd
27 tifche　　　28 vnglauben　　　yhrs　　　hertigkeit　　　gegleubt　　　29 Vnd　　　Gehet　　　30 yn *vgl.*
20 *zu* 14　　　prediget　　　31 Wer　　　da *so auch* 33 *zweimal*　　　getaufft　　　33 zeichen *so*
auch 41　　　glewben　　　34 Ynn　　　austreiben　　　Mit　　　35 Slangen　　　Vnd　　　tödliches
36 Auff.
F 23 glewbten *so auch* 26, geglewbt 28, glewbt 31, 32　　　25 verkundigeten　　　28 vn-
glawben hertickeit 31 Wer 2.　　　34 meinem　　　35 Schlangen　　　vertreiben.
25 G 28 yhres.
H 23 gleubten *so auch* 26, gegleubt 28, gleubt 31, 32, gleuben 33　　　27 eilffe　　　28 vnglauben hertigkeit.
I 27 Eilffe　　　28 jrs　　　35 tödlichs.
K 23 gleubeten　　　28 jres　　　34 die] diefe　　　Teuffel　　　36 jn] jnen *so auch* 37, 38, 41.
30 L 23 gleubten Zween 33 Glauben 34 diefe] die Teufel 36 Krancken.
M 26 Den　　　27 Da　　　30 Welt　　　31 gleubet　　　33 Zeichen *so auch* 41　　　gleuben　　　34
Namen　　　37 Hende.
N 23 offenbaret *so auch* 27　　　vor 27: Euang. auff Chriftus Himelfarts tage.　　　28 Das
30 Euangelium　　　31 gleubt　　　32 gleubet　　　35 Zungen　　　tödliches.
35 O 23 zween　　　offenbart *so auch* 27　　　24 Feld　　　27 da　　　tifch　　　32 gleubt　　　35
tödlichs.
P 23 Zween　　　27 VND　　　31 Der *so auch* 32.
Q 25 diefelbigen　　　27 *am Rande*: Euange. auff Chriftns Himelfartstage　　　Tifche　　　vnd
28 hartigkeit　　　31 gleubet　　　der *so auch* 32.
40 R 25 die felbigen　　　27 tifch　　　Vnd　　　28 hertigkeit　　　31 Der *so auch* 32　　　32
gleubet.

Vnd der herre, nach dem er mit yhn geredt hatte, wart er auff ge=
haben gen hymel, vnd hat sich zur rechten hand gottis gesetzt, Sie
40 aber giengen aus, vnd predigten an allen ortten, vnd der herre wirck
te mit yhn, vnd bekrefftiget das wortt, durch mitt folgende zeychenn.

Ende des Euangeli
Sanct Marcus.

E *setzt* , *nach* Gottes 39.
I *setzt* , *nach* aus 40.
P *setzt* , *nach* Ortern 40.
R *setzt* , *nach* Ortern 40.

H *streicht* , *nach* aus 40.
L *setzt* . *mit folg. gr. Anfangsb. nach* örtern 40.
Q *setzt* . *nach* Orten 40.

A 39 Gottis 40 predigeten 41 wort mit zeychen. 5
B 38 Herre *so auch 40* ward 40 orten 41 folgenden.
C 40 predigten ortten. C¹ 41 mitfolgenden 43 sanct.
D 40 predigeten..
E 38 Herr *so auch 40* gered aufgehaben 39 himel hat sich z. r. hand.Gottis ge-
setzt] sitzt z. r. handt Gottes 40 orten 41 mitfolgende 43 Sanct. 10
F 38 geredt auffgehaben 39 hymel hand 42 Euangelii.
G 42 *fg.* Ende . . . Marcus *gestr.* H 38 zered 39 himel 40 örten.
I 38 geredt 40 örtern 41 Wort. K 39 Himel.
M 39 Rechten 40 Ortern 41 mit folgende.
N 38 gered 39 rechten 40 Orten 41 mitfolgende. 15
O 38 geredt 39 sitzet 40 Ortern. P 39 Vnd.
Q 39 vnd sitzt Hand 40 predigten Orten.
R 39 Vnd sitzet hand 40 Ortern.

Das 1. Kapitel des Markusevangeliums

nach hochdeutschen Nachdrucken aus den Jahren 1522—1557.

1.

Dis ift der anfang defz Euangeli von Jefu Chrifto, dem fun gottes, als gefchriben ift in den propheten. Sihe, ich fende meinen engel vor dir her, der do bereyte deinen weg vor dir, Es ift ein rüffende ftymme in der wüften, bereitten den weg des herren, macht feine fteyge richtig. 5

Johannes der war in der wüften, vnd tauffet vnd prediget von dem tauffe der bufz zur vergebung der fünden, vnd es gieng zu im hynaufz. das gantz Jüdifch land, vnd die von Hierufalem, vnd lieffen fich alle von im tauffen in dem Jordan, vnd bekenneten ire fünde.

Johannes aber war bekleidet mit kamel haren, vnd mit eynem lüdern 10 gürttel vmb feine lenden, vnd afz heufchrecken vnd wildhonig, vnd predigt vnd fprach, Es kompt einer nach mir, der ift ftercker denn ich, dem ich nit gnugfam bin, das ich mich vor im bucke, vnd die rümen feiner fchuch aufflöfze, ich teuffe eüch mit waffer, aber er wirt eüch teuffen mit dem heyligen geyft. 15

Vnd es begab fich zur felbigen zeyt, das Jefus aufz Galilea von Nazareth kam vnd liefz fich teuffen von Johanne im Jordan, vnd als bald fteyg er aufz dem waffer. vnd fahe das fich die hymel auff thaten, vnd den geyft gleich wie ein taube erab fteygen auff jn, Vnd da gefchach ein ftymme vom hymmel, du bift meyn lieber fun, in dem ich 20 ein wolgefallen habe.

Vnd bald treyb jn der geift in die wüften, vnd war alda in der wüften viertzig tag, vnd ward verfucht von dem fatanas, vnd war by den thieren, vnd die engel dieneten im.

Nach dem aber Johannes gefangen war, kam Jefus in Galilea, vnd 25 prediget das euangelium vom reich gottes, vnd fprach, Die zeit ift erfüllet, vnd das reich gottes ift er bey kommen, befferent eüch, vnd glaubt dem Euangelio.

Da er aber an dem Galileifchen meer gieng, fahe er Simon vnd Andrean feinen bruder, das fy ire netz ynfz meer wurffen, denn fy 30 waren fifcher, vnd Jefus fprach zu jn, folg mir nach, ich will eüch zu menfchen fifcher machen, als bald verlieffen fy ire netze, vnd folgeten im nach.

Vnd da er von dannen ein wenig fürbaſz gieng, ſahe er Jacoben
35 den ſun Zebedei vnd Johannen ſeinen bruder, da ſy ire netze im ſchiff
zuſamen legten, vnd bald riefft er jn, vnd ſy lieſſen iren vatter Zebedeon im ſchiff, mit den taglöner. vnd folgeten im nach.
Vnd ſy giengen gen Capernaum, vnd bald an den Sabbaten, gieng
er in ſchulen, vnd lerete, vnd ſy entſatzten ſich über ſeiner lere, denn
40 er lerete gewaltigklich, vnd nicht wie die ſchrifftgelerten.
Vnd es war in iren ſchulen ein menſch beſeſſen mit einem vnſauberen geyſt, der ſchrey vnd ſprach, Halt, was haben wir mit dir zu
ſchaffen, Jeſu von Nazareth? du biſt kommen vns zu verderben, ich
weyſz, das du der heilige gottes biſt. vnd Jeſus betrauwete jn vnd
45 ſprach, verſtumme, vnd fare auſz von im, vnd der vnſauber geyſt reyſz
jn, vnd ſchrey laut, vnd fur auſz von im, vnd ſy erzitterten alle, alſo.
das ſy vndernander ſich befragten, vnnd ſprachen, was iſt das? was iſt
das für ein neuwe lere? Er gebeüt mit gewalt den vnſauberen geiſten,
vnd ſy gehorchen im, vnd ſein gerucht erſchal bald vmbher in die
50 grentze Galilee.
Vnd ſy giengen auſz der ſchulen, vnd kamen bald in das hauſz
Simonis vnd Andres, mit Jacoben vnnd Johanne, vnnd die ſchwiger
Simons lag, vnd hatte das fieber, vnd als bald ſagten ſy im von ir,
vnd er tratt zu ir, vnd richtet ſy vff, vnd hielt ſy by der hand, vnd
55 dz fieber verlieſz ſy als bald, vnd ſy dienet jn.
Am abent aber, da die Sonne vnder gangen war, brachten ſy zu im
allerley krancken vnd beſeſſene, vnd die gantze ſtatt verſamlet ſich vor
der thür, vnd er halff vilen krancken mit mancherley ſeüchten beladen,
vnd treib vil teüffel auſz, vnd lieſz die teüffel nit reden, denn ſy
60 kenneten jn.
Vnd des morgens vor tag, ſtund er auff, vnd gieng hynauſz, vnd
Jeſus gieng in ein wüſte ſtette vnd bettet da ſelbs, vnd Petrus mit den,
die mit im waren, eyleten im nach, vnd da ſy jn funden, ſprachen ſy
zu im. yederman ſucht dich, vnd er ſprach zu jn, laſzt vns in die
65 nechſten ſtette gen, dz ich daſelbs auch predige, denn darzu bin ich
kommen, vnd er predigete in iren ſchulen, in gantz Galilea, vnd treyb
die teüffel auſz.
Vnd es kam zu im eyn auſzſetziger, der batt jn vnd knyet vor im
vnd ſprach zu im. Wilt du, ſo kanſtu mich wol reynigen. vnd es
70 iamerte Jeſum, vnd recket die hand auſz, vnd rüret jn an, vnd ſprach,
ich wils thun, ſey gereinigt, vnd als er ſo ſprach, gieng von im als
bald der auſzſatz, vnd ward reyn, vnd Jeſus bedreüwet jn, vnd treyb
jn als bald von ſich, vnd ſprach zu im, Sihe zu, das du nyemant nichts
ſageſt, ſonder gang hyn, vnd zeige dich dem prieſter. vnd opfere für
75 dein reynigung, was Moſes gebotten hatt, zum zeügniſz über ſy. Er
aber, da er hynauſz kam, hub er an, auſz zu bringen vnd ruchtbar
machen die geſchicht, alſo, das er hynfürt nit mer kundt offentlich in
die ſtatt gen, ſonder er war hauſſen in den wüſten örttern, vnd ſy kamen
zu im von allen enden.

2.

DIs ist der anfang des Euangeli von Jhesu Christo, dem sun
gottes, als geschriben ist jnn den propheten. Syhe, ich sende
meynen engel vor dir her, der do bereite deynen weg vor dyr. Es
ist ein ruffende stimme inn der wüsten, bereytent den weg des herren,
macht seine steyge richtig. 5
Johannes der war in der wüsten, vnd tauffet, vnd prediget von der
tauffe der busze zur vergebung der sünden, vnd es gieng zu jm hinausz
das gantz Jüdisch landt, vnd die von Jherusalem, vnd liessen sich alle
von jm tauffen in dem Jordan, vnd bekenneten jre sünde.
Johannes aber war bekleydet mitt kameel haren, vnd mit einem 10
leddern gurtel vmb seine lenden, vnnd assz hewschrecken vnnd wild
hönig, vnd predigt vnd sprach. Es kompt einer nach mir, der ist
stercker dann ich, dem ich nit genugsam bynn das ich mich vor jm
bucke, vnd die ryemen seiner schuch aufflösze. Ich tauffe euch mit
wasser, aber er wirdt euch tauffen mitt dem heyligen geyst. 15
Vnd es begab sich zur selbigen zeyt, das Jhesus aufz Galliea (so!) von
Nazareth kam, vnd liesz sich tauffen von Johanne jm Jordan. Vnd als
bald steyg er aufz dem wasser, vnnd sahe das sich die hymel auff thäten.
vnd den geyst gleich wie ein tawbe herab steigen auff jn. Vnd da
geschach ein stimme vom hymel. Du bist mein lieber sun, inn dem 20
ich ein wolgefallen habe.
Vnd bald treyb jn der geyst inn die wüsten, vnd war alda in der
wüsten viertzig tage, vnnd ward versucht von dem satanas, vnnd war
bey den thieren, vnd die engel dienten jm.
Nach dem aber Johannes gefangen war, kam Jhesus inn Galileam. 25
vnd prediget das euangelium von dem reich gottes, vnd sprach Die
zeit ist erfullet, vnd das reich gottes ist herbey kommen, bessert eüch,
vnd glawbt dem Euangelio,
Da er aber an dem Galileischen meer gieng, sahe er Simonem,
vnd Andream seinen bruder, das sye jre netz jns meer wurffen, dann 30
sye waren fischer, vnd Jhesus sprach zu jn. Folget mir nach, ich will
euch zu menschen fischer machen. Als bald verliessen sye jre netze,
vnd folgeten jm nach.
Vnd da er von dannen ein wenig furbasz gieng, sahe er Jacoben
den sun Zebedei vnd Johannem seinen bruder, da sye jre netze jmm 35
schiff zu samen legten, vnd bald rufft er jn. Vnnd sye liessen jren
vatter Zebedeon jm schiff, mit den tag löner, vnd volgeten jm nach.
Vnd sye giengen gen Capernaum, vnd bald an den sabaten, gieng
er inn die schulen, vnd lerete. Vnd sye entsetzten sich vber syner lere.
Dann er lerete gewaltigklich, vnd nit wie die schrifftgelerten. 40
Vnnd es war jnn jrer schulen ein mensch besessen mit einem vnsaubern geyst, der schrey vnd sprach. Halt, wz haben wir mit dir zu
schaffen Jhesu von Nazareth? du bist kommen vns zu verderbenn. Ich
weisz, das du der heylige gottis bist. Vnd Jhesus bedrawte jm vnd
vnd (so!) sprach. Verstumme, vnd fare aufz von jm. Vnd der vnsauber 45
geyst reyfz jn, vnd schrey laut, vnd für aufz von jm. Vnd sye erzitterten
alle, also das sye vntereinander sich befragten, vnd sprachen. Was ist
dz? was ist das fur ein newe lere? Er gebeüt mit gewalt den vnsaubern

geyften, vnd fye gehorchen jm. Vnd fein gerücht erfchall bald vmbher
50 jn die grentze Galilee.
Vnd fye giengen aus der fchuleen, vnnd kamen bald jn das haufz
Simonis vnd Andree, mit Jacoben vnd Johannen. Vnd die fchwyger
Simonis lag jn vnd hat das feber. Vnd als bald fagten fye jm von jr.
vnd er trat zu jr, vnd richtet fye auff, vnd hielt fye bey der hand. Vnd
55 das feber vorliefz fye als bald, vnd fye dienet jm.
Am abent aber, da die fonne vnter gangen war, brachten fye zu
jm allerley krancken vnd befeffne. Vnnd die gantze ftatt verfamlet
fich für der thür. Vnd er halff vil krancken mit mancherley feüchten
beladen, vnd treib vil teüffel aufz, vnd liefz die teüffel nit reden. Dann
60 fye kanten jn.
Vnnd des morgens vor tag ftund er auff vnd ging hynaufz, vnd
Jhefus gieng jn ein wüfte ftatte vnd bettet da felbs. Vnnd Petrus mit
den die mit jm waren, eyleten jm nach, vnd da fye jn funden, fprachen
fye zu jm, jederman fucht dich, vnd er fprach zu jn. Laft vns jnn
65 die näfte ftette geen, das ich dafelb auch predige. Dann da zu bin
ich kommen. Vnd er predigte jn jren fchulen, jnn gantz Galilea, vnnd
treyb die teüffel aufz.
Vnd es kam zu jm ein auffetziger, der batt jn vnd knyet vor jm,
vnd fprach zu jm. Wiltu, fo kanftu mich wol reinigen. Vnnd es
70 jamerte Jhefum vnd er recket die hand aufz, rüret jn an, vnd fprach.
Ich wils thun, fey gereinigt. Vnd als er alfo prach, gieng von jm als
bald der auffatz, vnd ward reyn. Vnd Jhefus bedrewet jn, vnd treyb
jn als bald von jm, vnnd fprach zu jm. Syhe zu das du niemant nichts
fageft, fonder gang hyn, vnd zeuge dich dem priefter, vnnd opffere für
75 dein reynigung was Mofes gebotten hatt, zum zeügnifz vber fye.
Er aber, da er hinaufz kam, hub er an aufz zu bringen vnd ruchtbar machen die gefchicht, alfo das er hynfuri nit meer kund offentlich
jnn die ftatt geen, fonder er war hauffen jn den wüften örtern, vnnd
fye kamen zu jm von allen enden.

3.

D Is ift der anfang des Euangeli von Jhefu Chrifto, dem fon
gottis, als gefchrieben ift yn den propheten. Sihe, ich fende
meinen engel fur dir her, der do bereytte deinen weg fur dyr, Es ift
ein ruffende ftymme yn der wuften, bereyttet den weg des herrn,
5 macht feine fteyge richtig.
Johannes der war yn der wuften, vnd taufet vnd prediget von der
tauffe der buffze zur vergebung der funden, vnd es gieng zu ym hyn
aus, das gantz Judifch landt, vnd die von Jerufalem, vnd lieffen fich
alle von ym tauffen in dem Jordan vnd bekenneten yhre funden.
10 Johannes aber war bekleydet mit kameel haren, vnd mit einem
lederen gurttel vmb feine lenden, vnd afz hewfchrecken vnd wildthonig,
vnd predigt vnnd fprach, Es kompt einer nach mir, der ift ftercker
denn ich, dem ich nicht gnugfam byn, das ich mich fur ym bucke,
vnnd die rymen feyner fchuch aufflofse, ich teuffe euch mit waffer aber
15 er wirdt euch mit dem heyligen geyft tauffen.
Vnd es begab fich zur felbigen zeit, dz Jhefus aus Gallilea von Nazareth kam, vnd lies fich teuffen von Johanne ym Jordan, vnd als bald

fteyg er aus dem waffer, vnd fahe das fich die hymel auff thatten, vnd den geyft gleich wie ein tawbe herab fteygen auff yn, Vnd da gefchach ein ftymme von hymel, du bift mein lieber fon, ynn dem ich ein wol- 20 gefallen habe.

Vnd bald treyb yhn der geyft yn die wuften, vnd war alda yn der wuften viertzig tage, vnd ward verfucht von dem teuffel, vnd war bey den thieren, vnd die engele dieneten yhm.

Nach dem aber Johannes gefangen war, kam Jhefus in Gallilea, vnd 25 prediget das euangelium vom reych Gottis, vnd fprach Die zeit ift erfullet, vnd das reych Gottis herbey komen, beffert euch vnd glewbt an das Euangelion.

Da er aber an dem Galileyfchen meer gieng, fahe er Simon vnd Andreas feinen bruder, das fie yhre netz yns meer worffen denn fie 30 waren fifcher, vnd Jhefus fprach zu yn, folget mir nach, ich will euch zu menfchen fifcher machen, als bald verlieffen fie yhre netze, vnd folgeten yhm nach.

Vnd da er von dannen ein wenig furbafz gieng, fahe er Jacoben den fon Zebedei vnd Johannen feinen bruder, das fie yre netze ym 35 fchiff zu famen legten, vnd baldt rieff er yhn, vnd fie lieffen yren vater Zebedeon ym fchiff, mit den tagloner, vnd volgeten yhm nach.

Vnd fie giengen gen Capernaum, vnd bald an den Sabbaten, gieng er yn die fchulen, vnd lerete, vnd fie entfatzten fich vber feiner lere, denn er lerete gewaltiglich, vnd nicht wie die fchrifftgelerten. 40

Vnd es war in yhrer fchulen ein menfch befeffen mit einem vn- faubern geyft, der fchrey vnd fprach, Hallt, was haben wir mit dyr zu fchaffen, Jhefu von Nazareth? du bift komen vns zu verderben, ich weis, das du der heylige Gottis bift, vnd Jhefus bedrawete yn vnd fprach, verftumme, vnd fare aus von yhm, vnd der vnfauber geyft reys yn, vnd 45 fchrey laut, vnd fur aus von ym, vnnd fie ertzitterten alle, alfo, das fie vnternander fich befragten, vnnd fprachen, was ift das? was ift das fur ein newe lehre? er gepeut mit gewalt den vnfauberen geyften, vnd fie gehorchen ym, vnd fein gerucht erfchal bald vmbher yn die grentze Gallilee. 50

Vnd fie giengen aus der fchulen, vnnd kamen bald yn das haus Simonis vnd Andres, mit Jacoben vnd Johannen, vnd die fchwiger Si- mons lag vnd hatte dz fiber, vnd als bald fagten fie ym von yhr, vnd er trat zu ir, vnd richtet fie auff, vnd hielt fie bey der hand, vnd das fiber vorlies fie bald vnd fie dienet yhn. 55

Am abent aber, da die fonne vnter gangen war, brachten fie zu yhm allerley krancken vnd befeffene, vnd die gantze ftadt verfamlet fich fur der thur, vnd er halff vielen krancken die mit mancherley feuchen beladen waren, vnd treyb viel teuffel aus, vnd lies die teuffel nicht reden, denn fie kenneten yhn. 60

Vnd des morgens fur tag, ftund er auff vnd gieng hyn aus, vnd Jhefus gieng yn eine wufte ftette vnd bettet da felbs, vnnd Petrus mit den, die mit yhm waren, eyleten ym nach, vnnd da fie yhn funden, fprachen fie zu ym, yderman fucht dich, vnd er fprach zu yhn, laft vns in die nehiften ftette gehen, das ich dafelbs auch predige, denn datzu 65 byn ich komen, vnd er predigte ynn yhren fchulen, yn gantz Gallilea, vnd treyb die teuffel aus.

Vnd es kam zu ym ein auffetziger, der batt yhn, knyet fur ym vnd

fprach zu yhm, willtu. fo kanftu mich wol reynigen, vnnd es iamerte
70 Jhefum, vnd er recket die hand aus, ruret yn an, vnd fprach, ich wils
thun, fey gereynigt, vnnd als er fo fprach, gieng der aufzfatz als bald
von yhm, vnd er wart reyn, vnd Jhefus bedrawet yhn, vnd treyb yn
als bald von fich, vnd fprach zu ym, fihe zu. dz du niemant nichts
fagift, fondern gang hyn, vnd zeyge dich dem Priefter, vnd opfere fur
75 dein reynigung, was Mofes gebotten hat, zum zengnis vber fie, Er aber,
da er hinaus kam, hub er an, aus zubringen vnnd ruchtbar machen die
gefchicht, alfo, das er hinfurt nicht mehr kund offenlich yn die ftadt
gehen, fonder er war hauffen yn den wuften orttern, vnd fie kamen zu
yhm von allen enden.

4.

DIs ift der anfang des Euangeli von Jhefu Chrifto, dem fon gottes, als
gefchrieben fteth jn den propheten. Sihe, ich fende meynen engell
fur dir her, der do bereytte deynen weg fur dir, Es ift ein ruffende
ftimme jnn der wüften, bereyttet den weg des herrnn, macht feine
5 fteyge richtig. Johannes der war jn der wüften, vnd tauffet vnd prediget von der tauffe der buffze tzur vergebung der funden, vnd es gieng
tzu jm hyn aufz das gantz Judifch landt, vnd die von Jerufalem, vnnd
lieffen fich alle von ym tauffen jnn dem Jordan, vnnd bekenneten yre
funde.
10   Joannes aber war bekleidet mit kameel haren, vnd mit einem leddern gürtell vmb feyne lenden, vnd affz heufchrecken vnd wilt honig,
vnd predigt vnd fprach, Es kompt einer nach myr der ift ftercker den
ich, dem ich nitt gnugfam byn, das ich mich fur ym bücke, vnd die
rymen feiner fchuch aufflöfe, ich teuffe euch mit waffer, aber er wirt
15 euch teuffen mit dem heyligen geift. Vnd es begab fich zu der felbigen
tzeyt, das Jefus aus Galilea von nazareth kam, vnd liefz fich tauffen von
Johanne ym Jordan, vnnd als bald fteyg er aus dem waffer, vnnd fahe
das fich die hymel auffthatten, vnd den geyft gleych wie eyn tawbe
erab fteygen auff ynn, Vnd do gefchach eyn ftymme von hymel, du bift
20 mein lieber fon, yn dem ich eyn wolgefallen habe. Vnnd als bald treyb yn
der geyft yn die wüften, vnd war aldo yn der wüften viertzig tage, vnd
ward verfucht von dem teuffel, vnd war bey den thieren, vnd die engel
dieneten ym. Nach dem aber Johannes gefangen war, kam Jhefus in Gallilea, vnd prediget das Euangelium vom reych gottes, vnnd fprach, Die
25 tzeyt ift erfullet, vnd das reych gottes ift erbey komen, beffertt euch, vnd
gleubtt an das Euangelium. Do er aber an dem Gallileyfchen meer gieng,
fahe er Simon vnd Andreas feinen bruder, das fie jre netz jnfz meer
worffen, denn fie waren fifcher, vnd Jhefus fprach tzu yn, folgt mir
nach, ich will euch tzu menfchen fifcher machen, alls baldt verlieffen
30 fie jre netze, vnd folgeten ym nach. Vnd do er von dannen eyn wenig furbas gieng, fahe er Jacoben den fon Zebedei vnnd Joannem feinen bruder, do fie yre netze ym fchyff tzufamen legten, vnd ballt rieff
er jn, vnd fie lieffen jren vater Zebedeum jm fchyff, mitt den taglöner,
vnd volgeten jm nach. Vnd fie giengen gen Capernaum, vnd balt an
35 den fabbaten, gieng er jn die fchulen, vnd lerete, vnd fie entfatzten fich
vber feiner lere, denn er lerete gewaltiglich, vnd nicht wie die fchrifftgelerten. Vnd es war jn jrer fchulen ein menfch befeffen mit einem

—— 93 ——

vnfaubern geift, der fchrey vnd fprach, Halt, wz haben wir mit dir tzu-
fchaffen, Jefu von Nazareth? du bift komen vns tzu verderben, ich
weys das du der heylige gotts bift, vnd Jefus bedraucte jn vnd fprach, 40
verftumme, vnd fare aufz von jm vnd der vnfauber geift reyfz jn, vnd
fchrey lautt vnd fur aufz von jm, vnd fie ertzitterten alle, alfo das fie
vntereinander fich befragten, vnd fprachen, was ift das? was ift das vor
ein newe lere? Er gepeutt mit gewalt den vnfauberen geiften, vnd fie
gehorchen jm, vnd fein gerücht erfchall baltt vmbher jn dy grentze 45
Gallilee.

Vnnd fie giengen aufz der fchulen, vnd kamen balt jn das haufz
Simonis vnd Andree, mit Jacoben, vnd Joannen, vnd die fchwyger
Simonis lag vnd hatte das fiber, vnd als baltt fagten fie jm von jr,
vnd er tratt tzu jr, vnnd richtet fie auff, vnd hielt fie bey der hantt, 50
vnd das fiber vorlies fie als baltt, vnd fie dienet yn. Am abent aber,
do die fonne vnter gangen war, brachten fie tzu jm allerley krancken
vnd befeffene, vnd die gantze ftatt verfamlet fich fur der thür, vnd er
hulff vielen krancken die mitt mancherley feuchen beladen waren, vnd
treib vill teuffell aufz, vnnd liefz die teuffel nicht reden, denn fie ken- 55
netten yn. Vnd des morgens vor tag, ftund er auff, vnd ging hyn aus
vnd Jhefus ging jnn ein wufte ftatt vnd bettet do felbs, vnd Petrus mit
den, die mit ym waren, eyleten jm noch, vnd do fie jn funden fprachen
fie tzu ym, yderman fucht dich, vnd er fprach tzu yn, laft vns yn die
negften ftette gehen, das ich daffelbs auch predige, den dar tzu bin ich 60
komen, vnd er predigete yn yrenn fchulen, yn gantz Gallilea, vnd treib
die teufel aus. Vnd es kam tzu jm ein aufzfetziger, der bat jn vnd
knyet fur jm vnd fprach tzu ym, wilt du. fo kanftu mich wol reynigen,
vnd es jamerte Jhefum vnd er recket die handt aus ruret yhn an vnnd
fprach, ich wills thun, fey gereynigt, vnd als er fo fprach, ging von ym 65
als bald der aufzfatz, vnd ward reyn, vnd Jhefus bedrewet yn, vnnd
treib yn als bald von fich, vnd fprach tzu ym, fihe tzu, das du nymant
nichts fageft, fondern gehe hin, vnnd tzeyge dich dem prifter, vnd opffere
fur deyn reynigung, was Mofes gepotten hatt, tzum tzeugnis vber fie.
Er aber, do er hynaus kam hub er an, aus tzu brengen vnnd ruchbar 70
tzu machen die gefchicht, alfo, das er hynfurt nit mer kund offenlich yn
die ftadt geben (so!), fonderen er war hauffen ynn denn wuften orttern,
vnd fie kamen tzu jm von allen enden.

5.

DIfz ift der anfang des Euangeli von Jhefu Chrifto, dem fun gottes,
als gefchriben ift inn den propheten. Sihe, ich fende meynen
engel vor dir her, der do bereytte deinen weg vor dir, Es ift ein rüffende
ftymme inn der wüften, bereyttet den weg des herrn, macht feyne fteyge
richtig.   5
Johannes der war inn der wüften, vnd tauffet vnd prediget von der

5ᵃ *setzt* : *nach* Wüften 4; *streicht* , *nach* Chrifto 1.

1 Anfang defz *so auch* 4, 59   Jefu *so auch* Jefus 16, 31, 43   Sun *so auch* 20, 31   Gottes
so auch 26, 27, 43   2 alfz *so auch* 51, 69 1.   Propheten meinen   3 Engel *so auch* 21   Weg
so auch 4   eyn *so auch* 19, 20, 33, 46, 60, 66, eynem 10, 40. eyner 12   4 Stimme   Wüften *so*
5 *auch* 6, 22   Bereyttet   Herren   feine   Steyge   6 Täüffet *vgl. zu* 14   Prediget *so auch* 26.

tauffe der buſſe zur vergebung der ſünden, vnd es gieng zu jm hinaufz. das gantz Judiſch land, vnd die von Jeruſalem, vnd lieſſen ſich alle von jm tauffen inn dem Jordan vnd bekenneten jre ſünde.

10 Johannes aber war bekleydet mit kameel hare.ı, vnd mit einem ledern gürttel vmb ſein lenden, vnd afz hewſchrecken vnd wildhonig, vnd predigt vnd ſprach, Es kompt einer nach mir, der iſt ſterⅽker denn ich, dem ich nit gnugſam bin, das ich mich vor jm bucke, ⅽnd die ryemen ſeiner ſchuch aufflöſe, ich teuffe eüch mit waſſer, aber ⅇr wirt eüch teuffen mit 15 dem heyligen geyſt.

Vnnd es begab ſich zur ſelbigen zeyt, das Jneſus aufz Gallilea von Nazareth kam vnd liefz ſich teuffen von Johanre im Jordan, vnd als bald ſteyg er aufz dem waſſer, vnd ſahe das ſich die himel auff thäten, vnd den geyſt gleych wie ein taube herab ſteygen auff jn, Vnd da ge- 20 ſchach ein ſtymme vom hymel, du biſt mein lieber ſun, inn dem ich ein wolgefallen habe.

Vnd bald treyb jn der geyſt inn die wüſten, vnd war alda inn der wüſten viertzig tag. vnd ward verſucht von dem ſatanas, vnd war bey den thieren, vnd die engel dieneten jm.

25 Nach dem aber Johannes gefangen war, kam Jeſus inn Gallilea. vnd prediget das Euangelium vom reych gottes, vnd ſprach, Die zeit iſt er- füllet, vnd das reych gottes iſt herbey komen, beſſert eüch, vnd glaubt dem Euangelio.

Da er aber an dem Galileyſchen mör gieng, ſahe er Simon vnd 30 Andreas ſeinen bruder, das ſie jre netz yns mör worffen, denn ſie waren fiſcher. vnd Jheſus ſprach zu jn, folgt mir nach, ich will eüch zu menſchen fiſcher machen, als bald verlieſſen ſie jre netze, vnd volgeten jm nach.

Vnd da er von dannen ein wenig fürbafz gieng, ſahe er Jacoben den ſun Zebedei vnd Johannem ſeinen bruder, da ſie jre netze jm ſchiff zu- 35 ſamen legten, vnd bald rüfft er jn, vnd ſie lieſſen jren vatter Zebedeon im ſchiff, mit den tagloner, vnd volgeten jm nach.

Vnd ſie giengen gen Capernaum, vnd bald an den Sabbaten, gieng er inn die ſchulen, vnnd lerete, vnnd ſie entſatzten ſich über ſeiner lere, denn er lerete gewaltiglich, vnd nicht wie die ſchrifftgelerten.

40 Vnd es war inn jrer ſchulen ein menſch beſeſſen mit einem vnſaubern geyſt, der ſchrey vnd ſprach, Hallt, was haben wir mit dir zuſchaffen, Jeſu von Nazareth? du biſt komen vns zuuerderben, ich weifz, das du der heylige gottes biſt, vnd Jheſus bedrawete jn vnd ſprach, verſtumme,

5ᵃ ſetzt . nach jn 19; ſetzt : nach Sünden 7, ſprach 12, aufflöſe 14, Jordan 17, Hymel 20, ſprach 26, jn 31, machen 32, lerete 38, ſprach 41, bifl 43, ſprach 43; ſetzt , nach predigt 11, Geyſt 19, Taube 19, Zebedei 34, ſchrey 41, jn 43; ſtreicht , nach hynaufz 7, zeyt 16, nach 31, zufchaffen 41.

7 Buſſe   Sünden ſo auch Sünde 9   Vnnd vgl. zu 8   hynaufz   8 Landt   vnnd 1. ſ ſo auch 19 1., 26, 29, 36, 37 2., 39, 41, 45 1., 49 2., 55 2., 57 1., 60 2., 64, 65, 66 2., 67 2., 70 2., 76, Vnnd 49 1.   10 Kameel   11 Gürttel   Hewſchrecken   wild honig   13 im ſo auch 61 2. riemen   14 auflöſe   Teüffe   teüffen ſo auch 17   18 Heyligen   Geyſt ſo auch 19, 41, 44, Geyſten 47   16 Vnd ſo auch vnd 38 1., 2., 56   Galllilea   17 alſzbald ſo auch 32, 53, 69, 70   18 Hymel ſo auch 20   thätten   19 Taube   ſtaygen   geſchah   20 Du   23 10 Satanas   24 thyeren   25 Jheſus ſo auch 70. Jheſu 42, Jheſum 68   26 Reich ſo auch 27   zeyt 27 kommen ſo auch 42, 64   29 Gallileiſchen   Mere   30 yre ſo auch 32, 34, yren 35, 64, yrer 40, yr 51, 52   Netz ſo auch Netze 32, 34   Mör   31 Ficher   Volgt   Menſchen 33 fürbas   34 Bruder   im   Schiff ſo auch 36   35 Vatter   36 Taglöner   37 Sabbathen 38 Schulen ſo auch 40. 49, 64   Lere ſo auch 47   39 leret   gewaltigklich   Schrifftgelerten 15 40 vnſauberen   41 Halt   42 vnnſz   zu verderben   weyfz   43 Heylige   Verſtumme.

vnd fare aufz von jm, vnd der vnfauber geyft reyfz jn, vnd fchrey laut.
vnd fur aufz von jm, vnd fie erzitterten alle. alfo, das fie vntereinander 45
fich befragten, vnd fprachen, was ift das? was ift das fur ein newe
lere? Er gebeüt mit gewallt den vnfauberen geyften, vnd fie gehorchen
jm? vnd fein gerucht erfchall bald vmbher inn die grentze Galilee.

Vnd fie giengen aufz der fchulen, vnd kamen bald inn das haufz
Simonis vnd Andres. mit Jacoben vnd Johannen, vnd die fchwiger Simons 50
lag vnd hette das fieber, vnd als bald fagten fie jm von jr. vnd er
tratt zu jr, vnd richtet fie auff, vnd hielt fie bey der hand vnd das
fieber verliefz fie als bald, vnd fie dienet jn.

Am abent aber, da die fonne vntergangen war, brachten fie zu jm
allerley krancken vnd befefznen, vnd die gantze ftatt verfamlet fich 55
vor der thür, vnnd er halff vilen krancken mit mancherley feüchten beladen, vnd treyb vil teüffel aufz, vnd liefz die teüffel nit reden, denn
fie kenneten jn.

Vnd des morgens vortag, ftund er auff, vnd gieng hyn aufz, vnd
Jhefus gieng inn ein wüfte ftätte vnd bettet da felbs, vnd Petrus mit 60
den, die mit jm waren, eyleten jm nach, vnnd da fie jn funden,
fprachenn fie zu jm, yederman fucht dich, vnnd er fprach zu jn, laft vns
inn die nechften ftette geen, das ich daffelbs auch predigen, denn darzu bin ich komen, vnd er predigete inn jren fchulen, inn gantz Gallilea,
vnd treyb die teüffel aufz. 65

Vnd es kam zu jm ein auffetziger, der batt jn vnd knyet vor jm
vnd fprach zu jm, wilt du, fo kanftu mich wol reynigen, vnd es yamerte
Jefum vnd errecket die hand aufz, vnd rüret in an, vnd fprach, ich
wils thun, fey gereynigt, vnd als er fo fprach, gieng von jm als bald
der auffatz, vnd ward reyn, vnd Jefus bedrewet jn, vnd treyb jn als 70
bald von fich, vnd fprach zu jm, Sihe zu, das du niemant nichts fageft,
fondern gang hyn, vnd zeyge dich dem priefter, vnd opfere für dein
reynigung, was Moifes gebotten hatt, zum zeügnifz über fie, Er aber, da
er hynaufz kam, hub er an, aufz zu bringen vnd ruchtpar machen die
gefchicht, alfo, das er hynfürt nit mer kund offenlich inn die ftatt geen, 75
fondern er war herauffen inn den wüften örttern, vnd fie kamen zu jm
von allen enden.

5ᵃ *fetzt* , *nach* fie 73; *fetzt* : *nach* jm 44, 45, fprachen 46, Johannen 50, Fieber 51,
yr 51, jm 62, dich 62, jn 62, predigen 63, kommen 64, jm 67, reynigen 67, fprach 68, gereynigt 69, reyn 70. jm 71; *fetzt* , *nach* hand 52, morgens 59, ftätte 60, jn. 66, jm 66 2.,
Jhefum 68, anfzzübringen 74; *ftreicht* , *nach* thür 56, Auffatz 70, an 74.

5   44 Vnfauber   46 Was *I.*   47 er   gewalt   48 gerucht   Grentze   Gallilee   49
Haufz   50 Schwiger   Simonis   51 hätte   Fieber *so auch* 53   52 trat   53 verliefz] liefz
54 abendt   Sonne   55 Krancken   Befefzen   55 Statt *so auch* 75   56 Seuchten   57
Teüffel *zweimal, so auch* 65   59 vor tag   hinaufz   60 dafelbs   62 fprachen   Yederman   Lafzt   vnfz   63 nächften   dafelbs   64 er *geftr.*   66 Auffetziger   67 Wiltu
yamerte   68 er recket   jn   Ich   69 Vnd   fo] alfo   70 Auffatz   71 nyemandt   72
forderen *so auch* 76   Priefter   opffere   73 Mofes   zeügnüfz   74 hinaufz   aufzzübringen   ruchtbar   75 hinfürt   kundt   76 örteren.

6.

Difz ift der anfang des euangeli von Jefu Chrifto, dem fon gottes, als gefchriben ift in den propheten, Sihe, ich fende meinen engel vor dir her, der do bereite einen weg vor dir. Es ift ein rieffende ftimb in der wüften, bereitet den weg des herren, macht feine fteig richtig.

Joannes der war in der wüften, vnd tauffet, vnd prediget von der 5 tauffe der pufz zur vergebung der fünden, vnd es gieng zu jm hinaufz, das ganz Judifch land, vnd die von Jerufalem, vnd lieffen fich alle von jm tauffen in dem Jordan, vnd bekenneten ire fünd.

Joannes aber war bekleidet mit Cameel haren, vnd mit einem ledern gürtel vmb fine lenden, vnd afz hew fchrecken vnd wild hönig, vnd 10 predigt vnd fprach, Es kompt einer nach mir, der ift fterckher denn ich, dem ich nit gnugfam bin, das ich mich vor jm bücke, vnd die riemen feiner fchuch aufflöfe, ich teuffe euch mit waffer, aber er würt euch teuffen mit dem heiligen geift.

Vnd es begab fich zur felbigen zeit, das Jefus aufz Galilea von Na- 15 zareth kam vnd liefz fich teuffen von Joanne im Jordan, vnd als bald ftig er aufz dem waffer, vnd fahe das fich die hymel auff thetten, vnnd den geift gleich wie ein tauben herab fteygen auff jn. Vnd do ge-fchach ein ftimb vonn hymel, du bift mein lieber fon, in dem ich ein wolgefallen hab. 20

Vnnd bald trib yn der geift in die wüften, vnnd war allda in der wüften viertzig tage, vnnd ward verfucht von dem Satanas, vnd war bey den thieren, vnd die engel dieneten ym.

Nach dem aber Joannes gefangen war, kam Jefus in Galilea, vnd prediget das Euangelium vom reich gottes, vnd fprach, Die zeit ift er- 25 füllet, vnd dz reich gottes ift her bey komen, beffert euch vnd glaubt dem Euangelio.

Do er aber an dem Galileifchen meer gieng, fahe er Simon vnd Andreas feinen bruder, dz fie ire netz ins meer wurffen, den fie waren fifcher, vnd Jefus fprach zu yn, folgt mir nach. ich wil euch zu men- 30 fchen fifcher machen, als bald verlieffen fie ire netz, vnd folgten jm nach.

Vnd do er von dannen ein wenig fürbas gieng, fahe er Jacobum den fon Zebedei, vnd Joannem feinen bruder, do fie ire netze im fchiff zu-famen legten, vnd bald rüffet er yn, vnd fie lieffen iren vatter Zebe- 35 deum im fchiff, mit den taglonern, vnd folgeten ym nach.

Vnd fie giengen gen Capernaum, vnnd bald an den fabbaten, gieng er inn die fchulen, vnnd leret, vnnd fie entfatztenn fich über feiner leer, denn er leret gewaltiglich, vnnd nitt wie die fchrifftgelerten.

Vnnd es war in irer fchulenn ein menfch befeffenn mitt eynem vn- 40 fauberen geyft, der fchry, vnnd fprach, Hallt, was habenn wir mit dir zufchaffen Jefu von Nazareth? du bift kommen vnfz zu verderbenn, ich weis, das du der heylige gottes bift, vnd Jefus bedrewet jn, vnd fprach, verftumme, vnd far aufz von jm, vnd der vnfauber geift rifz jn, vnd fchry laut, vnd far aufz von jm, vnd fie erzitterten alle, allfo, das fie 45 vndereinander fich befragten, vnd fprachen, Was ift das? was ist das für ein newe leer? Er gebeut mitt gewallt den vnfaubern geiften, vnnd fie gehorchen jm, vnnd fein gerücht erfchal bald vmbher in die grentze Galilee.

Vnd fie giengen aufz der fchulen, vnd kamen bald in dz haufz 50 Simonis vnd Andres, mit Jacoben vnd Joanne, vnd die fchwiger Simonis lag vnd hette das fieber, vnd als bald fagten fie jm von ir, vnd er trat zu ir, vnd richtet fie auff, vnnd hielt fie bey der hand vnd dz fieber verliefz fie als bald. vnd fie dienet jn.

Am abent aber, do die fonn vndergangen war, brachten fie zu jm 55 allerley krancken vnd befeffene, vnd die gantze ftatt verfamlet fich vor der thür, vnd er halff vilen krancken mit mancherley füchten beladen vnd trib vil teüfel aufz, vnd liefz die teüfel nit reden, denn fie kenneten jn.

Vnnd des morgens vor tag ftund er auff, vnnd gieng hinaufz, vnnd 60 Jefus gieng in ein wüfte ftett vnd bettet do felbft. vnd Petrus mit den, die mit jm waren, eyleten jm nach, vnd do fie yn funden, fprachen fie zu ym, yederman fucht dich, vnd er fprach zu yn, lafzt vns in die nächften ftett geen, das ich do felbft auch predige, denn darzu bin ich komen, vnd er prediget in iren fchulen, in ganntz Galilea, vnd trib die 65 teüfel aufz.

Vnnd es kam zu ym ein auffetziger, der batt yn vnd knyet vor ym, vnnd fprach zu ym, Wilt du, fo kanftu mich wol reynigen, vnnd es iameret Jefum, vnd er recket die hand aufz, rüret yn an, vnd fprach ich wils thun, fey gereynigt, vnnd als er fo fprach gieng von ym als 70 bald der auffatz, vnd ward rein, vnd Jefus bedrewet yn, vnd trib yn als bald von fich vnd fprach zu ym, Sihe zu, das du niemant nichts fageft, fonder gang hin, vnd zeyg dich dem priefter, vnd opffer für dein reynigung, was Mofes gebotten hat, zum zeugnus über fie. Er aber, do er hinaufz kam, hub er an, aufzzubringen vnd ruchtbar machen die 75 gefchicht, alfo, das er hinfür nit meer kundt offenlich in die ftat geen, fonder er war auffen in den wüften örtern, vnd fie kamen zu jm von allen enden.

7.

DIfes ift der anfanng des Euangelij von Jefu Chrifto, dem fun gotes, als gefchriben ift in den Propheten. Sihe ich fend meinen engel vor dir her, der da berayte deinen weg vor dir. Es ift ain rüffende ftymm in der wüfte, beraytet den weg des herren, machet feine fteig richtig. 5

Johannes der was in der wüfte, vnd tauffet vnd prediget von der tauff der bufz zur vergebung der fünden, vnd es gieng zu jm hinaufz das gantz Jüdifch land, vnd die von Jherufalem, vnd lieffen fich alle von jm tauffen in dem Jordan vnd bekanten ire fünd.

Johannes aber was beklaidet mit Kamel haren, vnd mit ainem 10 liderin gürtel vmb feine lenden, vnd afz hewfchrecken vnd wild honig, vnd prediget vnd fprach. Es kompt ainer nach mir, der ift ftercker dann ich, dem ich nit genugfam bin, das ich mich vor jm buck, vnd die riemen feiner fchuch aufflöfe, ich tauffe eüch mit waffer, aber er wirdt eüch tauffen mit dem hailigen gaift. 15

Vnd es begab fich zu der felbigen zeit, das Jefus aufz Galiiea von Nazareth kam vnd liefz fich tauffen von Johanne im Jordan, vnd alfz-

Reifferscheid, Luthers Marcus Euangelion. 7

baid ftig er aufz dem waffer, vnd fahe das fich die hymel aufflhetten,
vnd den gaift gleich wie ain taub herab fteigen auff jn. Vnd do
20 gfchach ain ftymm vom himel. Du bift mein lieber fun. in dem ich
ain wolgefallen hab.
Vnd bald trib jn der gaift in die wüfte? vnd was alda in der wüfte
viertzig tag, vnd ward verfucht von dem fatanas, vnd was bey den
thieren, vnd die engel dieneten jm.
25 Nach dem aber Johannes gefangen was, kam Jefus in Galilea, vnd
prediget das Euangelium vom reich gotes, vnd fprach. Die zeit ift erfüllet, vnd das reich gotes ift herbey kommen, beffert eüch, vnd glaubt
dem Euangelio.
Do er aber an dem Galileifchen mör gieng, fahe er Simon vnd
30 Andreas feinen bruder, das fy ire netz ins mör warffen. dann fy warn
vifcher. Vnd Jefus fprach zu jn, volgt mir nach, ich wil eüch zu
menfchen vifchern machen, alfzbald verlieffen fy ire netz, vnd volgeten
jm nach.
Vnd do er von dannen ain wenig fürbafz gieng, fahe er Jacobum
35 den fun Zebedei vnd Johannem feinen bruder, do fy ire netz im fchiff
zufamen legten, vnd bald rüffet er jn. vnd fy lieffen iren vater Zebedeon im fchiff, mit den taglönern. vnd volgeten jm nach.
Vnd fy giengen gen Capernaum, vnd bald an den fabbaten, gieng
er in die fchulen, vnd leeret. vnd fy entfetzten fich ab feiner leer, dann
40 er leeret gewaltigklich. vnd nit wie die fchrifftgelerten.
Vnd es was in irer fchulen ain menfch befeffen mit ainem vnfaubern
gaift, der fchry vnd fprach. Halt, was haben wir mit dir zufchaffen
Jefu von Nazareth? du bift kommen vns zu verderben, ich waifz
das du der hailig gotes bift. Vnd Jefus bedröwet jn vnd fprach, ver-
45 ftumm. vnd far aufz von jm, vnd der vnfauber gaift riffe jn, vnnd fchry
laut, vnd fur aufz von jm, vnd fy erzitterten alle, alfo. das fy vnderainander fich befragten, vnd fprachen, was ift das? was ift das für ain
newe leer? Er gebeüt mit gewalt den vnfaubern gaiften, vnnd fy
gehorchen jm, vnd fein gerücht erfchal bald vmbher in die grenitz
50 Galilee.
Vnd fy giengen aufz der fchul, vnd kamen bald in das haufz
Simonis vnd Andres, mit Jacobo vnd Johanne. vnd die fchwiger Simonis
lag vnd het das fieber, vnd alfzbald fagten fy jm von ir, vnd er trat
zu ir, vnd richtet fy auff, vnd hielt fy bey der hand vnd das fieber
55 verliefz fy als bald, vnd fy dienet jn.
Am abent aber, do die Sonn vndergangen was, brachten fy zu jm
allerlay krancken vnd befeffen, vnd die gantz ftat verfamelt fich vor
der thür, vnd er halff vilen krancken mit manigerlay fuchten beladen,
vnd trib vil teüfel aufz, vnd liefz die teüfel nit reden, dann fy ken-
60 neten jn.
Vnd des morgens vor tag, ftund er auff. vnd gieng hinaufz, vnd
Jhefus gieng in ain wüfte ftat vnd beetet dafelbit, vnd Petrus mit denen.
die mit jm waren, eyleten jm nach. vnd do fy jn fanden, fprachen fy
zu jm, yederman fuchet dich, vnd er fprach zu jn. lafzt vns in die
65 nechften ftet geen, das ich dafelbft auch predige, dann dartzu bin ich
kommen, vnd er prediget in iren fchulen, im gantzen Galilea, vnd trib
die teüfel aufz.
Vnd es kam zu jm ain aufzfetziger, der bat jn vnd knyet vor jm

vnd fprach zu jm. wilt du. fo kanft du mich wol rainigen vnd es jamert
Jefum, vnd er recket die hand aufz, rüret jn an, vnd fprach, ich wils 70
thun, fey gerainiget. Vnnd als er alfo fprach, gieng von jm alfzbald
der auffatz, vnd ward rain, vnd Jhefus bedröwet jn, vnd trib jn als
bald von jm, vnnd fprach zu jm. Sihe zu, das du nyemandt nichts
fageft, fonder gang hin, vnd zaig dich dem priefter, vnnd opffer für
dein rainigung, was Mofes gebotten hat, zum gezeügknufz über fy, Er 75
aber do er hinaufz kam, hub er an, aufzzubringen vnnd ruchtbar machen
die gefchicht, alfo, das er hinfüro nitt meer kund offenlich in die ftat
geen, fonder er was herauffen in den wüften orten, vnd fy kamen zu
jm von allen enden.

8.

Dis ift der anfang des Euangeli von Jefu Chrifto, dem fun gottes.
als gefchriben ift in den propheten. Sihe, ich fende meynen
engel vor dir her, der do bereite deinen weg vor dir. Es ift ein rüffende
ftymme in der wüften, bereytten den weg des herren, macht feine fteige
richtig.   5
Johannes der war in der wüften, vnd tauffet vnd prediget von dem
tauffe der bufz zur vergebung der fünden, vnd es gieng zu im hinanfz
das gantz Jüdifch land, vnd die von Hierufalem, vnd lieffen fich alle
von im tauffen in dem Jordan. vnd bekenneten ire fünde.
Johannes aber war bekleidet mit kamel haren. vnd mit einem lädern 10
gürttel vmb feine lenden, vnd affz heufchrecken vnd wild honig. vnd
predigt vnd fprach. Es kompt einer noch mir, der ift ftercker den ich,
dem ich nit genugfam bin, das ich mich vor im bucke; vnd die rümen
feiner fchuch auff löfze, ich teuffe eüch mit waffer. aber er wirt eüch
teuffen mit dem heiligen geyft.   15
Vnd es begab fich zur felbigen zeit, das Jefus vfz Galilea von Nazareth kam vnd liefz fich teüffen von Johanne im Jordan, vnnd als bald
fteyg er vfz dem waffer, vnd fahe das fich die himel vffthaten. vnd
den geift gleich wie ein taube herab ftygen vff jn, Vnd da gefchach
ein ftymme vom hymmel. du bift mein lieber fun, in dem ich ein wol- 20
gefallen habe.
Vnd bald treib jn der geift in die wüften, vnnd war alda in der
wüften viertzig tag. vnd ward verfucht von dem fatanas, vnd war bey
den thieren, und die engel dieneten im.
Nach dem aber Johannes gefangen war, kam Jefus in Galilea. vnd 25
prediget das Euangelium vom reich gottes, vnd fprach. Die zeit ift erfült. vnd die zeit gottes ift erbey kommen. befferent eüch, vnd glaubt
dem Euangelio.
Da er aber an dem Galileifchen meer gieng, fahe er Simon vnd
Andrean feinen bruder, das fy jre netz jnfz meer wurffen, den fy waren 30
fifcher. vnnd Jefus fprach zu jn, folgt mir nach, ich wil eüch zu menfchen fifcher machen. als bald verlieffen fy ire netz, vnd folgeten im
nach.
Vnd da er von dannen ein wenig fürbas gieng, fahe er Jacoben
den fun Zebedei vnd Johannem feinen bruder, da fy ire netze im fchiff 35
zu famen legten. vnd bald rüfft er jn. vnd fy lieffen iren vatter Zebedeon im fchiff, mit den taglöner, vnd folgeten jm nach.

Vnd fy giengen gen Capernaum, vnd bald an den Sabbaten, gieng
er in fchulen, vnd lerete. vnd fy entfatzten fich über feiner lere, denn
40 er leret gewaltiglich, vnd nicht wie die fchrifftgelerten.
Vnd es war in iren fchulen ein menfch befeffen mit einem vnfauberen geift. der fchrey vnd fprach, Halt, was haben wir mit dir zu
fchaffen, Jefu von Nazareth? du bift kommen vns zu verderben, ich
weifz, das du der heylige gottes bift, vnd Jefus betrawete jn vnd fprach,
45 verftumme, vnd fare vfz von im, vnd der vnfauber geift reyfz jn, vnd
fchrey laut, vnd fur vfz von im, vnd fy erzitterten alle, alfo, das fy
vndereinander fich befragten, vnd fprachen, was ift das? was ift das
für ein neüwe lere? Er gebeüt mit gewalt den vnfauberen geiften, vnd
fy gehorchen im, vnd fein gerüch erfchal bald vmbher in die grentze
50 Galilee.
Vnd fy giengen vfz der fchulen, vnd kamen bald in das haufz Simonis vnd Andres, mit Jacoben vnd Johanne, vnd die fchwiger Simonis
lag, vnd hatte das fieber, vnd als bald fagten fy im von ir, vnd er trat
zu ir, vnd richtet fy vff, vnd hielt fy bey der hand, vnd das fieber
55 verliefz fy als bald, vnd fy dienet jn.
Am abent aber, da die Sonne vnder gangen war, brachten fy zu
im allerley krancken vnd befeffene, vnd die gantze ftat verfamlet fich
vor der thür, vnd er halff vilen krancken mit mancherley feüchten beladen, vnd treib vil teüffel vfz, vnd liefz die teüffel nit reden, denn fy
60 kenneten jn.
Vnnd des morgens vor tag, ftund er vff, vnnd gieng hynufz, vnd
Jefus gieng in ein wüfte ftatte vnd bettet da felbs, vnnd Petrus mit
den. die mit im waren, eyleten im nach, vnd da fy jn funden, fprachen
fy zu im, yederman fucht dich, vnnd er fprach zu jn, lafzt vns in die
65 nechften ftette geen, das ich dafelbs auch predige, denn darzu bin ich
kommen, vnnd er predigete in iren fchulen, in gantz Galilea vnd treyb
die teüffel vfz.
Vnd es kam zu im ein vfzfetziger, der batt jn vnd kneyt vor im
vnd fprach zu im, Wilt du, fo kanftu mich wol reinigen, vnd es iamerte
70 Jefum, vnd recket die hand vfz, vnd ruret jn an, vnd fprach, ich wils
thun, fey gereiniget, vnd als er fo fprach, gieng von im als bald der
vfzfatz, vnd ward rein, vnd Jefus bedreüwet jn, vnd treyb jn als bald
von jm, vnd fprach zu im, Sihe zu, das du niemant nichts fageft, fonder gang hyn, vnnd zeyge dich dem priefter, vnd opffere für dein
75 renigung, was Mofes gebotten hatt, zum zeügnifz über fy. Er aber,
da er hinufz kam, hub er an, vfz zu bringen vnd ruchtbar machen
die gefchicht, alfo, das er hinfürt nit mer kundt offentlich in die ftatt
geen, fonder er war hauffen in den wüften örttren, vnnd fy kamen zu
im von allen enden.

9.

DIs ift der anfang des Euangeli, von Jefu Chrifto dem fun Gottes,
als gefchriben fteet in den Prophetenn, Sihe, ich fende meinen
Engel vor dir her, der da bereytte deinen weg vor dir. Es ift ein
rüffende ftimm in der wüften, bereyttet den weg des herren, macht
5 feine fteyge richtig.
Johannes der war in der wüften, tauffet vnd prediget von der tauffe

der puffe zur vergebung der fünden. Vnd es gieng zu jm hyn aufz das gantz Jüdifch land, vnd die von Jerufalem, vnnd lieffen fich alle von jm tauffen in dem Jordan, vnd bekenneten ire fünde.

Johannes aber war bekleydet mit kameel haren, vnd mit einem leddeen gürttel vmb feine lenden, vnd afs hewfchrecken vnd wild honig, vnd predigt vnd fprach, Es kompt einer nach mir. der ift ftercker denn ich, dem ich nicht gnugfam bin, das ich mich vor jm buck, vnd die rymen feyner fchuch aufflöfe. Ich tauffe euch mit waffer, aber er wirt euch mit dem heyligen geyft tauffen.

Vnd es begab fich zu der felbigen zeyt, das Jefus aufz Galilea von Nazareth kam, vnd liefz fich tauffen, von Johanne im Jordan, vnd alfzbald fteig er aufz dem waffer, vnd fahe, das fich die himel auffthaten vnd den geyft gleych wie ein taub herab fteygen auff jn. Vnd da gefchach ein ftymm vom hymel, du bift mein lieber fun, in dem ich wolgefallen hab.

Vnd bald treyb jn der geyft in die wüften, vnd war alda in der wüften viertzig tag, vnd ward verfucht von dem teufel, vnd war bey den thyeren, vnd die engel dieneten jm.

Nach dem aber Johannes gefangen war, kam Jefus in Galilea, vnnd prediget das Euangelion vom reych Gottes, vnd fprach, Die zeyt ift erfüllet, vnd das reych Gottes ift herbey kommen, beffert euch vnd glaubt an das Euangelion.

Da er aber an dem Galileyfchen meer gieng, fahe er Simon vnnd Andreas feynen bruder, das fy ire netz ins meer wurffen, denn fie waren fifcher. Vnd Jefus fprach zu jn, volget mir nach, ich will euch zu menfchen fifcher machenn. Alfzbald verlieffen fy ire netze, vnd volgeten jm nach.

Vnd da er von dannen ein wenig fürbafz gieng, fahe er Jacobon den fun Zebedei vnd Johannem feynen bruder, das fy ire netze im fchiff züfamen legten, vnd bald rief er jn, vnd fie lieffen iren vatter Zebedeon im fchiff mit den taglönern, vnd volgten jm nach.

Vnnd fie giengen gen Capernaum, vnnd bald an den Sabbaten. gieng er in die fchulen, vnd lerete, vnnd fy entfatzten fich über feiner lere, denn er lerete gewaltiglich, vnd nicht wie die fchrifftgelerten.

Vnnd es war in irer fchulen ein menfch befeffen mit einem vnfaubern geyft, der fchrey vnd fprach, Hallt, wafz haben wir mit dir züfchaffen. Jefu von Nazareth? du bift kommen vns züuerderben, ich weyfz das du der heylige Gottes bift. Vnd Jefus bedrawete jn vnnd fprach, verftumm vnnd far aufz von jm. Vnnd der vnfauber geyft reyfz jn, vnnd fchrey laut, vnnd fur aufz von jm. Vnnd fy erzitterten alle, alfo, das fie vntereinander fich befragten vnnd fprachen, Was ift das? was ift das für ein newe lere? er gepeut mit gewalt den vnfauberen geyften, vnnd fy gehorchen jm. Vnnd feyn gerucht erfchal bald vmher in die grentze Galilee.

Vnnd fy giengen aufz der fchulen, vnd kamen bald in das haufz Simonis vnd Andreas mit Jacoben vnd Johannen, Vnnd die fchwiger Simonis lag vnnd hätte das fiber, vnd alfzbald fagten fy jm von ir. vnd er trat zu ir, vnd richtet fy auff, vnnd hielt fy bey der hand, vnd das fiber verliefz fy bald, vnd fy dienet jn.

Am abent aber, da die fonne vntergangen war, brachten fy zu jm allerley krancken vnd befeffene, vnd die gantze Stat verfamlet fich für

die thür, vnnd er halff vilen krancken, die mit mancherley feuchen
beladen waren, vnd trib vil teufel aufz, vnd liefz die teufel nicht reden,
60 denn fie kenneten jn.
Vnnd des morgens vor tag, ftund er auff, vnd gieng hinaufz, vnnd
Jefus gieng in ein wüfte ftette, vnnd bettet dafelbs. Vnnd Petrus mit
den die mit jm waren, eyleten jm nach, Vnnd da fy jn funden, fprachen fy zu jm, yderman fucht dich, Vnnd er fprach zu jn, Lafzt vns
65 in die nechftenn ftette geen, das ich dafelbs auch predige, denn darzu
bin ich kommen. Vnnd er predigete in iren fchulen, in gantz Galilea,
vnnd treyb die teufel aufz.
Vnd es kam zu jm ein auffetziger, der bat jn. knyet für jm, vnd
fprach zu jm. wiltu, fo kanftu mich wol reynigen. Vnd es iamerte
70 Jefum, vnd er recket die hand aufz, rüret jn an, vnd fprach, ich wils
thun. fey gereiniget. Vnd als er fo fprach, gieng der auffatz alfzbald
von jm, vnd er ward rein. Vnd Jefus bedrawet jn, vnd treyb jn alfzbald von fich, vnd fprach zu jm. Sihe zu, das du niemandt nichts
fageft, fonder geehin, vnnd zeyge dich dem Priefter, vnnd opffer für
75 deine reinigung, as Mofes gepotten hat, zum zeugnis über fy. Er
aber, da er hinaufz kam, hub er an aufzzübringen vnd ruchtbar
machen die gefchicht, alfo, das er hinfürt nicht mehr kund offentlich
in die Stat geen, fonder er war hauffenn in den wüften örtern, vnnd
fy kamen zu jm von allenn enden.

10.

Difz ift der anfang defz Euangelj von Jefu Chrifto dem fun gotes,
als gefchriben ift in den propheten: Sihe, ich fend meinen Engel
vor dir her, der da berayte deinen weg vor dir. Es ift ain ruffende
ftimm in der wüfte Beraytend den weg des Herren, machent feyne
5 fufzpfäd richtig.
Johannes der was in der wüfte, vnd taufiet vnd prediget von dem
tauff der bufz zur vergebung der fünden. Und es gieng zu jm hinaufz
das gantz Jüdifch land, vnd die von Hierufalem, vnd lieffent fich alle
von jm tauffen in dem Jordan, vnd bekennetend jre fünd.
10 Johannes aber was beklaydet mit kamel haren, vnnd mit ainem
lideren gürtel vmb fein lenden, vnd afz heüwfchrecken vnd wild honig,
vnd prediget vnd fprach: Es kumptt ainer nach mir, der ift ftercker
denn ich, dem ich nit gnugfam binn das ich mich vor jm bucke, vnd
die riemen feyner fchuch auflöfe. Ich tauff euch mit dem waffer aber
15 er wirt euch tauffen mit dem hayligen gayft.
Und es begab fich zur felbigenn zeyt das Jefus aufz Galilea von
Nazareth kam, vnd liefz fych tauffen vonn Johanne im Jordan. Uunnd
von ftund an ftyg er aufz dem wafzfer, vnd fach das fich die himmel
auffthatent, vnd den gaift gleych wie ain traub herab fteigen auff jn.
20 Und da gefchach ain ftimm von himmel: Du byft mein lieber fun,
inn dem ich ain wolgefallen hab.
Unnd bald tryb in der gayft in die wüfte, vnd wz in der wüfte
viertzig tag, vnd ward verfücht vom dem Satanas: vnd was bey den
thieren: vnd die engel dienetend im.
25 Nach dem aber Johannes gefangen was, kam Jefus in Galilea, vnnd

predyget das Euangelyon von dem reych Gottes, vnnd fprach: Die zeyt ift erfüllet, vnd das reych Gotes ift nach herzu kommen: befferent eüch vnd glaubent dem Euangelio.

Da er aber an dem Galileifchen mör gieng fach er Simon vnd Andream feynen bruder, das fy jre netze ins mör wurffend, denn fy 30 warent fifcher. Und Jefus fprach zu jnen: Uolgent mir nach, ich wil euch zu menfchenfifcher machen. Und von ftund an verlieffent fy jre netze, vnd volgtent jm nach.

Und da er von dannen ain wenig fürbafz gieng, fach er Jacobenn den fun Zebedey, vnnd Johannem feinen bruder, da fy jre netz im 35 fchiff zufamen bütztend, vnd bald ruffet er jnen. Und fy lieffent iren vater Zebedeon im fchiff mit den taglönern, vnnd volgtend jm nach.

Und fy giengent gen Capernaum, vnnd bald an den Sabbatten gieng er in die fchulen vnd leret. Und fy entfatztend fich ab feiner leer, denn er leret gewaltigklich, vnd nit wie die gfchrifftglerten.   40

Und es was in jren fchulen ain menfch befeffenn mitt ainem vnfauberen gaift, der fchray vnd fprach: Halt, wz haben wir mit dir zefchaffen Jefu vonn Nazareth? du bift kommen vns zu verderben: ich wayfz das du der haylig Gotes bift. Und Jefus befchalckt jn mit tröwen, vnd fprach: Uerftumm, vnd far aufz von jm. Und der vnfauber gaift 45 rayfz jn, vnd fchray laut, vnd fur aufz von jm. Und fy erzittertend alle, alfo, das fie vnderainander fich erfragtend. vnd fprachend: Was ift das? Was ift das für ain neuwe leer? Er gebeüt mit gwalt den vnfauberen gayften, vnd fye feind jm gehorfam. Unnd fein guter lümbd erfchal bald vmmher in die gegne vnd anftöfz Galilee.   50

Und fye giengend aufz der fchul, vnd kamend bald in das haufz Simonis vnd Andreas, mit Jacoben vnd Joanne. Unnd die fchwiger Simonis lag, vnd het das fieber, vnd von ftundan fagtend fy jm von jr. Und er tratt zu jr vnd richtet fye auff, vnd hielt fye bey der hand. Und das fyeber verliefz fy von ftundan. Und fye dienet jnen.   55

Am abent aber, da die Sonn vnder gangen was, brachtend fy zu jm allerlay krancken vnd befefznen, vnd die ganntz ftatt verfamlet fich vor der tür. Und er halff vil krancken mit mancherlay fuchten beladen, vnd tryb vil teüffel aufz, vnnd liefz die teüfel nit reden: denn fye kantend jn.   60

Und des morgens vor tag ftund er auff, vnd ging hinaufz. Und Jefus gieng in ain ainöde, vnd bättet da felbs: Und Petrus mit denen die mit jm warend, eyltend jm nach. Und da fye jn fundend, fprachend fye zu jm: yederman fucht dich. Und er fprach zu jnen: Laffend vnns in die nechften ftett gon, das ich da felbs auch predige: denn darzu 65 bin ich kommen. Und er prediget jn jren fchulen, im gantzen Galilea, vnd tryb die teüfel aufz.

Und es kam zu jm ain auffetziger der bat jn, vnnd knüewet vor jm, vnd fprach zu jm: Wiltu, fo magftu mich wol raynigen. Und es erbarmett Jefum, vnnd ftrackt die hand aufz, vnnd rürt jn an, vnd 70 fprach: Ich wils thun, bifz gerayniget. Und alfz er alfo fprach, gieng von jm von ftundan der auffatz, vnd ward rayn. Und Jefus verbott jm mit tröwen, vnd treyb jn von ftund an von jm, vnd fprach zu jm: Sich zu, dz du nyemant nichts fageft, funder gang hin, vnd zayg dich dem priefter, vnd opffer für dein reynigung was Mofes geboten hat, zur 75 zeügknus über fy. Er aber, da er hinaufz kam, hub er an aufzzebringen vnd leütprechen zemachen die geíchicht, alſo, dz er hinſür nit mer kundt offenlich in die ſtatt gon, ſunder er was dauſſen in den aynödinen, vnd ſy kament zu jm von allen enden.

11.

Dis ift der anſang des Euangeli von Jheſu Chriſto, dem ſun Gottes, als geſchriben ſteht in den Propheten, Sihe, ich ſendt meynen Engel vor dir her, der da bereyte deinen weg vor dir, Es iſt ein rüffende ſtymm in der wüſten, Bereyttet den weg des herren, macht ſeyne 5 ſteyg richtig.

Johannes der war in der wüſten, tauffet vnd prediget von der tauff der buſz zur vergebung der ſünden. Vnd es gieng zu jm hinauſz das gantz Jüdiſch land, vnd die von Jeruſalem, vnnd lieſſen ſich alle von jm tauffen in dem Jordan, vnd bekenneten jre ſünd.

10 Johannes aber war bekleydet mit Kammel harcn vnd mit eynem ledern gürtel vmb ſeyne lenden, vnd afz hewſchrecken vnd wild hönig. vnd predigt vnd ſprach Es kumbt eyner nach mir, der iſt ſtercker denn ich, dem ich nit gnugſam byn, das ich mich vor jm bücke, vnd die riemen ſeyner ſchuch aufflöſe. Ich tauff euch mit waſſer, aber er 15 würt euch mit dem heyligen geyſt tauffen

Vnd es begab ſich zu derſelbigen zeyt, das Jheſus aus Gallilea von Nazareth kam. vnd lieſz ſich tauffen von Johanne im Jordan. vnnd als bald ſteyg er aufz dem waſſer, vnd ſahe, das ſich die hymel aufftheten, vnd den geyſt gleych wie eyn taub herab ſteygen auff jn. 20 Vnd da geſchach eyn ſtymm vom hymel, Du biſt meyn lieber ſun. in dem ich wolgefallen hab.

Vnd bald treyb jn der geyſt in die wüſten, vnd war alda in der wüſten viertzig tag, vnnd ward verſucht von dem Teüffel. vnd war bey den thieren, vnd die Engel dienten jm

25 Nach dem aber Johannes gefangen war. kam Jeſus in Gallilea, vnd prediget das Euangelium vom reych Gottes vnd ſprach. Die zeyt iſt erfült. vnd das reych Gottes iſt herbey kumen. beſſert euch, vnd glaubt an das Euangelion.

Da er aber an dem Gallileiſchen möhr gieng, ſahe er Simon vnd 30 Andreas ſeynen bruder. das ſie jre netz infz möhr warſſen. denn ſie waren fiſcher. Vnd Jheſus ſprach zu jn, Folget mir nach, ich wil euch zu menſchen fiſcher machen. Als bald verlieſſen ſie jre netz, vnd folgten jm nach.

Vnd da er von dannen eyn wenig fürbaſz gieng, ſahe er Ja-35 cobon den ſun Zebedei, vnd Johannem ſeinen bruder, das ſie jre netze im ſchiff zu ſamen legten. vnd bald rüffet er jn. Vnd ſie lieſſen jren vater Zebedeon im ſchiff. mit den taglönern. vnd folgten jm nach.

11ª *ſetzt*, *nach* ſprach 12, aufflöſe 14; *ſtreicht*, *nach* herr 3, gieng 29. netz 32. gieng 34, ſchiff 37.

1 Diſz annſang Jeſu *ſo auch* 45, Jeſus 16, 31, 46, 64, 76, Jeſum 72 2 ſleet propheten meinen *ſo auch* mein 20 engel 3 herr bereite 4 ſtimm Bereitet herrn machet ſeine *ſo auch* 11, ſeiner 14, 41, ſeinen 30, ſein 52 7 Vnnd *ſo auch* 221, 561, 68, vnnd 19, 562. hynaufz S vnd *ſo auch* 181. 10 Kameel einem *ſo auch* 43, einer 12, ein 19, 20, 34, 43. 5 50, 64, 70 13 bin 14 rieme 15 heiligen geiſt *ſo auch* 44, 45, geiſten 57 16 aufz 18 alls auſſteten 19 gleich 20 von 21 ich ein 23 teüffel 26 reich *ſo auch* 27 27 kummen *ſo auch* 45, 68 29 meer *ſo auch* 30 30 ins 31 folget will 36 zuſamen rüfft 37 folgete.

—— 105 ——

Vnd fie giengen gehn Capernaum, vnd bald an den Sabbaten, gieng er in die fchulen, vnd lerete. Vnd fie entfatzten 40
fich über feyner leer, denn er leret gewaltiglich, vnd nicht wie die
fchrifftgelerten.

Vnd es war in jrer fchul eyn menfch befeffen mit eynem
vnfaubern geyft, der fchrey vnd fprach, Halt, wz haben wir mit
dir zu fchaffen, Jhefu von Nazareth? Du bift kumen vns zu ver- 45
derben, Ich weyfz, das du der heylige Gottes bift. Vnd Jhefus
bedrawet jn vnd fprach, Verftumm vnd far aus von jm. Vnd
der vnfauber geyft reyfz jn, vnd fchrie laut, vnd fur aufz von
jm. Vnd fie erzitterten alle, alfo, das fie vntereynander fich befragten,
vnd fprachen, Was ift das? was ift dz für eyn newe leer? Er 50
gepeüt mit gewalt den vnfaubern geyften, vnd fie gehorchen jm.
Vnd feyn gerücht erfchall bald vmbher in die grentze Gallilee.

Vnd fie giengen aufz der fchulen, vnd kamen bald in das haufz Si-
monis vnd Andres mit Jacoben vnd Johannen. Vnd die fchwiger
Simonis lag vnd hett das fieber, Vnd als bald fagten fie jm von jr. 55
Vnd er trat zu jr, vnd richtet fie auff, vnd hielt fie bey der hand
Vnd das fieber verliefz fie bald, vnd fie dienet jn.

Am abent aber, da die Sunn vntergangen war, brachten fie zu
jm allerley krancken vnd befefzne, vnd die gantze ftadt verfamlet fich vor der thür, vnd er halff vil krancken, die mit mancher- 60
ley feüchen beladen waren, vnd treyb vil Teüffel aufz, vnd liefz
die teüffel nit reden, denn fie kenneten jn.

Vnd des morgens vor tag ftund er auff, vnd gieng hinaufz, vnd
Jhefus ging in eyn wüfte ftat, vnd betet dafelbs. Vnd Petrus
mit den, die mit jm waren, eyleten jm nach. Vnd da fie jn 65
funden, fprachen fie zu jm, Jederman fuchet dich. Vnd er fprach
zu jn, Laft vns in die nechften ftedt gehen, das ich dafelbs auch
predige. Denn darzu byn ich kumen. Vnd er prediget in jren
fchulen, in gantz Gallilea, vnd treyb die teüffel aufz.

Vnd es kam zu jm eyn auffetziger, der bat jn, knyet vor 70
jm vnd fprach zu jm, Wiltu, fo kanftu mich woll reynigen.
Vnd es yammert Jhefum, vnd er recket die hant aufz, rüret jn
an vnd fprach, Ich wils thon, fey gereynigt. Vnd als er fo fprach.
gieng der auffatz als bald von jm, vnd er ward rein. Vnd
Jhefus bedrawet jn, vnd treib jn als bald von fich, vnd fprach 75
zu jm, Sihe zu, dz du niemant nichts fageft, fonder gehe hyn
vnd zeyg dich dem priefter, vnd opffer für dein reynigung was
Mofes gepotten hat zum zeügnus über fie. Er aber. da er hinaufz
kam, hub er an aufz zubringen vnd rüchtbar machen die gefchicht.
alfo, das er hinfort nit mehr kunt offentlich in die ftatt gehen, 80
fonder er war hauffen in den wüften örtern. vnd fie kamen zu
jm von allen enden.

11ᵃ *ftreicht* . *nach* lerete 40, fchrifftgelerten 42, Gallilee 52; *setzt* , *nach* hand 56,
predige 68; *ftreicht* , *nach* weyfz 46, jn 48, alle 49, befragten 49, geiften 51. war 58,
befefzne 59, thür 60, ftat 64, funden 66, jn 70, fich 75, zu 76, alfo 80.

39 gen   fabbaten   41 vber *so auch* 78   nit   44 fchrei   46 gottes   47 aufz *so auch* 48,
5 *vgl.zu* 16   48 reifz   fchry   49 vntereinander   50 er   51 gebeut   52 erfchal   vmmher grentz
55 het   fiber *so auch* 57   58 funn   59 ftat   61 treib   teüfel *so auch* 62   67 Lafzt   neg-
fien   ftet   geen *so auch* 60   68 dazu   71 wol   72 jammert   hand   74 reyn   75 treyb   76
niemands   funder   gee   78 gepoten   80 nicht   mer   ftat   81 fundern   örttern   82 vonu.

12.

DIs ift der anfanng des Euanngeli von Jefu Chrifto, dem fun
Gottes, als gefchriben ift in den Propheten. Sihe, ich fende meinen
engel vor dir her, der da bereyt deinen weg vor dir, Es ift ein
rüffende ftimme in der wüften bereyten den weg des herren, macht
5 feine fteyge richttig.

Johannes der war in der wüften, vnd tauffet vnd predigct von dem
tauff der bufz zur vergebung der fünden, vnd es gyeng zu im hinaufz
das gantz Jüdifch land, vnd die von Hierufalem, vnd' lieffen fich alle
von jm tauffen in dem Jordan, vnd bekenneten jre fünde.

10 Johannes aber war beklaidet mit kameel haren, vnd mit eynem
ledern gürtel vmb feine lenden, vnd afz hewfchrecken vnd wild honig,
vnd predigt vnd fprach, Es kompt einer nach mir, der ift ftercker
denn ich, dem ich nit genugfam bin, dz ich mich vor im bucke, vnd
die riemen feiner fchuch auflöfze, ich teuffe euch mit waffer, aber er
15 wirt euch teuffen mit dem heiligen geift.

Vnd es begab fich zur felbigen zeit, das Jefus aufz Galilea von
Nazareth kam vnd lyefz fich teuffen von Joharne im Jordan, vnd als
bald fteyg er vfz dem waffer, vnd fahe das fich die himel auff thaten,
vnd den geyft geleich wie ein taube herab fteigen auff jn, Vnd da
20 gefchach ein ftimme vom himel, du bift mein lieber fun, in dem ich
ein wolgefallen habe.

Vnd bald treib jn der gaift in die wüften, vnd war alda in der
wüften viertzig tag, vnd ward verfucht von dem Satanas, vnnd war bey
den thieren, vnd die engel dieneten jm.

25 Nach dem aber Johannes gefangen war, kam Jefus in Galilea, vnnd
predigt das Euangelium vom reich gotes, vnd fprach, Die zeit ift erfült, vnd das reich gotes ift herbey kommen, beffert euch, vnd glaubt
dem Euangelio

Da er aber an dem Galileifchen meer gierg, fahe er Simon vnd

12ᵃ *setzt . nach* jn 19, Euangelio 28; *streicht , nach* willen 6.
12ᵇ *setzt . nach* jhn 19, *mit folg. gr. Anfangsb. nach* fünden7; *setzt , nach*
Euangelij 1, Propheten 2, buffe 7, kam 17, fahe 18, Geift 19 *streicht , nach* wüften 22.

12ᵃ 1 anfang Euangeli Jhefu 2 fend 3 berei et 4 flymme *so auch* 20
5 richtig 7 gieng 8 Judifch Jerufalem 10 bekleidet 14 auflöfe 15 heyligen 5
vgl. zu 43 geyft *so auch 22* 17 liefz alls 18 aufz hymel *so auch* 20 19 geift
gleich 20 eyn 22 vnnd 2. 23 vnd 2. *so auch* 25, 37 2., 45 1., 65 1. 24 Engel 26
Gottes *so auch* 27, *vgl. zu 43*.
12ᵇ 1 Difz Euangelij Jefu Sun *so auch* 20 2 gefchribenn ift] ftehet inn *so*
auch 38, 61 fende 3 Engel bereite 4 ftimme *so auch* 20 Bereitet Herren 10
machet 5 fteige 6 vnd *1. gestr.* teuffet vnnd 2. *so auch* 10, 11 1., 2., 12 1., 13, 17 1.,
20, 29, 32, 34, 36, 39, 56 2., 57, 60 2., 3., 61 1., 67 2., 68 1., 72, 73 2., 77, *desgl.* Vnnd 31,
33, 35 2., 38 2., 45 2., 60 1., 61 2., 67 1. Prediget dem] der 7 tauffe buffe jm 8 gantze *so auch* 56 Jüdifche 9 in dem] im 10 Kameel enem 11 lederen lendenn
honig 12 prediget *so auch* 26 kombt 13 dann *so auch* 30, 39 nicht *so auch* 76 15
gnugfam das jhm *so auch* 32, 52, 55, jhn 19 *vgl. zu 31, 32* bücke 14 rhümen
auflöfe Ich 15 wird mit dem heiligen Geift teuffen 16 zu der Jhefus *so auch*
25, 31, 43, 61, Jhefu 42, Jhefum 69 vonn 17 tauffen Vnd 2. als 18 fteig der
himmel *so auch* 20 that 19 Geift *so auch* 41 eine *so auch* 47, 61 fteigen] kommen 20 gefchahe ein Du in] an 21 ein *gestr.* 22 treibe geift vnd 2. 20
23 Vnd 1. Satan bei 25 gefangen] vberantwortet 26 Euangelion erfüllet 27
Reich kommenn beffert euch] Thut bufz 28 an dz Euangelion 29 möbr.

Andrean feinen bruder, das fy jre netz jnfz mör wurffen, denn fy waren 30
fifcher, vnd Jefus fprach zu jn, folget mir nach, ich wil euch menfchen
fifcher machen als bald verlieffen fy jre netz, vnd folgten jm nach.
Vnd da er von dannen ein wenig fürbas gieng, fahe er Jacoben
den fun Zebedei vnd Johannem feinen bruder, da fie jre netze im fchiff
zufammen legten, vnd bald riefft er jn, vnd fie lieffen jren vater Zebe- 35
deon im fchiff, mit den taglönern, vnd folgeten jm nach.
Vnd fie giengen gen Capernaum, vnnd bald an den Sabbaten, gieng
er in die fchulen, vnd leret, vnd fy entfatzten fich über feiner lere.
denn er lert gewaltigklich, vnd nicht wie die fchrifftgelerten.
Vnd es war in jren fchulen ein menfch befeffen mit einem vn- 40
fauberen geift der fchrey vnd fprach, Halt, was haben wir mit dir zufchaffen, Jefu von Nazareth? du bift kommen vns zu verderben. ich
weifz, das du der hailige gottes bift, vnd Jefus bedrawet jn, vnd fprach,
verftumme, vnd far aufz von jm, vnd der vnfauber geift reyfz jn vnd
fchrey laut, vnnd fur aufz von jm, vnd fy erzitterten alle, alfo, das fy 45
vnder einander fich befragten vnd fprachen, was ift das? was ift das
für ein newe lere? Er gebeut mit gwalt den vnfaubern gaiftern, vnd
fy gehorchen jm, vnd fein gerücht erfchalle bald vmbher in die grentze
Galilee.
Vnd fie giengen aufz der fchulen, vnd kamen bald in das haufz 50
Simonis vnd Andreas, mit Jacoben vnd Johanne, vnd die fchwiger
Simonis lag, vnd hätte das fieber, vnd als bald fagten fie von jr, vnd
er trat zu jr, vnd richtet fie auff. vnd hielt fie bey der hand, vnd das
fieber verliefz fie als bald vnd fie dienet jn.
Am abent aber, da die Sonne vndergangen war, brachten fy zu jm 55
allerlay krancken vnd befeffene, vnd die gantz ftat verfamlet fich vor
der thür vnd er halff vilen krancken mit mancherley feuchten beladen.
vnd treib vil teuffel aufz, vnd liefz die teuffel nit reden, denn fy
kenneten jn.
Vnd des morgens vor tag, ftund er auff, vnd gieng hinaufz, vnd 60
Jefus gieng in ain wüfte ftatt vnd betet dafelbs, vnd Petrus mitt den
die mit jm waren, eilten jm nach, vnd da fy jn funden, fprachenn fy

12ᵃ *setzt*: nach fprach 43; *setzt*, nach machen 32, jn 44, befragten 46, bald 54, thür 57.
12ᵇ *setzt* . mit *folg. gr. Anfangs b. noch* fifcher 31, machen 32, jhnen 35, lerete 38,
Gottes 43, jm 44, 45, Johannen 51, jr 52, nach 62; *setzt*, nach Zebedei 34, Geift 41, fchryr
41, vmbher 48, krancken 56, 57, waren 57; *streicht*, nach fchiffe 36, fchaffen 42, weis 43,
3 befrageten 46, jm 48, Schulen 50, Andreas 51, lag 52, aber 55, aufz 58, tage 60.

12ᵃ 30 fie *zweimal*, fo auch 32, 38, 45 *zweimal*, 48, 55, 58, 62 *zweimal*, 74, 77 meer
31 will 32 folgtem 35 zufamen vatter 37 Sabbathen 38 vber fo auch 74
41 Hallt zu fchaffen 43 heylige Gottes 47 gewalt geiftern 50 haus 53 handt
10 fo auch 69 56 allerley ftadt fo auch 76 61 ein ftadt mit 62 eylten fprachen.
12ᵇ 30 Andreas fy *zweimal*, fo auch 32, 34, 35, 37, 45 *zweimal*, 48, 50. 52, 53 *zweimal*, 54 *zweimal*, 55 netze fo auch 32 ins möhr 31 jn] jhnen fo auch 35 Folget wil
ench zu 32 Alfo balde jhre fo auch jhren 35 folgeten 33 fürbafz 34 Johannen
da] das jre] die 35 zufamen legten] flickten rieffet Vater 36 fchiffe 38
15 Schulen fo auch 49, 50, 65 lerete über leere 39 leret Schrifftgelerten 40 jrer
menfche 41 fchryr fo auch 45 Halt 43 weis das du ... bift] wer du bift, der Heilige Gottes bedrewete 44 Verflumme fare 45 erzitterten] entfatzten fich 46 vndereinander befrageten Was *l.* 47 gebeüt 48 Vnd gerüchte erfchal 50 giengen
bald kamen bald] kamen hawfz 51 Johannen 52 hette fie.] fy jhm 53 tratt
20 hand fo auch 69 54 als *geftr.* jn] jnen fo auch 63 56 ftatt 57 die mit feuch-
ten] feuche beladen waren 58 viel teufel 2. 60 tage gienng fo auch 61 61
ftette bettet den] denen 62 mit] bey eileten.

zu jm, yederman fucht dich, vnd er fprach zu jn, laft vns in die nechften
ftette gehen, das ich dafelbs auch predige, denn darzu bin ich kommen,
65 vnnd er predigete in jren fchulen, in gantz Galilea, vnd treib die
teuffel aufz.
Vnd es kam zu im ein auffetziger, der bat jn vnd kniet vor jm
vnd fprach zu jm, Wiltu, fo kanftu mich wol rainigen, vnd es jamert
Jefum, vnd recket die hand aufz, vnd rüret jn an, vnd fprach, ich wilfz
70 thun, fey gereiniget vnd als er fo fprach, gieng von im als bald der
auffatz, vnd ward rein, vnd Jefus bedrewet jn, vnd treib jn als bald
von jm, vnd fprach zu jm, Syhe zu das du niemant nichts fageft, fonder gang hin, vnd zeig dich dem priefter, vnd opffer für dein reinigung.
was Mofes gepotten hat, zum zeugnifz über fy. Er aber, da er hinaufz
75 kam, hub er an, aufz zubrinngen vnnd rüchtpar machen die gefchicht.
alfo, das er hinfürt nit mer kundt offentlych in die ftat geen, fonder
er war hauffen in den wüften örttern, vnd fy kamen zu jm von allen
enden.

12ª *fetzt , nach* gereyniget 70.
12ᵇ *fetzt . mit folg. gr. Anfangsb. nach* dich 63, kommen 64, reinigen 68, gereiniget 70, rein 71; *fetzt , nach* jn 67, jm 67, zu 72 2., ruchtbar 75; *ftreicht , nach*
thun 70, reinignng 73.

12ª 63 lafzt 67 für jn 68 reynigen 69 Ich wils 70 gereyniget, *fo auch* reyn 71, 5
reynignng 73 72 Sibe niemandt 73 zeyg Priefter deine 74 gebotten zeugnis
75 zubringen 76 offentlich geheu 77 ortern.
12ᵇ 63 Jederman fuchet Lafzt jnn neheften 6_ ftedte dazu 65 jn Vnd
66 teüfel 67 jm aufretziger vor jm 68 fprache reinigen *fo auch* gereiniget 70,
rein 71, reinigung 73 jamerte 69 vnd 2. *geftr.* ich 70 der anffatz als bald von jm 10
71 vnd er bedrauwet balde 72 jm l.]fich niemand fagft fondern *fo auch* 76 73 gebe
zeige opffere 74 Moyfes gepoten gezeügnis 75 aufz zu ... gefchicht] vnd faget
viel davon, vnd machet die gefchicht ruchtbar 76 kund offentlich jnn *fo auch* 77 77
denn örtern.

13 *verglichen mit* G.

Setzt . nach jhr 61, nach 71; *ftreicht . nach* Euangelien 36; *fetzt , nach* Gottes 4,
nach 39, aus 67, 75; *ftreicht , nach* ans 78.
4 Son 5 propheten 6 da 8 ein 21 genugfam 22 aufl löfe 25 Nazaret 28
vom 31 vom dem 35 erfüllet 36 glenbt 48 fchriefftgelerten 55 befzageten 56
Er 57 geruchte erfchal 60 Johannes 61 fieber 62 richtet 70 betet 74 da zu 5
75 Vnd 76 ausfetziger 77 iammerte 78 vnd recket rüret 80 ausfatz 83 gebotten gezeugnis 85 zu machen.

14 *verglichen mit* G.

Streicht . nach felbs 70; *fetzt , nach* ans 67; *ftreicht , nach* jhm 72.
2 DIS 3 Euangelij Jefu *fo auch* 51, Jefus 24, 33, 39, 52, 70, 80, Jefum 75 4 fohn
11 Joannes *fo auch* 18, 33, Joanne 25, Joannen 60, *vgl. zu 13* 14 fünden jhm *fo auch* 72,
jhn 27, 44 19 görtel 29 ein wolgefallen 30 jnn 2. 31 teüffel 42 Jacoben 43
Joannem 45 jm 49 vnfauberen 51 zu verderben 55 vntereinander 58 bal 61 5
fieber *fo auch* 63 65 verfamelete 74 da zu predegete 82 Priefter opfere 84
ruchtbar.

15.

DIſz iſt der anfang des Euangeli von Jeſu Chriſto, dem ſun Gottes, als geſchriben iſt inn den Propheten: Sihe ich ſend meinen botten vor dir her, der do bereyte deinen weg vor dir. Es iſt eyn rüffende ſtimm inn der wüſte: Bereytet den weg des Herren, macht ſeine ſteyg richtig. 5
Johannes der war inn der wüſten, vnd taufſet, vnd predigt den tauff der buſz zur vergebung der ſünden. Vnd es gieng zu jm hinauſz das gantz Jüdiſch land, vnd die von Hieruſalem, vnnd lieſſen ſich alle von jm tauffen inn dem Jordan, vnd bekenneten jre ſünd.
Johannes aber war bekleydet mit kamel haren, vnd mit eynem 10 ledern gürtel vmb ſeine lenden, vnd aſz hawſchrecken vnd will honig, vnd prediget vnnd ſprach: Es kompt cyner nach mir, der iſt ſtercker dann ich, dem ich nit gnugſam bin, daſz ich mich vor jm bucke, vnnd die riemen ſeiner ſchuhe aufflöſe. Ich tauff euch mit waſſer, aber er wirt euch teuſen mit dem heyligen geyſt. 15
Vnd es begab ſich zur ſelbigen zeit, das Jeſus auſz Galilea von Nazareth kam, vnd lieſz ſich tauffen von Johanne imm Jordan. Vnnd alſzbald als Jeſus auſz dem waſſer ſteyg, do ſahe er, daſz ſich die himmel auff thetten, vnd den heyligen geyſt gleich wie eyn taub her ab ſteigen auff jn. Vnd do geſchah eyn ſtimm vom himmel: Du biſt mein 20 lieber Sun, inn dem ich eyn wolgefallen hab.
Vnd bald treyb jn der geyſt inn die wüſte, vnd war aldo inn der wüſte viertzig tag, vnd ward verſucht von dem teufel, vnd war bei den thieren, vnd die engel dieneten jm.
Nach dem aber Johannes gefangen war, kam Jeſus inn Galileam, vnd 25 predigt daſz Euangelion vom reich Gottes, vnd ſprach: Die zeit iſt erfüllet, vnd das reich Gottes iſt herbei kommen: beſſert euch, vnd glaubet dem Euangelio.
Do er aber am Galileiſchen meer gieng, ſahe er Simon vnd Andream ſeinen bruder, daſz ſie jre netz inns meer wurffen, dann ſie waren fiſcher. 30 Vnd Jeſus ſprach zu jnen: Volget mir nach, ich wil euch zu menſchen fiſchern machen. Alſzbald verlieſſen ſie jre netz, vnnd volgten jm nach.
Vnd do er von dannen eyn wenig fürbaſz gieng, ſahe er Jacoben den ſun Zebedei, vnnd Johannem ſeinen bruder, daſz ſie jre netz imm ſchiff zuſamen legten, vnd bald rieff er jn. Vnnd ſie lieſſen jren vatter 35 Zebedeon imm ſchiff mit den taglönern, vnd volgten jm nach.
Vnd ſie giengen gen Capernaum, vnd bald an den ſabbathen gieng er inn die ſchulen vnd leret. Vnd ſie entſatzten ſich über ſeiner lere, dann er leret gewaltigklich vnd nit wie die ſchrifftgelerten.
Vnd es war inn jren ſchulen eyn menſch beſeſſen mit eym vnſaubern 40 geyſt, der ſchrey vnd ſprach: Halt, was haben wir mit dir zuſchaffen, Jeſu von Nazareth? du biſt komen vns zu verderben: ich weiſz daſz du der heylig Gottes biſt. Vnnd Jeſus betrauwet jn vnnd ſprach: Verſtumm vnd far auſz von jm. Vnd der vnſauber geyſt reyſz jn, vnd ſchrey laut, vnd fur auſz von jm. Vnd ſie erzitterten alle, alſo, daſz ſie vnder eyn 45 ander ſich befragten vnd ſprachen: Was iſt daſz? was iſt das für eyn newe lere? Er gebeut mit gewalt den vnſaubern geyſten, vnd ſie gehorchen jm. Vnd ſein gerücht erſchall bald vmbher inn die grentz Galilee.

50 Vnd fie giengen aufz der ichulen. vnd kamen bald inns haufz
Simonis. vnd Andreas mit Jacoben vnd Johanne. Vnd die fchwiger
Simonis lag. vnd hatt dafz fieber. vnd alfzbald fagten fie jm von jr. Vnnd
er tratt zu jr. vnd richtet fie auff. vnd hielt fie bei der hant vnd dafz
fieber verliefz fie alfzbald. Vnd fie dient jnen.
55 Am abent aber, do die fonn vndergangen war. brachten fie zu jm
allerley krancken vnd befefzne. vnd die gantze ftatt verfamlet fich vor
der thür. Vnnd er halff vil krancken. mit mancherley feuchten beladen.
vnd treyb vil teufel aufz. vnd liefz die teufel uit reden. dann fie kanten jn.
60 Vnd des morgens vor tag ftund er vff, vnd gieng hin aufz: Vnd
Jefus gieng inn eyn wüfte ftatt. vnd bettet da felbs. Vnd Petrus mit
denen die mit jm waren. eilten jm nach. Vnd do fie jn funden fprachen fie zu jm: Jeder man fucht dich. Vnd er fprach zu jnen: Lafzt
vns inn die nechften ftett gehn. dafz ich da elbs auch predige. dann
65 darzu bin ich kommen. Vnd er predigt inn jren fchulen inn gantz Galilea. vnd treyb die teuffel aufz.
Vnd es kam zu jm eyn auffetziger, der batt jn. vnd knüt vor jm
uider vnd fprach zu jm. Wiltu, fo kanftu mich wol reynigen? Vnd es
jamert Jefum, vnd reckt die handt aufz, vnd rüret jn an. vnd fprach·
70 Ich wils thun. fei gereynigt. Vnd als er fo fprach, gieng von jm
alfz bald der auffatz. vnd ward reyn. Vnd Jefus betrawet jn, vnd treyb
jn alfzbald von jm. vnd fprach zu jm: Sihe zu. dafz du niemandts
nichts fageft, fonder geh hin, vnd zeyg dich dem priefter, vnd opfer
für dein reynigung, was Mofes gebotten hat. zum zeugnufz über fie.
75 Er aber, do er hinauff kam, hub er an aufzzubringen vnd rüchtbar zumachen die gefchicht, alfo dafz er hinfür nit mer kund offentlich inn
die ftatt gehn fonder er war hauffen inn den wüften örtern, vnnd fie
kamen zu jm von allen enden.

16.

A Nfang des Euangelions Jefu Chrifti, des fons Gottes. als gefchriben
ftehet in dem propheten Efaia, Sihe, ich fende meynen Engel
vor dir her. der do bereytte deynen weg vor dir. Eyn ftimme eynes
rufienden ynn der wüfte, bereyttet den weg des herren, macht richtig
5 feine fteyge.
Joannes der war in der wüften. tauffet vnd prediget von der taufie
der buffze zur vergebung der funden. Vnd es gieng zu ym hynaufz,
das gantz Judifch land, vnd alle die von Jerufalem, vnd lieffen fich
von yhm tauffen in dem Jordan vnd beychteten yhre funde.
10 Joannes aber war bekleydet mit kamcel haren, vnnd ein ryeme von
eim felle vmb feyne lenden. vnd affz hewfchrecken vnd wild honig.
vnd predigt vnd fprach. Es kompt eyner nach mir. der ift ftercker
denn ich. dem ich nit gnugfam bin, das ich mich für yhm bücke,
vnd die ryemen feyner fchuch aufflöfe, ich teuffe euch im waffer. aber
15 er wirt euch teuffen in dem heyligen geyft.
Vnd es begab fich zur felbigen zeyt, das Jefus kam von Nazareth
aufz Gallilea vnd warde geteufft von Johanne im Jordan. vnd als bald
fteyg er aufz dem waffer. vnd fahe das fich die hymel auff thatten
vnd den heyligen geyft gleych wie ein taube auff yhn herab fteygen

vnd bleyben, Vnd da ward gehort eyn ſtymme vom hymel. du biſt 20
meyn lieber ſon, an dir hab ich eyn wolgefallen.

Vnd bald treyb yhn der geyſt, ynn die wüſte hinaufz, vnnd war
alda in der wüſte viertzig tage vnd viertzig neechte, vnd wardt verſucht
von dem ſathanas, vnd wonet bey den thieren, vnd die Engel dieneten yhm.   25

Nach dem aber Johannes vberantwurt war, kam Jheſus in Gallilea.
vnd prediget das Euangelium vom reych Gottes. vnd ſprach, Die zeyt
iſt erfullet, vnd das reych Gottes nahet ſich, thuet bus vnd gleubt
dem Euangelio.

Vnd als er an dem Gallileiſchen meer fur gieng, ſahe er Simon 30
vnd Andreas ſeynen bruder, das ſie yhre netz ins meer worffen, denn
ſie waren fiſcher, vnd Jeſus ſprach zu yhn, folgt mir nach, ich will euch
machen zu fiſcher der menſchen, Vnd als bald verlieſſen ſie yhre netze,
vnd volgten yhm nach.

Vnd da er von dannen ein wenig furbas gieng, ſahe er Jacoben 35
den ſon Zebedei vnnd Joannem ſeynen bruder, wölche auch yhre netze
im ſchiff zuſamen legten. vnd als bald rieſſt er yhn, vnd ſie lieſſen
yhren vater Zebedeon im ſchiff, mit den taglönern, vnd volgten
yhm nach.

Vnd ſie giengen eyn gen Capharnaum, vnnd bald an den Sabbaten. 40
gieng er in die ſchulen, vnnd lerete, vnd ſie entſatzten ſich vber ſeyner
lere. denn er lerete ſie als einer der do gewalt hat, vnnd nicht wie
die ſchriffter.

Vnd es war in yhrer ſchulen ein menſch beſeſſen mit einem vnſawbern geyſt, der ſchrey vnd ſprach, was haben wir mit dir, Jeſu 45
von Nazareth? biſtu komen vns zu verderben? ich weys, das du der
heylige gottis biſt. vnd Jeſus bedrawete yhn vnd ſprach, verſtumme.
vnd fare aufz von diſem menſchen, Vnnd der vnſawber geyſt reys yhn,
vnd ſchrey laut. vnd fur aufz von ym, vnd ſie verwunderten ſich alle.
alſo, das ſie vndereynander ſich befragten, vnd ſprachen, was iſt doch 50
das? was iſt dis für ein newe lere? Er gepewt mit gewalt den vnſawberen geyſten, vnnd ſie gehorchen yhm, Vnd ſeyn gerücht erſchall
als bald durch das gantz Gallileiſch land.

Vnd ſo bald giengen ſie aus der ſchulen, vnd kamen in das haus
Simonis vnd Andree, mit Jacoben vnd Joanne, vnd die ſchwiger Si- 55
mons lag vnd hatte das fieber, vnd als bald ſagten ſie yhm von yhr,
vnd er trat zu yhr, vnd richtet ſie auff, vnd hielt ſie bey der hand.
vnd das fieber verlies ſie als bald, vnd ſie dienet yhn.

Am abent aber, da die ſonne vndergangen war, brachten ſie zu
yhm alle die do kranck vnd beſeſſen waren, vnd die gantze ſtatt ver- 60
ſamlet ſich für der thür, vnd er halff vielen krancken mit mancherley
ſeuchen beladen, vnnd treyb viel teuffel aus, vnnd lies ſie nit reden,
denn ſie kenneten yhn.

Vnd des morgens frue, ſtund er auff, vnd gieng hinaus, in ein wüſte
ſtette. vnd bettet da ſelbs, vnd Petrus eylet yhn nach, ſampt denen, 65
die mit yhm waren, vnd da ſie yhn funden, ſprachen ſie zu ym, yderman ſucht dich, vnd er ſprach zu yhn, laſt vns in die nechſten flecken
vnd ſtette gehen, das ich daſelbs auch predige, denn datzu bin ich
komen. vnd er predigte in yhren ſchulen, ynn gantz Gallilea, vnd treyb
die teuffel aus.   70

Vnd es kam zu yhm ein auffetziger, der bat yhn vnd knyet für
yhn vnd fprach zu yhm, wilt du. fo kanftu mich reynigen, vnnd Jefus
erbarmet fich feyn, Vnd recket die hand aus, rüret yhn an, vnd fprach,
ich wils thun, fey gereynigt, vnd als er fo fprach, gieng von yhm
75 als bald der aufzfatz, vnd wardt reyn, vnd Jefus bedrawet yhn, vnd
tribe yhn als bald von fich, vnd fprach zu yhm, Sihe zu, das du das nyemant fagift, fonder gehe hyn, vnd zeyge dich dem öberften priefter,
vnd opfere für deyn reynigung, was Mofes gepotten hat yhnen zum
zeugnis, Er aber gieng aus vnd hub an zu fagen vnd riichtbar machen
80 die gefchicht, alfo, das Jefus hyn furt nit mehr kund offenlich ynn die
ftatt gehen, fonder er war hauffen ynn den wüften örtern, vnnd fie kamen
zu yhm von allen enden.

17.

ANfang des Euangelions Jhefu Chrifti des fons Gottis als gefchrieben
ftehet jn den propheten Efaia, merckt auff Ich fende meinen Engel
vor deinem angeficht, der do bereiten wirt deinen weg vor dir. Eyn
ftimme des ruffenden jnn der wüfte, bereitteth den weg des Herren,
5 macht geftrack feyne fufzpfadt.

Johannes was jn der wüften, tauffet vnd prediget den tauff der buffe,
jn vergebung der funden. Vnnd es gieng tzu jhm hinaufz, das gantz
Judifch land, vnd alle Jherofolimiten, vnd lieffen fich von jhm tauffen
jn dem Jordan, vnnd beichteten jhre funde.
10 Johannes aber war bekleidet mith kameel haren, vnd ein ryeme
von eym felle vmb feine lenden, vnd afz hewfchrecken vnd wild honig.
vnnd predigt vnd fprach, es kompt einer nach mir, der jft ftercker den
jch, dem jch nicht genugfam bin, das jch mich für jhm bücke, vnd
die ryemen feiner fchuch aufflöfe, jch tewffe euch jm waffer, aber er
15 wirt euch tewffen jn dem heiligen geift.

Vnnd es begab fich tzur felbigen zeit, das Jhefus kam von Nazareth
aufz Galilea, vnd warde geteufft von Johanne jm Jordan, vnnd als bald
fteyg er aufz dem waffer, vnd fahe die hymmel auff gethan, vnd den
heiligen geift gleich wie ein taube auff jhn herab fteigen, vnd jn jhm
20 bleyben. Vnd da gefchach eyn ftymme vom hymmel, du bift mein
lieber Sohn, jn dir hab jch wolgefallen.

Vnd bald treib jhn der geift, jn die wüfte hinaufz, vnd war alda
jn der wüfte viertzig tage vnd viertzig nachte, vnd wart verfucht von
dem Sathanas, vnd wonet bey den thieren, vnd die Engel dieneten jhm.
25 Nach dem aber Johannes vberantwurt war, kam Jhefus jn Gallilea,
vnd prediget das Euangelium des reich Gottis, vnd fprach. Die weil
die zeit erfullet, vnd das reich Gottis nachet jft, So thüt bufz vnd glewbt
dem Euangelio.

Vnd als er an dem Galileifchen meer für g eng, fahe er Simon vnd
30 Andreas feinen bruder, das fie jhre netz jns meer worffen (den fie waren
fifcher) vnnd Jhefus fprach zu jhn. folgt mir nach, jch wil euch machen
tzu fifcher der menfchen. Vnd als bald verlieffen fie jhre netze, vnd
volgten jhm nach.

Vnd da er von dannen ein wenig fur bas gieng, fahe er Jacoben
35 den fon Zebedei, vnnd Johannen feinen bruder, welche auch jhre netz

jm fchiff tzufamen legten, vnd als bald riefft er fie, vnd fie lieffen jhren vatter Zebedeon jm fchiff, mit den taglönern, vnd volgten jhm nach.

Vnd fie giengen ein gen Capharnaum, vnd bald an dem fabbaten, gieng er jn die fchulen vnd lerete, vnd fie entfatzten fich vber feiner 40 lehre, den er lerete fie als einer der do gewalth hat, vnd nicht wie die fchrifftgelerten.

Vnd es war jn jhrer fchulen ein menfch befeffen mit einem vnreinen geift, der fchrei vnd fprach, was haben wir mit dir Jhefu von Nazareth? biftu kommen vns zu verderben? jch weys, das du der heilige Gottis 45 bift, vnd Jhefus bedrawete jhn, vnd fprach, verftumme, vnd fare aufz von diefem menfchen. Vnd der vnreiner geift reys jhn, vnd fchrey lauth, vnd vor aufz von jhm, vnnd fie verwunderten fich alle, alfo, das fie vndereinander fich befragten, vnd fprachen, was jft doch das? was jft dis vor ein newe lere? Er gepewt mit gewalt den vnreinen geiften, 50 vnd fie gehorchen jhm. Vnnd fein gerücht erfchal als bald durch das gantz Galileifch landt.

Vnd fo bald giengen fie aufz der fchulen vnd kamen jn das haus Simonis vnd Andree, mit Jacoben vnd Johanne, vnd die fchwiger Simons lag vnnd hatte das fieber, vnd als bald fagten fie jhm von jhr, 55 vnd er trat zu jhr vnd richtet fie auff, vnd hielt fie bey der hand, vnd das fieber verliefz fie als bald, vnd fie dienet jhn.

Am abent aber da die fonne vndergangen war, brachten fie tzu jhm alle die do kranck vnd befeffen waren, vnd die gantze ftadt verfamlet fich für der thür vnd er halff vielen krancken mit mancherley kranck- 60 heiten beladen, vnd treib vill teuffel aufz, vnd liefz fie nicht reden, den fie kenneten jhn.

Vnnd des morgens frü, ftund er auff, vnd gieng hin aus, jn ein wüfte ftete, vnd betet da felbs, vnd Petrus eylet jhm nach, fampt denen die mit jhm waren, vnd da fie jhn funden, fprachen fie tzu jhm, jederman 65 fucht dich, vnd er fprach tzu jhn, laft vns jn die nechften flecken vnnd ftette gehen, das jch dafelbs auch predige, denn datzu bin jch kommen, vnd er predige jn jhren fchulen, jn gantz Galilea, vnd treyb die teuffel aufz.

Vnd es kam tzu jhm ein auffetziger, der bat jhn, vnd kniet fur jhn 70 vnd fprach tzu jhm, wilt du, fo kanftu mich reinigen, vnd Jhefus erbarmet fich fein, vnd recket die hand aufz, rüret jhn an, vnd fprach, jch wils thun, fey gereinigt. Vnnd als er fo fprach, gieng von jhm als bald der aufzfatz, vnd ward reyn. vnd Jhefus bedrawet jhn, vnd tribe jhn als bald von fich, vnd fprach tzu jhm. Sihe tzu das du das nie- 75 mant fagift, fonder gehe hin, vnd tzeige dich dem öberften priefter vnd opffere fur dein reinigung, was Mofes gebotten hat jhnen tzum tzeugnis. Er aber gieng aufz vnd hub an tzufagen vnd rüchtbar machen die gefchicht, alfo, das Jhefus hin furt nicht mehr kund offentlich jn die ftadt gehen, fonder er war hauffen jn den wüften örtern 80 vnd fie kamen tzu jhm von allen enden.

18.

DIfz ift der anfanng defz Euangelij von Jefu Chrifto dem fun
Gottes, als gefchriben ift in den propheten Sihe, ich fend meinen
botten vor dir här, der da bereyte deinen wäg vor dir. Es ift ein
rüffende ftimm in der wüfte, bereytend den wäg defz Herren, machend
5 feine fufzpfäd richtig.
    Joannes der was in der wüfte, vnd tauffet, vnnd prediget den tauff
der befferung zur vergebung der fünden. Vnd es gieng zu jm hinaufz
das gantz Jüdifch land, vnd die von Jerufalem vnd lieffend fich alle
von jm tauffen in dem Jordan, vnd bekanntend jre fünd.
10   Joannes aber was bekleydet mit kameel haaren, vnd mit einem
lideren gürtel vmb fein lende, vnd afz höuwfchrecken vnd wild honig,
vnd prediget, vnd fprach: Es kumpt einer nach mir, der ift ftercker
dann ich, dem ich nit gnugfam bin das ich mich vor jm bucke, vnnd
die riemen feiner fchuch auflöfe: Ich tauff euch mit dem waffer, aber
15 er wirt euch tauffen mit dem heyligen geyft.
    Vnd es begab fich zur felbigen zeit, das Jefus vfz Galilea von Na-
zareth kam, vnd liefz fich tauffen von Joanne im Jordan. Vnd von
ftundan, als Jefus aufz dem waffer gieng, do fach er das fich die
himmel aufthettend, vnd den geift gleich wie ein Tub herab fteygen auff
20 jn. Vnd da gefchach ein ftimm von himmel: Du bift mein lieber fun
in dem ich zu friden bin.
    Vnd bald treib jn der geyft in die wüfte, vnd was in der wüfte
viertzig tag, vnd ward verfucht von dem Sathan, vnnd was bey den
thieren. Vnd die engel dienetend jm.
25   Nach dem aber Joannes gefangen was, kam Jefus in Galileam, vnd
prediget das Euangelion vom reych Gottes, vnd fprach: Die zeyt ift
erfüllt, vnnd das reych Gottes ift nach herzu kommen: befferend euch,
vnd glaubend dem Euangelio.
    Do er aber an dem Galileifchen meer gieng, fach er Simon vnd
30 Andream feinen bruder, das fy jre netz ins meer wurffend, dann fy
warend fifcher. Vnnd Jefus fprach zu jnen: Volgend mir nach, ich
wil euch zu menfchen fifcheren machen. Vnd von ftundan verlieffend
fy jre netz, vnd volgtend jm nach.
    Vnd do er von dannen ein wenig fürbafz gieng, fach er Jacoben
35 den fun Zebedei, vnd Joannem feinen bruder, do fy jre netz im fchiff
zufamen butztend, vnd bald rufft er jnen. Vnnd fy lieffend jren vatter
Zebedeon im fchiff mit den taglöneren, vnd volgtend jm nach.
    Vnnd fy giengend gen Capernaum, vnd bald an den Sabbathen

18¹ *ftreicht* , *nach* euch 27.

   1 anfang   des *fo auch* 61   3 vor dir här] vor deinem angficht   bereyte] bereiten
wirt   4 Bereitend   7 befferung] bufz   8 lieffend fich . . . tauffen] wurdend . . .
taufft   10 bekleidet   Cameelhaaren   vnnd *fo auch* 11 L.,2., 19, 23 1., 25, 26. 35, 38 2..
45 3., 51 2., 59 1., 67, 73 2., *desgl.* Vnnd 22 1., 32, 34, 62 2., 72 2.   11 höuwfchräcken   13 vnd 5
fo auch 42, 47, 50, 52 1. 2., 64 1., 70 3., *desgl.* Vnd 31, 36 2., 45 2, 58, 61 1.   14 euch *fo auch*
16, 27, 32   15 wirût   heiligen *vgl zu 44*   geift *fo auch* 22, 45, geiften 44   16 felben
zeyt   auû   17 liefz fich tauffen] ward taufft   18 ftund an   19 gleych   härab 20
gefchach   27 nach herzu kommen] vorhanden   30 finen   37 in dem   taglönern

— 115 —

gieng er in die fchulen vnd leeret. Vnd fy entfatztend fich ab feiner
leer: dann er leeret gwaltigklich, vnd nit wie die gfchrifftglerten. 40
Vnnd es was in jren fchulen ein menfch befäffen mit einem vnfaubern geift, der fchrey. vnnd fprach: Ah, was habend wir mit dir zefchaffen Jefu von Nazareth? bift du kommen vns zu verderben? ich weifz
das du der Heylig Gottes bift. Vnd Jefus befchalckt jn, vnd fprach.
Verftumm, vnd far aufz von jm. Vnnd der vnfauber geyft reifz jn, vnd 45
fchrey laut, vnd fur aufz von jm. Vnnd fy erftaunetend alle, alfo, das fy
vnder einandern fich erfragtend. vnnd fprachend: Was ift das? Was
ift das für ein neüwe leer? Er gebeüt mit gewalt den vhfauberen
geyften, vnd fy find jm gehorfam. Vnnd fein guter lümbd erfchall
bald vmbher in die gegne vnnd anftöfz Galilee. 50
Vnd bald giengends aufz der fchul, vnd kamend in das haufz
Simonis vnnd Andreas, mit Jacoben vnnd Joanne. Vnd die fchwiger
Simonis lag, vnd hatt das feber, vnd von ftundan fagtend fy jm von
jr. Vnd er tratt zu jr, vnd richtet fy auf. vnd hielt fy bey der hand.
Vnd das feber verliefz fy von ftundan. Vnd fy dienet jnen. 55
Am abent aber, do die Sonn vndergangen was. brachtend fy zu jm
allerley krancken vnd befäfznen, vnd die gantz ftatt verfamlet fich vor
der thür. Vnnd er halff vil krancken mit mancherley fuchten beladen.
vnd treib vil teüfel aufz, vnd liefz die teüfel nit reden. dann fy kann-
tend jn. 60
Vnnd defz morgens vor tag ftund er auf, vnd gieng hinaufz. Vnd
Jefus gieng in ein einöde, vnd bättet dafelbft. Vnd Petrus mit denen
die mit jm warend, eyletend jm nach. Vnd do fy jn fundend, fprachend
fy zu jm· Jederman fucht dich. Vnd er fprach zu jnen: Laffend vns
in die nächften ftett gon, das ich dafelbft auch predige: dann darzu 65
bin ich kommen. Vnd er prediget in jren fchulen. im gantzen Galilea,
vnd treib die teüfel aufz.
Vnd es kam zu jm ein auffetziger, der batt jn, vnd kneüwet vor
jm, vnnd fprach zu jm: Wilt du, fo magft du mich wol reynigen. Vnd
es erbarmet Jefum, vnnd ftrackt die hand aufz, vnd rürt jn an, vnnd 70
fprach: Ich wils thun, bifz reyn. Vnd als er alfo fprach. gieng von
jm von ftundan der auffatz, vnd ward reyn. Vnd Jefus verbot jm mit
tröuwen, vnd treyb jn von ftundan von jm, vnd fprach zu jm: Sich
zu, das du nieman nichts fageft, funder gang hin. vnd zeyg dich dem
priefter, vnd opffer für dein reynigung was Mofes gebotten hat, zur 75
zeügnufz über fy. Er aber, do er hinaufz kam, hub an träffenlich aufzzeKünden und lautprecht zemachen die gefchicht, alfo. das er hinfür
nit mer kondt offenlich in die ftatt gon, funder er was da auffen in
den einödinen, dann fy kamend zu jm von allen enden.

18ᵃ fetzt , nach leer 40, ftimm 46, erbarmet 70: ftreicht , nach fchrey 42, Ach 42,
jn 45. zu 74 hat 75. kam 76.

40 gewaltigklich] mit groffem anfähen gfchrifftgeleerten 41 vnfauberen 42 Ah] Ach 44
das du der Heylig Gottes bift] wär du bift, nemlich, der heilig Gottes 45 reifz] zerreifz
5 46 laut] mit lauter ftimm erftunetend 47 einanderen 48 nüwe Er] Dann er gwalt
49 Vnnd] Aber vgl. zu 52, 69 guter lümbd] gefchrey 52 Vnd] Aber· 56 abend 57 be-
fäffnen 58 halff] machet gfund 64 Yederman 68 knüwet 69 reinigen fo euch rein 71 72,
reinigung 75 Vnd es erbarmet Jefum, vnnd ftrackt] Jefus aber als er fich erbarmet, ftrackt
er 70 vnd ?. geftr. 71 fprach zu jm thun geftr. 73 treib 74 fonder fo auch 78
10 vnd geftr. zeig 76 zügnifz 78 daauffen 79 dann] vnd fy geftr.

8*

19.

Dlfz ift der anfang des Euangeliums Jefu Chrifti des funs Gottes:
wie gefchriben ftadt in den Propheten: Sihe, ich fend meinen
botten vor deinem angficht här, der den wäg vor dir bereiten wirt.
Es ift ein rüffende ftimm in der wüfte: Bereitend den wäg des Herren:
5machend feine fufzpfad richtig.
Johannes der tauffet in der wüfte, vnd prediget den tauff der bufz
zur verzeyhung der fünden. Vnd es gieng zu jm hinaufz das gantz
Jüdifch land, vnd die von Hierufalem: vnnd wurdend all von jm getaufft in dem fiufz Jordan, vnnd bekantend jre fünd.
10 Johannes aber was bekleidet mit Camelsharen, vnd vmbgürtet mit
einem lideren gürtel vmb feine lenden, vnd afs höuwfchräcken vnd
wild honig. Vnd er prediget, vnd fprach: Es kumpt mir einer naach,
der ftercker ift dann ich: dem ich nit gnugfam bin, dafz ich mich vor
jm bucke, vnnd die riemen feiner fchuch auflöfe. Ich tauff eüch zwar
15 mit dem waffer, er aber wirt eüch tauffen mit dem heiligen geift.
Vnd es hat fich begäben zur felben zeyt, dafz Jefus kommen ift
von Nazareth aufz Galilea, vnd von Johanfen im Jordan getaufft worden.
Vnnd fo bald er aufz dem waffer hinauf geftigen, hat er gfähen, dafz
fich die himmel aufgethon, vnd der geift gleych einer tuben härab ge-
20 ftigen ift auff jn. Vnd es ift ein ftimm von himmlen kommen: Du bift
mein fürgeliebter fun, in dem ich zu friden bin.
Vnd von ftundan hat jn der geift hinaufz getriben in die wüfte.
Vnnd er was dafelbft in der wüfte viertzig tag. vnd ward verfucht vom
teüfel. Vnnd er was bey den thieren, vnd die Engel dienetend jm.
25 Nach dem aber Johannes was gefangen worden, ift Jefus in Galileam
kommen, vnd prediget das Euangelium defz reychs Gottes, vnd fprach:
Die zeyt ift erfüllet, vnd das reych Gottes ift vorhanden. Befferend
eüch, vnd glaubend dem Euangelio.
Als er aber am Galileifchen Meer wanderet, hat er Simonem gfähen,
30 vnd Andream feinen bruder, die jre netz ins Meer wurffend. Dann fy
warend fifcher. Vnd Jefus hat zu jnen gefprochen: Volgend mir nach,
vnd ich wil eüch zu menfchen fifcheren machen. Vnnd als fy von
ftundan jre netz verlaffen, find fy jm nachgeuolget.
Vnd do er ein wenig von dannen fürbafz gangen, hat er gfähen
35 Jacobum den fun Zebedei, vnd Johanfen feinen bruder: die auch im
fchiff jre netze bützetend. Vnd er hat fy von ftundan berüft. Vnd
als fy jren vatter Zebedeum verlaffen im fchiff fampt den taglöneren,
find fy jm nachgeuolget.
Vnd fy giengend hineyn gen Capernaum. Vnnd als er am Sabbat
40 in die fchul gangen, leeret er. Vnd fy entfatztend fich ab feiner leer.
Dann er leeret, als der ein anfähen hatt, vnd nit wie die gfchrifft-
gleerten.
Vnd es was in jrer fchul ein menfch befäffen mit dem vnreinen
geift, vnnd der felb hat gefchreüwen, fprächende: Ach, was habend
45 wir mit dir zefchaffen, Jefu von Nazareth? Bift du kommen vns zu verderben? Ich weifz wär du bift, namlich, der heilig Gottes. Vnnd Jefus
hat jn befchelckt, vnd gefprochen: Schweig ftill, vnd far von dem
menfchen hinaufz. Vnnd als der vnrein geift jn geriffen, vnd mit lauter

ſtimm geſchreüwen, iſt er von jm aufzgefaren. Vnnd ſy ſind all erſtaunet, alſo, dafz ſy ſich vnder einanderen befragtend, vnd ſprachend: 50 Was iſt das? Was iſt dz für ein neüwe leer? Dann er gebeüt mit gwalt den vnreinen geiſten, vnd ſy ſind jm gehorſam? Aber ſein geſchrey erſchall bald vmbhär in die gantz vmbligend landſchafft Galilee.

Vnd wie bald ſy aufz der ſchul gangen, ſind ſy in des Simons vnd Andreas haufz kommen mit Jacoben vnd Johanſen. Aber des Simons 55 ſchwiger lag, vnd hatt das feber, vnd ſy ſagtend jm von ſtund an von jren. Vnnd als er hinzuträtten, hat er jr hand ergriffen vnd ſy aufgericht. Vnd das fieber hat ſy von ſtundan verlaſſen. Vnd ſy dienet jnen.

Am abendt aber, als die Sonn was vndergangen, brachtend ſy zu 60 jm alle die kranck vnd von den teüflen beſäſſen warend. Vnd die gantz ſtatt was verſamlet vor der thür. Vnd er hat vil gſund gemachet, die mit mancherley kranckheiten beladen warend, vnd er treib vil teüfel aufz, vnd liefz die teüfel nit reden, darumb dafz ſy jn kantend.

Vnd als er am morgen do es noch ſeer nacht was, aufgeſtanden, iſt 65 er hinaufz gangen. Vnnd Jeſus iſt gangen in ein einöde, vnd bättet daſelbſt. Vnnd Simon hat jm nachgeylet ſampt denen die bey jm warend. Vnnd als ſy jn fundend, ſprachend ſy zu jm: Es ſucht dich yederman. Vnd er ſprach zu jnen: Laſſend vns in die nächſten fläcken gon, auff dafz ich auch da ſelbſt predige. Dann darumm bin ich aufzgangen. 70 Vnd ich prediget in jren ſchulen durch das gantz Galileam, vnd treib die teüfel aufz.

Vnd es iſt ein aufzſetziger zu jm kommen, der bat jn, vnd kneüwet vor jm, vnd ſprach zu jm: Wenn du wilt, ſo magſt du mich reinigen. Als aber Jeſus ſich ſeinen erbarmet, hat er ſein hand aufzgeſtreckt vnd 75 jn angerürt, vnd zu jm gſprochen: Ich wils, bifz rein. Vnnd ſo bald ers geredt, iſt der aufzſatz von ſtundan von jm gewichen, vnd iſt gereiniget worden. Vnnd nach dem er jm getröuwet, hat er jn als bald von jm triben, vnd zu jm geſagt: Sich, dafz du niemant nichts ſagiſt. Sonder gang hin, erzeig dich dem prieſter, vnd opffer für dein reinigung 80 was Moſes gebotten hat, jnen zur zeügnuſz. Er aber, ſo bald er hinaufz kommen, hat er angefangen träffenlich aufzzekünden, vnd diſes lutprecht gemacht: alſo, dafz Jeſus fürohin nit mer kondt offentlich in die ſtatt gon. Sonder er was vorauſſen an den einödinen, vnd man kam zu jm von allen enden. 85

Abweichungen des Wortschatzes in den vier Evangelien,

Verhältnis der September-, beziehungsw. der Dezemberbibel *)
zu den Nachdrucken 1—12. **)

als bald:	von ftund an 10.	aufferfteen:	aufferftentnus 10.
anbifz:	ze effen 10.	aufferfteung:	aufferftentnus 10.
anys:	dillen 10.	aufgehaben:	verworffen 10.
anfchnauben:	anfchnawen 1, 2, 8,	auffrucken:	auffrupfen 2, 5, 5ᵃ.
	anfchnellen 10. [12.		verwyffen 10.
antzihen:	anlegen 7, 10.	aufffetze:	fatzungen 10.
	an tragen 2.		fatzungen vnd angeben 10.
arge:	böfe 10.	ausbreyten:	ausfpraiten 10.
auffer:	auff her 10.	ausrichten:	fchaffen 10.

---

*) Die Dezemberbibel zeigt im Wortschatze manche Abweichungen von der Septemberbibel, die meisten im Matthaeus; so hat sie z. B. fplitter, gefpenft für fpreyffe, fpugnifz der Septemberbibel, welche selbst in den späteren Teilen nur fplitter, gefpenft hat.

**) Nur 3 hat im Texte keinerlei Veränderung des Lutheschen Wortbestandes, sie gibt am Rande das ihr geläufigere Wort mit vorausgehendem 'oder.' Sie enthält folgende Glossen zu den im folgenden vorangestellten Ausdrücken Luthers:

thet yhm aus:	verlyhe yhn	gefchmuckt:	getziert
befchickten:	begruben	fchos:	fchatzung
fetzten fie eyn:	legten fie yns gefenknis	fench:	fucht
erdbeben:	erdbidem	feuchen:	fuchten
feyle:	funde	feuch:	fiechen
fulets:	befunde	fteupten:	fchlugen
geruecht:	gefchrey	topffers:	hafners
helfft:	halb tail	vbertunchte:	geweyfte
	dz halb	vfer:	gftad
heuchler:	gleyfzner	vertrucket:	ward trucken
hugel:	bihel	wurtzen:	faltzen
lippen:	lefftzen		

Unberücksichtigt sind in demVerzeichnisse die Abweichungenhinsichtlich des Geschlechtes der Hauptwörter geblieben. Von Luthers Gebrauch weichen besonders ab 2, 7, 10, sie haben die Wörter auf -nis, welche Luther als Neutra gebraucht, als Feminina, z. B. die begrebnis, die gedechtnis, die gefengknis, die finfternis, die -erdamnis, die verfendnis, die zeugnis. Ausserdem sind noch folgende Abweichungen von Luthers Gebrauch, der im folgenden wieder an erster Stelle verzeichnet ist, anzugeben:

die koft:	den koften 10.	der fcholz:	die fcholz 1, 2, 5ᵃ, 7. 8, 9, 10, 12.
der ort:	das ort 6, 8, 10, 12.	die taufte:	der tauff 1, 8, 10, 12.
der fand:	das fand 10.	das tocht:	der tacht 10.

auffer. auffert 10.
    aufzher 11.
aus thun: aufz leyhen 10.
    verleyhen 10.
    aufz verlyhen 2.

ynn ban thun: aufz der verfamlung
    aufzfchliefzen,fchlie-
    fzen, werffen 10.
bange: angft 7, 8, 10, 12.
    trange 2.
bedrawen: befchalcken 10. [10.
    befchalcken mit tröuwen
    gebot einlegen mit tröwen
    10.
    verbieten mit trowen 10.
befragen: erfragen 10.
behafft: erlammbt 10.
behalten: acht nemen 10.
beyfpiel: vorbild 10.
belegen: belegern 10, 11, 11ᵃ.
beruchtiget: verkimbdet 10.
beruffen: ruffen 4.
befchlieffen: fahen 10.
befonders: in gehaim 10.
    neben fich 10.
beftricken: griffen 10.
befuchen: fuchen 7, 8. 12.
beutel: feckel 10.
bewaren: behalten 10.
blappern: klappern 10.
blitz: blitzg, blitzger 10.
blitzen: blitzgen 10.
borgen: auff bydlt entlehen 10.
braufen: raufchen 10.
brechen: zerbrechen 10.
breyten: fpreyten 1,8,9,10,12.
brocken: flucken, ftuckly, ftücklinen
    [10.
centner: pfunt 4.

darbe: dorfftigkeit 5, 5ᵃ.
    gebrech garbey 2.
    mangel 10.
    nothdurft vnd mangel 10.
darben: manglen, mangel haben 10.
deuten: bedeuten 2, 10. [11, 12.
drauffen: dauffen 1, 5ᵇ, 7, 8, 9,10,
durchfawern: fawer werden 10.
durchwandeln: durchwandern 4, 7.

eyndencken: gedencken 2. '12ᵃ.
    eingedenck 7, 10 11.
emporen: erheben 2, 4, 10.
emporungen: auffruren 4.
entruflet: vnwillig 4.
entfetzt: erfchreckt 10.
erbeben: erbidmen 5ᵃ, 6, 7, 10.
    erpiden 5.
    erweben 11.
erbey: herzu 7, 10.
erbey komen: nahen 10.
erbfchichter: erbfchider 7.
    erbtailer 10.
erdbeben: erbeben 1, 8. [12.
    erdbidem 2,4,5ᵃ.6,7.8.10,
    erdbidmen 7.
    erdbiden 5, 9, 11.
    erdweben 11.
    erdbebung 9.
erdbebung: erdbedung 8.
    erdbidung 2, 5. 5ᵃ.
    erdbidmung 2, 5ᵇ. 7.
    erdbidemb 7.
    erdbidem 10.
    erdbidmen 6.
erdurch: hindurch 7, 10.
ergerlich: ein hindernis 10.
erhafchen: erwüfchen 10.
erkunden: erkündigen 7, 10.
erlaffen: ablaffen 10.
erlernen: erkunnen 10.
erndte: erntne 4.
ernydder: herab 7, 10.
ernydrigen: ernidern 1, 7, 8. 9. 10,
erquicken: ruw geben 10. [12.
erregen: bewegen 10.
    empören 10.
    zwyträchtig machen 10.
erfeuffen: ertrencken 1, 5, 5ᵃ, 6.
    7, 8. 10, 12.
erfticken: erflecken 1, 2. 5. 5ᵃ, 7,
    8, 9, 10, 11, 11ᵃ. 12.
etwa: etwan 10.
far: gfar 7, 10.
feyle*): irrfal 10.
    miffetat 2, 4, 6, 7, 10, 11.
    übertretung 4.

*) nicht laffen eyne feyl bitte thun: nicht betruben, oder die bet verfagen 4.

feld wegs: mannesiauff 10.
ferber: walcker 10.
feſſeln: fuſzbanden 10.
fuſzeiſen 10.
gefäſſeln 7.
finden: erfinden 10.
fingerreyf: ring 10.
flicken: flecken 7, 10.
beſſern 10.
fluchen: befchalcken 10.
foddern zuſamen: beruffen zu-
forſchen: fragen 10. [ſamen 10.
fort: fürbaſz 2, 10.
fürhin 10.
fürtan 7.
fürter 7.
hinfür 10.
fragen: achten 10.
freyen: zu der Ee greifen 10.
zu der Ee nemen 10.
nemen 10.
mannen 10. [laſſen 10.
ſich freyen laſſen: zu der Ee nemen
zu der Ee genom-
men werden 10.
weiben 10.
fulen: entpfinden 10.
greyffen 10.
furchtig: forchtſam 10.
ſurt: fürbaſſer 2.
fürhin 10.
weytter 10.
fur vber: fürhin 10.

geben: mittaylen 10.
gepot: befelch 10.
geprechen: gebreſten 10.
gefeſz: gefchirr 10.
gegend: gegne 2, 8, 10.
gehorchen: gehörig fein 10.
gemeyne: gemaynd 10.
kyrche 4.
gemumel: gemurmel 4.
gericht: entfchaydigung 10.
geruch: gefchmack 10.
gerucht: gefchray 10.
leümbd 10.
guter lümbd 10.

getreyde: frucht 10.
getumel: tumel 1. 8, 12.
auffrur 10.
geweſſer: waſſer 10.
gewiſz: in gwarſam 10.
gezeug: zeug 7.
gefchirr 10. [troffen 10.*)
gichtbruchig: den der fchlag hat ge-
glewbend: glauben 1, 3.
glaubig 2.
glentzen: gleiſſen 7.
glenzend: glantzet 11, 11ᵃ.
glumend: glüend 6, 7, 8, 10.
giüwend 5ᵃ.
riechende 2.
gras: wife 10.
greyffen: begreiffen 1, 2, 8. 12.
an greiffen 10.
fahen 10.
grentze: grenitz 7, 11.
gegne 2, 10.
arſtoſz 10.
gegne vnd anſtofz 10.
arſtofz der gegne 10.
arſtoſzende gegne 10.
anſtofzendes land 10.
anſtofzende landmarke 10.
groſſchen: pfennig 6.
gurtel: butel 2.

halle: fchopf 8, 10, 12.
halten: acht haben 10.
mit gwalt hinfüren 10.
hanenfchrey: hanengefchray 7, 10.
hart: hefftig 10.
hafchen: erhafchen 7.
nemen 5. 5ᵃ.
erwüfchen 10.
hauchen: fufen 2.
thofen 10.
zu haus: daheym 10.
hauſſen: herauſſen 5, 5ᵃ.
heyltum: heyligtum 2.
heym fuchen: heymbefuchen 4.
helft: das halb 2, 6, 10.
die halbe 11
das halb tail 7.
der halbe tail 10.

---

*) Ein Froſchowerſcher Nachdruck in 16ᵉ dieſer Augsburger Ausgabe, in Görlitz 15. A. II,
dem leider das Titelblatt fehlt, hat Marc. 2 berlinſüchtig und härlinſiech, 13 hat pärliſiech,
13ᵃ den der tropff gefchlagen hat und tropſichlegig. 19 nur troſiſchlegig.

heucheley : heuchelcrey 1, 2. 5, 5ª,
6. 7, 8, 11, 11ª, 12.
gleichfnerey 10.
falfch 10.
heuchler : gleychfner 10.
fchmeychler 2.
hinder mich : hinder fich 10.
hindern : verfchlagen 10.
hinfurt : hinfür 10.
hinfüro 7.
hinfürter 7.
hin vndem : hin vnder 2.
hinab 7, 8, 10, 12.
hirfchen : beherfchen die völcker 10.
holdfelige : begnadete 10.
honen : fchmehen vnd befchalcken 10.
fchmehen 10.
horen : gehören 2.
hugel : bühel 2, 6, 7, 8, 10, 12.
gypffel 2, 8, 12.
hupfen : fpringen in freuden 10.
hurerey : ehebruch 4.
hur : gemeyne dirne 4.
hurtte : herdte 5, 5ª, 7.
hyrte 8, 12.

es iameret : es bekümmert 10.
es erbarmet 10.
ymant : etwär 10.
yrgent eyne : ain yetliche klayne 10.

kellter : kalter 4.
kaltern 11, 11ª.
trotten 10.
kennen : bekennen 10.
der kilch : das tranck 10.
kymel : kümich 7, 10.
kirchweyh : tempelweyhe 10.
klaydung : beklaydung 7.
klufft : hüli 10.
klug : weyfz 10.
knyrffen : knürfen 5, 5ª.
knirfchen 8, 12.
knirtzen 7.
kirren 10.
koften : verfuchen 10.
kot : kat 7, 10.
kreyfz : vmbkrayfz 10.
kuchlin : hünlein 2, 5ª, 6, 11, 11ª.
hienlin 8, 12.
iungen 7, 10.

kucken : lugen 10.
fehen 9.
kunnen : mugen 10.

lampen : ampellen 2, 7, 10.
liechter 10.
land : acker 10.
lappen : fleck, flecken 7, 10
laftbar : underjöchig 10.
laurer : fpäher 10.
leyten : füren 6, 7, 10.
leyter : ftirer 6, 7, 10.
lencken : keren 10.
lenge : glydmafz 10.
lermen : auffrur 4.
ligen : in ligen 2.
lilien : gylgen 10. [10, 12.
lippen : lefftzen 2, 5, 5ª, 6, 7. 8. 9,
lepfzen 9, lebffen 11.
los : ledig 2, 10.
frey ledig 10.

drey mal : drei ftet 10.
malen : zaigen 10.
marckt : fläcken, flecken 10.
menlin : mendlein 11, 11ª.
kneblin 10.
miedling : gedingeter knecht 10.
lonknecht 10.
mieten : beftellen 7.
dingen 10.
mond : monat 1, 2, 5, 5ª, 6, 7, 8, 9.
morgene : mornig 6. [10, 11, 11ª, 12.
mornderig 10.
motten : matten 4, 5, 5ª, 9. 11.
mutten 1, 8, 12.
fchaben 2, 7, 9, 10.
muhefelig : müde 4.
arbaytend 10. [11, 11ª.
(fchwertes) mund : fcherpfe 9, 10,
die mutter brechen : geboren werden
[10.
nachtwache : nachtwacht 10.
nahen : nachnen 7.
neft : hünlin 10.
new : rauh 10.
ungewalckt 10.
mit nichte : mit kaynerlay 10.
mit nichten : gar nit 10.
zu nicht : niendart 10.
nydder : herab 10.

nydder: vnder fich 10. [11, 11ᵃ, 12.
nydrigen: nidern 1, 2, 6, 7, 8, 10,
die nydrigen: die nidern 7.
nydrickeyt: nyderkeyt 4, 5ᵃ, 7, 10,
nyrgernd: nyenand 10.   [12.

ole: öly 2.
on: dann 2.
ottergezichte: nattergezuchte 7, 10.

pallatz: pallaft 9, 11, 11ᵃ.
         hof 10.
         fal 10.
pflafter: ziegel 10.
pflegen: radt thun 10.
preyfen: loben 2.

qual: peyn 7, 10.
      grimen 10.
quelen: peynigen 7, 10.

raben: rappen 1, 2, 7, 10.
raum: platz 10.
      platz oder flat 10.
      weil 10.
reb: rebfchofz 10.
     fchos 10.
rechen: rechnen 4, 5, 5ᵃ, 7, 10.
rechte: gerechte 9, 10, 11, 11ᵃ.
rechtfchaffne: rechtgfchaffne 10.
regen: anregen 7.
reychen: herbringen 10.
rifz: loch 10.
richtbar: lautprecht 10.
          leutprechen 10.
ruchtig: lautprecht 10.
fail ruchtig: verrumpt 10.
ruffen: beruffen 10.
rugen: ze fchanden bringen 10.
runtzen: rümpfen 10.
ruftag: tag der zubereyttung 4.

fach: vrfach 10.
fafft: feuchti 10.
fampt: mit 10.
fawerteig: hebel 10.
fchaffen: abfertigen 10.
fcheel: fchelch 5, 5ᵃ, 7, 9, 10, 11.
fcheffel: mefs 10.
          viertail, fiertel 10.
f. fchemen: f. befchemmen 2, 10.

fcherpff: örtlin 10.
fcherfflin: häller 10.
fchetzen: befchetzen 10.
fchewen: fürchten 10.
fchicht: rotte 10.
fchierft: beldeft 10.
fchlachten: fchlagen 1, 2, 6, 10, 11.
fchleffrig: zubefchloffen 10.   [12.
fchmecken: verfuchen 10.
fchmiren: beftreichen 10.
fchmucken: tzieren 10.
           ruften 10.
fchnauben vgl. anfchnauben.
fchnur: funfzfraw 2, 7, 8, 10, 12.
fchos: fchatzung 10.
       fchatzpfennig 10.
       zins 2, 7, 8, 9, 11, 12.
fchrecken: erfchreckung 4.
fchrifft: gefchrifft 1, 2, 5, 5ᵃ, 8, 9,
          10, 11, 12. [5, 5ᵃ, 10.
fchrifftgelerten: gefchrifftgelerten 2,
gefchucht: befchucht 9, 11.
fchuldiger: fchuldner 10.
fchule: verfamlung 10.
        famlung 10.   [den 10.
f. fchuttern: in jm felbs betrübt wer-
fchweren: gefchweren 2, 10, 12.
          gefchwer 7, 10.
fchwetzen: reden 10.
feeman: faer 10.
feer: vaft 10.
fegen: lob 10.
fehen: gefehen 1, 7, 8, 10, 12.
feim: fenff 10.
      waben 2.
feuche: feuchte 1, 2, 6, 8, 9, 11.
        fucht 7, 8, 9, 10.
        fücht 1, 2, 5ᵃ, 6, 7, 12.
        kranckheit 10.
feuchte: füchte 2, 6.
         feuch 9, 11.
         kranckheit 10.
feugling: faugendes kind 10.
fichten: fieben 4.   [10.
         reutern 7, 9, 11, (reyteren)
findflut: finctflufz 1, 2, 6, 8, 9, 11, 11ᵃ.
          fündfluss 5, 5ᵃ, 7, 10, 12.
yhenfit: jhenhalb 5, 5ᵃ, 7, 8, 12.
         yhenat 10.
fperling: fpare 10.
          fpatz 1, 7.

splitter: spelte 5, 5ᵃ, 7.
   spilter 2.
   spreiſſe 6, 8, 10, 12.
   spreyſſel 9, 11.   [12.
sprew: sprewer 2, 5ᵃ, 6, 7, 8, 10,
sputzen: speutzen 2.
   spürtzen 7, 9, 11, 11ᵃ, 12.
   spewen 10.
   speyen 10.
ſteyg: fuſzpfad 10.
   fuſzſteig 10.
   . fuſzwäg 10.
ſteynern: ſtaine 10, 12.
   ſtainin, ſtainen 7, 8.
ſteynigen: verſtaynigen 10.
ſtopffen: verſtopffen 10.
ſtrom: waſſerſtrom 10.
ſteupen: ſchlagen 2 (ſchlagen ſteu-
                       pen), 8, 10, 12.
   geyſſeln 5ᵃ.
ſtehén: ſtellen 7, 10.
                       [10, 11, 12.
tauchen: tuncken 1, 2. 5, 5ᵃ, 6, 8,
es taug: es iſt zimlich 10.
   es zimpt 10.
der teych: die wetty, wethy 10.
teuſchen: betriegen 2. 8. 10. 12.
thaddeln: ſtrafbar machen 10.
thum werden: fein räſſi verlieren 10.
thun: ſtecken 7.
   an thun 9.
thurſt, thurſten: dorſft, dorfften 1,
             4, 6, 8, 10, 11, 11ᵃ, 12.
thurſt: bedarf 2.
   dorſte 5, 5ᵃ.
tocht: tacht 4, 6, 7, 10, 11, 12.
topffer: haffner 1, 2, 5ᵗ, 6, 7, 8,
             9, 10, 11, 12.
trawen: getrawen 5ᵃ.
   vertrawen 2, 10.
trene: treher, träher 5, 5ᵃ, 7,
   zeher 10. [9, 10, 11, 11ᵃ.
treglicher: geringer 10.
   leydlicher 10.
treten mit füſſen: die verſen aufi-
                       lupffen 10.
trieſtern: kleyen 10.
trocken, trucken: trocknen, trücknen
             1, 2, 5, 5ᵗ, 6, 7, 8,
             10, 11, 11ᵃ, 12.
trug: betrug 2, 10.

vber: ab 7, 10.
   ob 7.   [antworten 10.
vberantworten: in gefengknus vber-
vbertuncht: vbertunckt 1, 8, 9.
   geweyſzdet 10.
vberſchrifft: vbergſchrifft 10.
vberweldigen: vbergweldigen 7, 10.
vfer: geſtad 2, 7, 10.
   ſtaden 2.
vmb: hinvmb 10.
vmbbringen: verthun 10.
   vnnützlich verthun 10.
vmbringen: vmbgeben 5, 5ᵃ, 8, 12.
   ringsweyſz ſteen vmb 10.
vnmundig: vnredend 10.
   vnverſtendig 10.
vnmuts: vnmütig 2, 6, 7, 10.
vnradt: verlüſt 10.
vnrechte: vngerechte 10.
vnthaddelig: vnklagbar 2.
   vnſträfflich 8, 10, 12.
verachten: verlachen 10.
vergeben: verzeyhen 10.
verdolmetſcht: geſagt 4.
   alsvil geſagt 4.
   ſo man aufzleget 4.
   ſo vil geredt 4.
   auff dewtſch geſagt 4.
   verdeutzſcht 4.
verdorret: dorret 8, 12.
verkundigen: verkunden 2, 10.
vermengen: vermiſchen 10.
verſchlingen: verſchlinden 10.
verſchlucken: verſchlicken 6, 11, 11ᵃ.
verſchmachten: ſchwach werdeu 10.
verſtellen: verenderen 10.
verſtendig: klug 10.
verſtockt: verſtickt 8.
   beſchwert 10.
vertrawen: vennechlen 10.
vertrucken: vertrücknen 6, 7, 10,
verwelcken: erwelcken 10. [11, 11ᵃ.
   welck werden 10.
   verſchwelcken 7.
vollenden: vorenden 4.
vollnbringen: vorbringen 4.

wache: wacht 2, 7, 8, 10, 12.
wandeln: wandern 2, 4, 7.
   geen 10.

aus wafer: aus was 2, 7, 8, 10, 11,
  auffer was 6. [12.
weben: ween. wäen, wehen, wähen
  weyen 2, 5, 5², 6, 7. 9. 10.
  11, 12.
weg: hinweg 10.
weych: lind 10.
weyland: fo lang 4.
weyfen: zaygen 10.
wetterwendifch: beftadt ein kurze
wille: mutwille 10. [zeyt 10.
willfertig: willfärig 7.
wittwe: wittwen 5², 8, 10.
  wittib 7.
woge: wage 5², 6, 7.
  vngeftüme 10.
worffchauffel: werffchauffel 2. 6.
wurtzen: faltzen 10. [7.
wufte ftet: ainöde 10.
wufte orter, ftetten: ainödinen 10.

zeen klappen: zeenklapffen 6.
  zeenklaffen 2. 7. 10.
  zeenklappern 2. 4.
zeugnis· gezeugnifz 1. 2. 7. [11, 11².
zeugen: gezeugen 2.

die ... zynpte: die zimpten 10. 12.
  die gezimpten 8.
tzyns: befchatzung 10.
tzynsgrofchen: zynspfennig 6.
  fchatzpfeunig 10.
zinfzemuntz: müntz der bfchatzung
zollner: zolier 10. [10.
zublawen: zerfchlahen 7.
zuchtigen: ftraffen 10.
zu horen: zu lofen 10.
zu mahnen: zermalen 2. 7. 10.
  tzu knirfchen 4.
  tzerknitfchen 2. 8, 12.
  tzumurfchen 4.
zumalmet: betrübt 4.
  zerknitfcht 2. 8. 12.
zu richten: vnderrychten 10.
zufamen legen: bützen 10.
zur fchellen: zu ftucken fallen 10.
  zerfchmätteren 10.
  zerfchöllet werden 7.
zu fcheyttern: zerhawen 10.
zuver: vor 7. 10.
  vornin 10.
zwyr: zweymal 10.